译脉相传丛书

谦湘子译话

郑延国 著

WUHAN UNIVERSITY PRESS
武汉大学出版社

图书在版编目(CIP)数据

潇湘子译话/郑延国著．—武汉：武汉大学出版社，2015.4
译脉相传丛书
ISBN 978-7-307-15370-7

Ⅰ.潇…　Ⅱ.郑…　Ⅲ.翻译学—文集　Ⅳ.H059-53

中国版本图书馆 CIP 数据核字(2015)第 042248 号

责任编辑：赵财霞　　责任校对：李孟潇　　版式设计：马　佳

出版发行：**武汉大学出版社**　(430072　武昌　珞珈山)
(电子邮件：cbs22@whu.edu.cn 网址：www.wdp.com.cn)
印刷：湖北金海印务有限公司
开本：880×1230　1/32　印张：11.75　字数：303 千字　插页：1
版次：2015 年 4 月第 1 版　　2015 年 4 月第 1 次印刷
ISBN 978-7-307-15370-7　　定价：28.00 元

自　序

这是一本以评议翻译为主旋律的小书。先不妨对这本小书的名称"许慎"一下。"译话"是借鉴"书话"二字而来。"书话"的说法大约源于"诗话"、"词话"、"曲话"。唐弢先生曾定义"书话"为"四个一点"，即"一点事实，一点掌故，一点观点，一点抒情"，倪墨炎先生则认为，写书话至少要具备两点：一是比较鲜为人知，二是要有点意思，或在见解上有所启迪，或在性情上能引起共鸣，或能引发一段史实或一种知识，或很有趣可供人解颐。作者正是秉承两位贤哲的教导，借鉴书话这种文体，对译作、译人、译事、译论或者某些翻译现象进行议论。

"潇湘"系湖南的别称。唐人杜甫诗云："五载客蜀郡，一年居梓州；如何关塞阻，转作潇湘游?"宋人张孝祥词云："归辅五云丹陛，回首楚楼千里，遗爱满潇湘。"其中的"潇湘"二字说的都是湖南。宋人陆游亦有"挥毫当得江山助，不到潇湘岂有诗"的诗句，短短十四字似可解读为诗人对湖南人杰地灵和如诗如画美景的称赞。"子"者，人也，与英文中的 person 可以说是一回事。

"潇湘子译话"，顾名思义，是指一名湖南人对翻译种种进行"指手画脚"或"说三道四"。笔者生于湖南，长于湖南，学习和工作也一直在湖南，乃一名地地道道的潇湘子是也！

《潇湘子译话》由长短不一的一百零八篇文章(含译文两则)构成。其中大部分文章都是些豆腐块，在形式上与"书话"庶几近之，其中一些豆腐块还曾见诸报端。

语言学家钱冠连先生尝谓："写作本身使自己愉快，读者的共鸣是作者的第二次愉快。"这无疑是一种充满哲理的说法。回顾自己在写作译话的过程中，情形的确如此。如果这本薄薄的译话也能够让读它的人产生共鸣的话，笔者将一定会再一次手之舞之，足之蹈之，欣欣然，乐乐然也。

是为序。

公元二〇一四年

长沙理工大学金盆岭校区

目　录

一　唯有“雅”字多剪裁

公元1898年，一位满怀报国之志的中年学人，经过好几年呕心沥血的日夜耕耘，终于向国人推出了一部皇皇巨译。此人即名震学界的严复，此译即泽惠儒林的《天演论》。尤有甚者，严公在其译著前撰有一“译例言”，劈头一句便是：“译事三难：信、达、雅。”区区七字，特别是其中的“信达雅”三字，仿佛是佛界老祖播下的真经，令天下译人莫不顶礼膜拜。大学者梁启超云：“近人严复，标信达雅三义，可谓知言。”诗人郭沫若亦云：“信达之外，愈雅愈好。所谓‘雅’，不是高深或讲修饰，而是文学价值或艺术价值比较高。”大作家郁达夫则称：“信、达、雅的三字，是翻译界的金科玉律，尽人皆知。”

不过，随着时间的推移，一些人对“三字经”中的“雅”字渐渐不满起来，甚至横加指责。或曰“用一个雅字打消了信达”，或曰“雅字是人为的、多余的”，或曰“雅字不仅不科学而且十分有害”。如此等等，不一而足，简直到了对“雅”字“深恶痛绝”的程度。

然而，有一些学人却持另外一种态度，他们别具慧眼，或隐或显地对“雅”字进行了一番小心翼翼的剪裁，即以另外的字眼进行更换或解说。譬如胡适主张信达之外，应特别注重一个“好”字。他说：“作者写的是一篇好散文，译出来也必须是一篇好散文；作者写的是一首好诗，译出来也一定是首好诗……所谓好，就是要读者读完之后要愉快。”林语堂则以为，宜于信达之后，突出一个“美”字。其理念是“翻译的标准……第一是忠实标准，第二是通顺标准，第三是美的标准。这翻译的三重标准，与严氏的‘译事三难’大体是正相比符的。”历史学家李季在《鲁迅对于翻译工作的贡献》一文中，特别提到了“信达化”的翻译标准，且称鲁迅的“译文大都达到信达化的标准，这也就是说，无形之中已经替我们产生了一种翻译的规律”。思果提倡以“贴”代“雅”，即“译什么像什么”。刘重德则改“雅”为“切”。切者，切合也。他认为翻译既要信达，也要切合原作的风格。

著名翻译家许渊冲尤直言不讳地主张去掉“信达雅”中的“雅”字，而代之以“优”字。他的依据是，在中国人的语汇里，“优雅”二字总是并列的，而且往往要先优，然后方能称得上雅。当然许渊冲的“优”同时还兼有“发挥译语优势”和优于原作的含义。

据此，可不可以说，“信达雅”110年的历史也就是不断被更换为“信达好”、“信达美”、“信达化”、“信达贴”、“信达切”和“信达优”的一段历史。但若将这些替换的字眼细细考究起来的话，总觉得它们与“雅”字有着千丝万缕的联系。所以有人，譬如周煦良在几经斟酌之后，仍然以为“还是信达雅好”。郭宏安更是一语破的地指出，“‘雅’在文学翻译中断乎不可少”。

我们好不容易拥有了“信达雅”这样一种言简意赅的翻译标准，或曰一种为中外译坛瞩目的文化遗产，为什么就不能尽心尽力地维系它、呵护它呢？

我们只要看看大洋彼岸，便可发现，时至今日，西方阐释学译论者仍奉施莱尔马赫1813年宣读的论文《论翻译的方法》为圭臬，解构学派译论者犹视本雅明 1923 年发表的论文《译者的任务》为"圣经般的经典"。这些人的做法实实在在是我们中国译人学习的榜样。由是以为:

三字标准众口传，辉映译坛意犹鲜；
何如更令添新色，再领风骚百十年。

2008

二　魏源和翻译

清季著名思想家魏源(1794—1857)最初的翻译情结也许滥觞于他对佛经翻译的关注。他曾撰有《无量寿经会译叙》，内称："莲池大师舍大本弥陀及观经，而专宗小本弥陀，固已偏而不全矣。及云栖法汇刊大本弥陀经，又专用魏译，且谓四十八愿古今流通。夫天亲菩萨无量寿偈，已言誓二十四章，是西域古本如是，故汉、吴二译宗之，为二十四愿。自魏译敷衍加倍，重复沓冗，前后雷同。是以唐译省之，为四十六愿；宋译省之，为三十六愿；是古不流通，今亦不流通也。加之五痛五烧，冗复相等，惟宝积经唐译无之。故无量寿经，至今丛林不列于日课；使我佛世尊因该果海、果彻因源之大愿，不章于世，岂非净土经教之大憾哉！谨会数译，以成是经，无一字不有来历，庶几补云栖之缺憾，为法门之善本矣。"

透过这段文字，可以发现魏源对所谓翻译批评这档子事，一点也不陌生。先生一支健笔，将东汉、三国、唐朝、宋代凡是与《无寿量经》翻译有关的译员们，通通横扫一过。尤其是对三国魏帛延的译本狠狠地指责了一番，说其翻译“敷衍加倍，重复沓冗，前后雷同”。由是令一部好端端的经书“不章于世”，失于流通。作为一名思想家，先生决不能眼睁睁地看着这部颇有可取之处的经文绝版于东土，于是广收是经的种种译本，细加圈点，去粗取精，去伪存真，编就了一种字字有来历的《无寿量经》善本。

不过，魏源最厚重的翻译情结，却是体现在他编纂的那部熠熠生辉的《海国图志》上。说到这部巨制，便不能不提及林则徐及其主持翻译的《四洲志》。公元 1841 年(即道光二十一年)5 月，素以“苟利国家生死以，岂因祸福避趋之”为人生圭臬的林则徐，被冤哉枉也地充军新疆伊犁。途经镇江时，林特地拜访了旅居此间的魏源，并将随身携带的《四洲志》郑重相赠。林对魏说：“广东一战，败于英夷，国之耻也。弟不妨以此译为底本，再行编出一书，以图‘师敌之长技以制敌’何如?”魏源听罢，紧紧握住林的手说：“兄之抱负即弟之夙愿，从今往后，悠悠万事，唯此唯大!”

魏源不负林则徐的重托，以林主持编译的《四洲志》为基础，不断增补新的内容，终于用十载之力，编出了一部多达一百卷的《海国图志》。是志不仅囊括了世界各国的地理、历史、经济、政治、军事、科学技术、宗教、文化等情况，而且还附有世界地图、各大洲地图和分国地图等。魏源在《海国图志叙》中称：此志“一据前两广总督林尚书所译四洲志，再据历代史志及明以来岛志及近日夷图、夷语。钩稽辟莽，前驱先路”。且云：“善师四夷者，能制四夷；不善师外夷者，外夷制之”，故是志旨在“师夷长技以制夷”，亦即唤起国人学习外国的长技，兴利除弊，增强国力，抵抗外来侵略。

魏源除了亲自编译西方书刊之外，还和一些有识之士相继向清廷倡议“立译馆翻夷书”，以培养更多的翻译人才，移译更多的域外进步思想和先进的科学技术。这无疑又是先生的另一种翻译情结。先生去世后不久，专事翻译的“同文馆”果然在北京、上海、广州等地先后建立，有价值的翻译文献得以陆续问世。追根溯源，先生功不可没也。

2012

三　译者知音曾纪泽

公元 1878 年(即光绪四年)农历八月二十八日，垂帘听政的慈禧太后与外交大臣曾纪泽有过一次谈话。慈禧问曾：你懂洋文，和洋人打交道，想必不倚仗翻译了吧？曾答曰：仍须倚仗翻译。“一则朝廷体制应该如此，一则翻译传述之间，亦可藉以停顿时候，想算应答之语言。英国公使威妥玛能通中华语言文字，其谈论公事之时，必用翻译官传话，即是此意。”言简意赅的回答，将翻译人员的重要性讲得明明白白，也算是让久居内宫的那拉氏开了一回眼界。翌年，曾纪泽在给朝廷的公文中又一次论及了翻译人员的重要性，称“翻译官为最关紧要，既须博通言语、精究文字之员，尤须深明体制、砥砺廉隅之士”。

基于这种理念，曾纪泽对翻译人员格外关注。他曾五次上书请求对法文翻译联芳进行奖励和升迁便是一例。1879 年，他上书称联芳“远涉重洋，供差异域，持躬均属谨慎，造就颇有可观，其于职分应办之事，并无贻误，未便没其微劳，自应由臣按照奏定章程分别核奖”。1881 年，他又上书称联芳“尽力宣勤，毫无贻误，实属异常出力”。翌年年初，他再次上书称联芳“朴诚端谨，敏事慎言，堪以暂行署理”。甚至在同一天，他尤不厌其烦地上书称联芳“先后经前出使大臣郭嵩焘奏调出洋，在洋当差不止三年，资格已深，又皆属勤谨得力之员”，由是建议将其由三等翻译官擢升为二等翻译官。1884 年他第五次上书称联芳“随臣办理交涉一切事宜，供差六载，尽力宣勤，不辞劳瘁，实属异常出力，兹届二次三年期满，自应援案请奖，以昭激劝”。关爱之情，莫此为甚。

有时候为了做到人尽其才，对任期已满且通晓外文的外交官员，曾纪泽亦往往上书朝廷，建议予以留任。如新加坡领事馆官员左秉隆任职三年，例应另行择员充补。曾知情后，旋上书称“臣再三思维，求如左秉隆之熟悉该洲情形，能自树立者，一时实难其选。该员原系随臣出洋充当英文翻译，能通英国语言文字、律例规条……以之留任领事，实属人地相宜”。寥寥数言折射出这位曾门公子对朝廷的忠心、对下属的洞察，丝毫不让其父曾文正公矣。

此外，曾纪泽对从事翻译或推介中国文化的域外人士亦极友善。或称颂其译介的功绩，或解答其译介中的疑难，可谓关心备至，黾勉有加。如英人艾约瑟受命将十六种“泰西新出学塾有用之书”译成汉语，并请曾指正。曾挑灯夜读，反复细研，感触良多，称“今阅此十六种，探骊得珠，剖璞呈玉，遴择之当，实获我心”。又丁韪良、梅辉立皆美英友人，与曾先后订交，过从甚密。曾称“丁君为同文馆总教习，取西书之有益于中国者，政治学术、声明文物，逐渐翻译，纂辑成书。梅君则取中土载籍阅裨于公若私者，敷陈其义，撰为西文，与丁君事异而意同，各尽其职云尔”。褒奖之情，无不溢于言表。

1879 年，曾纪泽出使英法诸国，与英国诗人傅理兰有过交往，曾在日记中称傅“谈吐甚有风趣。其人立志欲取各国从军之诗译为一书，将使人触目警心，胜残去杀。愿虽难偿，而其心可嘉”。出使期间，曾纪泽与中国典籍英译巨擘理雅各亦有谋面。他在同年农历五月二十二日的日记中写道："理雅各来，谈极久。其人为倭格师福尔德书院教师，专教中国学问，即前寓广东三十余年，曾译五经四子书者也。自言诸经皆能通晓大意，惟《周易》难于解说。"于是乎，曾公子便向眼前这位苏格兰老人大侃了一番其对《易经》的看法。谈笑间，理雅各兴许还将自己英译的《易经》向曾纪泽作过展示，说不定老人家还特地挑出"天行健，君子以自强不息"和"地势坤，君子以厚德载物"的英译文"Heaven, in its motion, strength. The superior man, in accordance with this, nerves himself to ceaseless activity""The power of earth is what is denoted by Kun. The superior man, in accordance with this, with his large virtue supports things"，请这位比自己年轻二十四岁的曾郎进行指教呢。只可惜当时只有他们二人在场，这中间的抚今思昔、谈天说地，乃至关于英伦咖啡的美味、华南荔枝的可口等诸多议论，后人都只能想象，而无法进行考证了。

2012

四　拼将一死只为译

公元1898年(即光绪二十四年)农历九月初九，马建忠为自己“积十余年之勤求探讨以成此编”的《马氏文通》画上了一个圆满的句号。从此这部三十万言的扛鼎之作便成了儒林学界的一件宝物，一百一十余年来为人津津乐道不断。吕叔湘称：“它是我国第一部讲语法的书，研究中国语法学史的人当然非读不可。”许国璋则以为，此书之成，“是马建忠根据普世语法‘字别种，句司字’的道理，凭个人的哲学自信(conviction)，经过十四年的勤求深探之结果。这是一部中国向所未有、在体系上又超过当时西方语法书的力作”。

不过更触动人心的还是马建忠对翻译所作的贡献。譬如1894年即甲午海战中国败于日本的那年冬天，他写有《拟设翻译书院议》一文，深为世人瞩目。文中揭示了“今日之中国，其见欺于外人也甚”的一个重要原因是“中国士大夫，其泥古守旧者无论已，而一二在位有志之士，又苦于语言不达，文字不通，不能遍知其风尚”。于是他积极主张建立翻译书院，以译书为当务之急，唯如此方能知己知彼，百战百胜。在是文中，他还提出了一种为后世译人交口称赞的“善译”理念，即“一书到手，经营反复，确立其意旨之所在，而又摹写其精神，仿佛其语气，然后心悟神解，振笔而书，译成之文，适如其所译而止，而曾无毫发出入于其间。夫而后，能使阅者所得之益，与观原文无异。是则为善译也已”。

罗新璋谓马氏的这种理念涵盖了对原作的态度、译书的策略、行文的规矩以及翻译的效果等五个层面，堪称道出了“译事的精义要旨”。陈福康更称是说与现代等值翻译理论庶几近之，“对于我国翻译理论的建设具有重大意义”。

毕业于北京外国语大学的马会娟博士曾将马建忠的这种说法英译为：“When the translator has a book to translate, he needs to read it over and over again until he is sure of what it is intended to mean, trying to capture its spirit and imitate its tone. Then he puts it in another language as he understands it. Thus, the translated text is similar to the original without any difference between them. The reader of the translation benefits from it almost the same as the reader does from the original. A translation up to that is a good translation.”马博士的译文虽难与原文相颉颃，但亦无相扞格之处，大抵能为人接受。

尤其令人感奋的是马建忠不仅提出了很有见地的翻译理念，而且在翻译实践上亦颇多建树，甚至为此献出了自己的生命。他曾先后为两位出使英法的清廷大臣担任过翻译。一位是湘人郭嵩焘，另一位亦是湘人，即曾国藩的长公子曾纪泽。曾纪泽对马建忠十分赏识，赞其“精通法文，而华文函启亦颇通畅，洵英才也”。又光绪庚子年(即1900年)7月，他为李鸿章翻译俄国长达七千余字的急电，竟至猝然去世，终年五十五岁。有人说他的去世是因为彻夜辛劳所致。我却以为其中也许还有这样一层因素，即马译此电时，包括俄国在内的八国联军已经开始在中国的土地上打杀抢烧、肆意蹂躏，此时此刻中华民族可谓危在旦夕。素有爱国之志的马建忠当是含着满腔悲愤不顾疲劳地进行翻译，直至咽下最后一口气或曰流尽最后一滴血。因此，与其说他是辛劳至死，毋宁说他是以身殉国。

值得告慰马建忠的是，一百余年过去了，中国大地已经发生了天翻地覆的变化，中华民族受人欺负的时代已经一去不复返了。

2008

五 《蔡元培日记》中的墨花

拂去久积的尘埃，人们能够从新近出版的《蔡元培日记》中觅出一段段可以补入译史的逸闻。一缕缕淡淡的书香，“好比信笔洒出的几朵墨花”(钱锺书语)。

1894 年(即甲午马年)6 月 26 日，蔡元培在日记中写道：“谒巖卿师。言洪侍郎使俄罗斯，临别嘱以搜元代遗书。后果得几种，皆回回文。于彼方译之，及半而归，京师无能译者。侍郎卒，其子议刻已译者，侍郎自署曰《元史列传稿》。沈子培比部为易名《元史拾遗》。巖卿师又以与《三史拾遗》复，改题《拾补》。”寥寥数语，便道出了一桩精彩的译事。日记中的巖卿即王颂蔚，光绪六年进士。洪侍郎即洪钧，同治七年状元，官至兵部左侍郎，曾出使俄罗斯、德国、荷兰、奥地利诸国。沈子培即沈曾植，光绪六年进士；比部为刑部官员名称，沈曾任此职。至于回回文或是阿拉伯语也。

1920 年 11 月至 1921 年 8 月，蔡元培赴欧美进行教育考察。1921 年 3 月 21 日的日记中有其在德国参观赫格尔(Haeckel)博物馆的记载，称“馆中有一室，陈赫氏所著书印本及译本。有一华文译本，题曰《普一道论》。盖即一元论之意也，译文不过数篇，用楷书写之，称赫氏为海夫子，而自称茅腾飞。序文中有说基督教义者，显与赫氏主义相违。书用红格纸抄之，套以绿绢，云是光绪庚辰年祝赫氏六十岁生日者”。如此鲜为人知的译事能从蔡公的笔端流出，足见其对翻译的高度关注。赫格尔(Haeckel)今译海格尔，系德国生物学家兼哲学家与艺术家，生于1834年。“茅腾飞”当是译者的笔名。海格尔六十岁生日应该是1894年，而这一年是光绪甲午年，非庚辰年。这段记载无疑说明中国译者其所以用如此郑重的方式向海夫子祝寿，完全是其科学理念对万里之遥的东方影响所致。

1939年8月6日，蔡元培先后将斯诺的《西行漫记》与斯诺夫人韦尔斯的《续西行漫记》通览一过，然后在日记中记下前书由“吴景崧等十二人译”，后书由“胡仲持等八人译”。意犹未尽的蔡公复以浓墨写下两书全部章节题旨，如《西行漫记》“第三章有共产党的基本政策、论对日战争等节，述毛泽东的意见，颇详”等；《续西行漫记》“第五章之第三节‘等他醒来的时候’，对于中国前途的希望，说得甚为恳切”等。字里行间分明显露出蔡公立场的转变，思想的倾向。蔡公1940年辞世后，中共领袖毛泽东在延安的窑洞里笔酣墨饱地写了“学界泰斗、人世楷模”八个字，对其人品、学品进行了罕见的评价。先生之所以能得如此殊荣，追根溯源，多多少少与两部译著的影响有关矣。这无疑也是译史中颇有价值的一例。

此外，蔡元培还在日记中记载了自己动手翻译法国哲学家伯格森的玄学，与张菊生在译书院商讨译事，为李霁野、毕修勺推介译稿或托人作序，对李健吾、萧子升的译文或译诗予以褒扬以及林语堂应约英译中国小品文，陆侃如业余汉译法国社会经济史等，无不闪烁出墨花的芳香，同样值得欣赏、玩味乃至张扬。

2013

六　辛亥革命另一推手

辛亥革命，或曰发生在公元1911年的那场中国资产阶级民主革命，自始至终都有两只推手在发挥作用。其中一只无疑是武装起义，而另一只则是舆论造势。后者中最为突出的是对西方革命理论、民主思想、科学理念的翻译与张扬。

浩浩荡荡的翻译洪流里，有三支团队与三位俊彦格外引人注目。团队之一是译书汇编社，成员包括戢翼翚、杨荫杭(杨绛的父亲)等十四人。他们于1900年12月开始创办刊物《译书汇编》，专门译介西方哲学、社会科学著作，如孟德斯鸠、约翰·穆勒、斯宾塞、卢梭等思想家的作品。这些译作不仅“译笔流丽典雅，风行一时”，而且“在反对满清王朝的封建专制统治中产生了一定的影响”。团队之二是湖南编译社，领队人物为杨笃生、杨度、黄兴等。其发行的刊物为《游学译编》，1902年2月正式出版，“专以输入文明，增益民智”、“鼓吹民族革命、民主思想”为目的，刊物设有学术、教育、军事、时事、地理、实业等专栏，所译文章“文笔流畅，可读性强”。虽然只出版了十二期，但在海内外产生了极大的影响。团队之三为留日学生浙江同乡会，他们于 1903 年 2 月推出刊物《浙江潮》，主编孙翼中。刊物专栏为社论、论说、学术、大势、文苑等，对反清拒俄运动多有报道，鲁迅所译法国作家凡尔纳的小说《地底旅行》亦曾载于此刊。不仅如此，该团队还椠行了日人幸德秋水所著《社会主义精髓》一书，“流传甚广”。《浙江潮》亦只出版十二期，但在革命党人的心目中留下了深刻的印象。那一篇篇犀利的时文和新颖的译文恰似声声号角，鼓舞着他们在反对封建王朝的斗争中奋力拼搏。

至于三位俊彦，则无一不是孙中山的亲密战友和国民党的创始人。这第一位便是大名鼎鼎的粤人廖仲恺。他曾发誓“专译泰东各国名著，以导我光路”。先生“译笔最勤”，先后在《民报》上发表译文八篇，其中包括英人亨利·佐治的《进步与贫乏》、柏律的《社会主义手册》以及日人久津见蕨村的《欧美之无政府主义》。八篇译文就是八盏明灯，以灿灿的光亮，指引着革命者前进的方向。俊彦之二乃湖南桃源人宋教仁，曾任同盟会总部司法部检事长。其或一人操刀，或与人联袂，翻译了《英国制度要览》、《俄国制度要览》、《国际司法》以及《一千九百〇五年露国之革命》(露国即俄国——引者注)，在辛亥革命中发挥了推波助澜的作用，而且为日后中华民国的建立作了一定的铺垫。

俊彦之三朱执信亦是粤人，这位在黄花岗战斗中出生入死的骁将，一支译笔显得更为激进。他居然于 1905 年 11 月在《民报》上发表了译有《共产党宣言》中十项纲领的大作，并将宣言的最后一段作如是译：“凡共产主义学者，知隐其目的与意思之事，为不衷而可耻。公言其去社会上一切不平组织而更新之之行为，则其目的，自不久达。于是压制吾辈、轻侮吾辈之众，将于吾侪之勇进焉詟伏。于是世界为平民的，而乐恺之声，乃将达于渊泉。噫来！各地之平民，其安可以不奋也。”朱君的译文在革命党人中的影响无异于战鼓紧擂，激励着他们将利刃直逼朝廷，非得把统治中国达两千余年的封建帝制彻底推翻不可。窃以为，朱的译文与今译对照，于信于达乃至于雅均庶几相当。今译为："共产党人不屑于隐瞒自己的观点和意图。他们公开宣布：他们的目的只有用暴力推翻全部现存的社会制度才能达到。让统治阶级在共产主义革命面前发抖吧。无产者在这个革命中失去的只是锁链。他们获得的将是整个世界。全世界无产者，联合起来！"看来，马克思主义在中国的最早传播者或许非朱君莫属了。惜乎，朱老前辈于1920年为反动军阀所害，不然的话，他很有可能成为国共两党友好合作的架桥铺路者。

驹光如驶。一转眼，辛亥革命便过去整整一个世纪。而今回首历史，怎不令人对这场革命的推手们，特别是对三个团队和三位俊彦，表示由衷的敬意和深切的缅怀！但愿海峡那边的同胞亦能和海峡这边的同胞心心相印，大家一道携手为中华民族的兴旺发达，为祖国的和平统一作出切切实实的贡献。兴许这才是对辛亥革命一百周年的最好纪念。

2011

七　黄兴和鲁迅

湖南古城长沙有一条历史悠久的古道曰黄兴路，路的入口昂然耸立着一尊黄兴的塑像。此番暴风雪猛烈袭击长沙，以致酿成一场灾难时，黄兴塑像浑身上下也披上了厚厚的一层寒冰。但英雄毕竟是英雄，这位当年追随孙中山左右走南闯北闹革命的长沙人，丝毫未被这场雪灾吓倒。昂然耸立的黄兴塑像似乎比平日尤多出了几分虎虎生气。雪灾肆虐古城时，我曾路过黄兴古道。抬头仰望英雄的这尊塑像，心中竟然犯疑：这位家境不薄的湘楚人士何以走上了革命的道路，成了辛亥革命的元勋？追根溯源，疑是因为翻译的缘故。

1898 至 1901 年间，黄兴曾就读于武昌两湖书院。期间，他购买了不少西方革命史和法国哲人鲁索（今译卢梭）的《民约论》等书，一有空，便如饥似渴地进行研读。这些书籍多是汉译名著，特别是《民约论》一书，在当时的中国学界影响极大。黄兴读了这些书，无疑在思想上受到了前所未有的启发，同时通过翻译传播先进思想的这种做法也给他留下了深刻的印象。

1902 年春天，二十八岁的黄兴受清政府选派，东渡日本留学，入东京弘文学院速成师范科深造。是年 12 月，他与后来成为革命壮士的杨毓麟等人策划创办《游学编译》，旨在运用翻译这种手段鼓吹民族革命和民主思想。这份刊物分学术、教育、军事、实业、理财等十二个栏目，一共出版了十二期。黄兴负责教育栏目的编译工作。他不负众望，孜孜矻矻躬行其事，并亲自动手将日人山田邦彦所撰《学校行政法论》译成中文，连载于该刊的第二期和第三期。笔者有幸在湖南省社会科学院编的《黄兴集》(1981 年中华书局出版)中读到了这篇译文。全文约五千字，由两个章次构成，文体为当时流行的浅近文言文。细细读之，深感句句简短透辟，字字凝重有力。若以严复“信达雅”三字绳之，不啻为一上乘之译作。

文学家兼翻译家鲁迅早岁亦曾留学日本弘文学院，是黄兴地地道道的同学。后来，鲁迅在《因太炎先生想起的二三事》一文中这样描述过黄兴：“黄克强在东京作师范学生时，就始终没有断发，也未尝大叫革命，所略显其楚人的反抗的蛮性者，惟因日本学监，诫学生不可赤膊，他却偏光着上身，手挟洋磁脸盆，从浴室经过大院子，摇摇摆摆的走入自修室去而已。”黄克强即黄兴是也。看来，当年这位比黄兴小七岁的学弟对其学兄的观察是十分细致入微的，其字里行间可谓充满了对黄兴的钦佩和赞许。从某种意义上说，和黄兴一样，鲁迅后来成为进步的乃至革命的文学家，亦是肇始于翻译。当年黄兴和他的战友们热火朝天地编辑《游学编译》时，爱好翻译的鲁迅是否与该刊有过接触，甚至投送过译稿，至今似乎无人议及。笔者以为，如果有专家、学者能就这些问题作一番考证，并且能够得出肯定结论的话，那无疑将会在中国近代史，特别是中国翻译史上添上格外厚重的一笔。

2008

八　鲁迅最早的“译评”

公元1917年，作为教育部公务员的鲁迅先生，曾负责受理译著《欧美名家短篇小说丛刊》的审查注册。先生没有收取送审者中华书局的任何好处费，却大笔一挥，不仅同意该书发行，而且还拟出了一份给译者颁奖的申请报告，以致使译者周瘦鹃备受鼓舞，获奖之后更加潜心于译事，进而成为著名的文学翻译家。今读先生的申请报告，深感其不是一纸普普通通的公文，而是一篇实实在在的翻译评论。诸君倘若有疑，何妨展目一读：

> 凡欧美四十七家著作。国别计十有四。其中意、西、瑞典、荷兰、塞尔维亚，在中国皆属创见。所选亦多佳作。又每一篇属著者名氏，并附小像略传，用心颇为恳挚，不仅志在娱悦俗人之耳目。足为近来译事之光。惟诸篇似因陆续登载杂志，故体例未能统一。命题造语，又系本国成语，原本固未尝有此，未免不诚。书中所收，以英国小说为最多，惟短篇小说在英文学中，原少佳制。古尔斯密及兰姆之文，系杂著性质，

于小说为不类。欧陆著作，则大抵以不易入手，故尚未能为相当之绍介。又况以国分类，而诸国不以种族次第，亦为小失。然当此淫佚文字充塞坊肆时，得此一书，裨读者知所谓哀情、惨情之外，尚有更纯洁之作，则固亦昏夜之微光，鸡群之鸣鹤耳。

复核是书，搜讨之勤，选择之善，信如原评所云，足为近来译事之光。似宜给奖，以示模范。(原载1917年11月30日《教育公报》第十五期“报告”栏)

窃以为，这篇可视作译评的文字包含了四层意思。首先是对译著《欧美名家短篇小说丛刊》的褒扬。先生认为该书具有三个方面的优点：一是令中国读者第一次接触了意大利等五个国家的文学作品；二是所选译的短篇小说多为优秀作品；三是译文附有原作者的相片以及简单的介绍，从而能扩大读者的视野。

其次是指出本书的几点不足，如体例有欠一致、译文过于归化、文体偶有模糊、介绍不够充分、民族未能标明等，但这些不足均系“小失”，无伤大醇。再次是肯定此书所具有的现实意义，认为其能使为庸俗读物所包围的读者看到一分光明，获得一线希望。第四是对译者的赞扬，称其勤于挖掘，善于选材，由是报请上级机关对其进行奖励。

此则仅三百余字的“译评”，不仅凸显了鲁迅先生不遗余力扶植年轻一辈的人格魅力，而且表现出了先生全面考量的批评技艺，即对译著一方面赞扬其长，充分肯定；另一方面又指出其短，一一道明，换言之，决不因其长而护其短，或因其短而掩其长。先生这种品德与做法实在是吾侪的楷模。此外，从这则“译评”中，亦可窥见先生的一个重要翻译理念。先生说该译著“命题造语，又系本国成语，原本固未尝有此，未免不诚”。其意十分明显，即在翻译中，译者必须将原语中的成语和盘译出，绝不能用译语中的成语取而代之，否则的话，便是对原语的“不诚”。尔后，先生将这个理念表白得叾加透彻，称“宁信而不顺”。这分明就是今人津津乐道的翻译“异化”法了。令人感到遗憾的是，不少国人宁愿把这种翻译方法的“专利发明权”拱手让给蓝眼突鼻的西方人，而不愿在自己的国土上跋山涉水地探求源头。倘若鲁迅先生地下有灵，尚不知他老人家将作何感想？

2009

九　周作人序跋说译

一千七百多年前，王羲之在浙江绍兴的兰亭中，大笔一挥，潇潇洒洒地留下一纸千古绝唱，由是此处便人杰地灵，层出不穷地涌现了一朝朝一代代的文化名人，绍兴老台门周家二先生便是其中一代表。这二先生好写序跋，字数几近三十万字，篇数多达两百有余。二先生亦善译，序跋中自然也就少不了这方面的议论。其中《点滴》序(1920)、《陀螺》序(1925)、《艺术与生活》序一(1926)、钱译《万叶集》跋(1941)、《浮世澡堂》译后记(1958)五篇，对翻译的议论最为闪亮，稍加梳理，可归纳成五个亮点：一是译本有两不，二是唯直译最好，三是以散文译诗，四是译为半创作，五是译文须加注。

所谓两不，一是指译本“不及原本”，理由是“因为已经译成中国话，如果还要同原文一样好”，那就只好请原文作者“学了中国话，自已来作”；二是指译本“不像汉文”，原因是“外国著作，如果同汉文一样，那就是随意乱改的糊涂文，算不了真翻译”。

翻译当直译，除此之外“没有更好的方法”。不过直译必须“信与达”，即“尽汉语的能力所能及的范围内，保持原文的风格，表现原语的意义”。将“lying on his back”译为“卧着在他的背上”是“死译”；译为“坦腹高卧”或者“卧北窗下自以为羲皇上人”则是“胡译”；唯有译作“仰卧着”才算得上真正的“直译”。

“诗是不可译的”，天底下的种种译诗都只能说是“塾师讲《唐诗》的解释罢了”。不得已而为之，那就只好用散文“达旨”。有时候，这种方法也未必管用。日本诗歌《万叶集》被人译为多种英文，结果是“散文者全不像诗，韵文者又不像诗，成为英诗而非复是和歌，此中盖各有得矣，皆非译诗良法”。但也并非完全没有对策，如有人先以罗马字母替原诗注音，然后将散文译文附后，“此法似较佳”，又有人将原文与散文译文置于前，再以其他各家韵文译文随后，这种做法“庶几稍近于理想”。

翻译的动机乃是由于译者和原作者之间产生了一种“共鸣”，因此译出的文字一定会折射出“译者的个性”。这样一来，翻译也就可以称之为“半创作”了。

大凡翻译外国古典作品的译者总想通过“透彻”的译文来再现原作的“意味”，但笔墨运行之间往往很难如愿以偿。此时此刻，最好的办法便是“加注说明”。这些“注”，一般读者未必垂爱，但对那些将译作“当作外国古典作品去了解它的读者，在译文中碰着不大明了的地方，查一下注解便可以得到一点帮助”。

二先生周作人在其序跋中释放出来的这五种翻译议论或曰理念，虽然时至今日，近的超过半个世纪，远的则近百年，但私心以为，仍未失去其现实价值。换言之，即从事翻译的人们只要能稍微花点时间将这些理念细细琢磨的话，完全可以从中获取许许多多的启发。

2013

一十 “没有杀人放火”的周作人

说周作人“没有杀人放火”是毛泽东对周的一种评价。显而易见，此语的深层含义是说周较之于那些穷凶极恶的汉奸还是有所不同的。毛何以有此评价？这还得从九十年前说起。1920 年 4 月 7 日，二十七岁的毛泽东曾前往北京八道湾拜访周作人，向他请教有关“新村”的问题。这一天的晚上，周作人在日记中浓墨写下了“毛泽东君来访”一语。从此，毛周之间便似乎有了一份淡淡的关系。

1932 年 12 月，毛泽东在江西瑞金和冯雪峰交谈时，曾说及他造访过周作人。1942 年 5 月，延安召开文艺座谈会，毛泽东在讲话中，毫不客气地指出：“文艺是为帝国主义者的，周作人、张资平这批人就是这样，这叫做汉奸文艺。”因为此时的周作人已经附敌，完全不是“五四”时期的那种模样，毛泽东焉能不作如此评价！

转瞬间便到了 1951 年 2 月，周作人虽然仍居北京，但已名载另册，且经济拮据，生活清苦，时有囊中羞涩之窘境。此时此刻，他居然想起了已是新中国主席的毛泽东。遂援翰上书，直呈这位开国领袖。周作人给毛的信，最先由时任毛泽东秘书的胡乔木读到。

是月24日，胡乔木向毛泽东书面报告，其中谈了初步的处理意见：周作人“应当彻底认错，像李季一样在报纸上悔过”，“他现在已在翻译欧洲古典文学，领取稿费为生，以后仍可在这方面做些工作”。毛当天即在胡的报告上批示：“照办。”不久，毛泽东又谈到了周作人。他说：“文化汉奸嘛，又没有杀人放火。现在懂希腊文的人不多。养起来，做翻译工作，以后出版。”毛泽东的批示和讲话无疑在一定范围内缓解了周作人的诸多困境。特别是1956年，他甚至可以参加北京市政协座谈会，可以出席隆重召开的纪念鲁迅逝世二十周年大会，可以在中国文联官员的陪同下赴西安参观访问。在西安访问期间，他动情地讲述了当年和毛泽东会面的情形，而且极为感慨地说：“我认识毛主席——毛润之先生。在今日的世界上，最伟大的人物，就数毛润之了。”

1958年，毛泽东的词作《蝶恋花·答李淑一》公开发表后，周作人曾以毛笔将是词书写一过，成了后人珍藏的一件艺术品。周在运笔的俯仰之间，想必充满了对毛的敬意和感激。孰料此后不久，政治风云迭起，周的命运亦随之每况愈下。但即便如此，他对毛的态度却始终如一。1966年8月20日，他在日记中写道：“上午阅《毛主席语录》，此书不能买到，今日从吉仲(周作人之孙)借来。”1966年8月23日，他又在日记中写道：“晴，二十二度。上午阅《毛泽东论文艺》。”这是周一生中的最后一篇日记。八个多月后即1967年5月6日，周作人猝然发病，溘然长逝，终年八十三岁。

传说，抗日胜利后周作人成为阶下囚时，胡适到蒋介石处说项，蒋介石冷不防嘣出三个字：“他亲共!”这种传说虽难辨真伪，但周作人对共产党有一定的倾向性应当不是一种虚拟。比如周作人一直同情和怀念李大钊。李遇难后，周作人又时常关照李的女儿李星华、李炎华，而且是在明明知道姐妹俩从事地下革命的背景下。又比如相传他曾有投奔延安之念想，后因边区政府有人反对，遂未能成行。新中国成立之后，周作人之所以能在一定程度上得到宽宥，除了“懂希腊文”的因素之外，上述种种亦当是不可忽视的理由。

“没有杀人放火”的周作人，果然没有辜负毛的期望，从1949年新中国成立之初到1966年“文化大革命”伊始，先后译出了十二种包括希腊文学在内的外国著作，其中十种在“文革”前公开出版，如《希腊的神与英雄》、《希腊女诗人萨波》、《阿里斯托芬喜剧集》、《阿里斯托芬悲剧集》等。与此同时，他还出版了三种有关鲁迅的专著：《鲁迅的故家》、《鲁迅小说里的人物》、《鲁迅的青年时代》。凡此种种，从客观上评价，不仅为新中国的文化建设起到了积极的作用，而且也为鲁迅研究者、外国文学研究者提供了极大的方便，更使广大外国文学爱好者多了一份精神食粮。时光飞逝，抚今思昔，窃以为，作为散文家和翻译家的周作人还是有几分值得肯定的，尽管他一生中有那么不太光彩的一段岁月。

2009

一十一　悠悠岁月忆邵翁

有一位先贤与今年的两件大事紧紧相连。1921 年他即是中国共产党党员。今年九十年党庆，焉能不念及他。1911 年他作为孙中山的追随者，与武昌起义的将士们遥相呼应，一举推翻帝制。今年辛亥革命百年纪念，焉能不提及他。要问他是哪一个？钱塘江畔邵力子是也。

邵力子，1882 年出生于浙江绍兴。二十四岁那年，他东渡日本留学，旋即加入孙中山领导的同盟会。翌年回国，先后创办《神州日报》、《民呼日报》、《民吁日报》、《民立报》，宣传反清思想，倡导国民独立精神，为即将爆发的辛亥革命积极营造舆论。五四运动前后，他一方面在其创办的《民国日报》上开辟"觉悟"副刊，宣传新思想、新文化，另一方面又和陈独秀等人在上海发起建立马克思主义研究会。1921 年，他以国民党员特别身份跨党加入共产党，成为最早的共产党人之一。邵公在这两个时间段的所作所为，无疑为其留下了极为亮丽的两笔人生色彩。

在以后的岁月中，特别是在国共两党两次合作期间，他又继续作出了永载史册的贡献，令后人敬仰不已。比如他曾在黄埔军校和国民革命军中担任多项要职，为北伐革命做了大量的政治、组织工作。又比如他曾在抗日时期出任国民党中宣部部长。期间，他不仅大力支持中共在南京创办《新华日报》，而且积极准予《毛泽东自传》在刊物上公开发表等。惜乎，而今国共两党第三次友好时期，曾被毛泽东誉为“和平老人”的邵公已经作古经年，不再可能为两岸党人和两岸同胞亲自牵线搭桥了。但他那种追求和平、向往光明的高尚精神与人格魅力将永远激励两岸人民携手共进，最终走向统一。

另外值得一提的是，老人家于青年时期居然对翻译一事饶有兴致，且不乏真知灼见。如他曾写有《译书的我见》一文，刊载在1920年7月8日上海《民国日报》上。是文称：

> 译书是一件很难的事业。读书或者可以不求甚解(至多是误自己)，译书却万万不能如此，否则，贻误读书的青年，对不住社会，更对不住原著者。如果译高深学术的书，不但文字须精通，即和该书有关联的各种学科，也非经研究、略有门径不可。
>
> 至于意译，总不如直译的好。意译可以偷懒，躲闪；有看不懂的地方，不妨用己意猜度，窜改，或者竟忽略过去；别人要指摘他的谬误，他还可以强辩，说“这是不关重要的地方，所以我把它略去”。直译则一句不容忽过，有看不懂的地方，自然也写不下去，倘使他大胆写下去，别人也就一定看不懂，很容易的知道他这书是毫不足观的了。遇到西文结构和中文十分不同的地方，自然直译者也当略变格调，不使有“佶屈聱牙”之弊，但断不能含糊囫囵，说我是“意译”的。

细细揣摩邵公的这两节文字，可以发现其翻译理念是何等的明白剀切。首先，翻译是一项艰苦卓绝的事业，它不仅牵涉读者和作者，而且还与整个社会息息相关，是故译书者必须对原著透彻理解，万万马虎不得。其次，对于专业性很强的学术著作，译书者不仅仅只是追求表层的文从字顺，更重要的是必须直探专著深层，对其所涉及的专业和与之有关的种种学科有所了解、有所研究。再次，意译不足取。原因是这种运作弹性太强，小而言之，难免丢失不少有价值的信息；大而言之，可能篡改原著的本意，误导读者。最后，直译最好，它能够避免意译的种种弊端。但理想的译文必须传递原作的全部内容而不能有意义的半点流失，必须行文精练、自然、通俗易懂而不能有表达的丝毫梗阻。要达到如此境界谈何容易？唯有善于变通的智者，方能左右逢源、游刃有余，将原文玩弄于手掌之中，然后化作理想的译文，上可令士林方家啧啧称羡，下可令民间学人爱不释手。

综上所述，可知邵力子先生，不仅为中共党史，为民国历史增添了厚重的篇幅，而且也为翻译理论补上了熠熠生辉的一页。抚今思昔，岂能不令我们更加忆念这位可钦可佩的和平老翁？

2011

一十二　辜鸿铭两译唐诗

辜鸿铭很会译诗，曾以五古体将英国诗人 William Cowper 的“The Diverting History of John Gilpin Linen Draper”译为《痴汉骑马歌》，得到了苏曼殊、伍光建等名流的赞赏。辜公亦好译唐诗，曾将陈陶的《陇西行》“誓扫匈奴不顾身，五千貂锦丧胡尘，可怜无定河边骨，犹是春闺梦里人”译作英文。陈陶的这首诗很有名，揭示了唐代边塞战争给老百姓造成的痛苦与灾难，尤其是三、四句，其蕴含的悲情足以震撼读者的心灵，由是受到了后人如明代杨慎、王世贞等方家的一再称颂。

基于此，一向天马行空的辜公在翻译这首诗时，不免拘谨起来了。他先译出第一稿：

Swear sweep the Huns not care self, / Five thousand sable embroidery perish desert dust; / Alas! Wuting riverside bones, / Still are Spring chambers dream inside men!

这第一稿，从意义上解读，可以说是译诗对原诗的亦步亦趋，未曾越雷池半步；从形式上解读，则可称大体一致，原诗四行，译诗亦为四行，原诗每行七字，译诗中有三行亦每行控制为七个词，稍有不同的是第三行“可怜”二字译作了“Alas!”辜公的炉锤功夫确实了得。然而他却不以为然，于是又译出了第二稿：

They vowed to sweep the heathen hordes, / From off their native soil or die: / Five thousand tasseled knights, sable-clad, / All dead now the Wuting stream, / Still come and go as living men, / Home, somewhere in the loved one's dream.

这第二稿就很有些讲究了。首先是添加，如四行扩至六行；其次是衍生，如“From off their native soil”与“knights”的相继出现；再次是换词，如“匈奴”变成了“the heathen hordes”；第四是合句，如原诗的三、四句被并成译诗的一句；第五是味异，即洋味大增。这一点最难能可贵，因为“要译味非习于双方最丰富的生活不行”(金岳霖语)。毋庸置疑，外国人读第一稿，难免会一头雾水，但读第二稿，肯定可以从中揣测出原诗的几分味道。由是观之，只有在这第二稿中，辜公的本领才真正显山露水了。

数年前，中国外文局某领导在上海举行的一次国际翻译学术研讨会上一再感叹：“中国人口虽多，然从事汉译英的合格者却不足一百人矣!”尚不知他所说的一百人中是否包括可圈可点的辜鸿铭老先生在内?

2014

一十三　胡适晚岁八论翻译

对翻译一向关注的胡适先生，即便到了晚年，依然对此念念不忘。其从六十九岁至七十一岁(即 1960—1962 年)的短短三年间，论及译人译事居然有八次之多。

首次说的是佛经翻译，内容涵盖四个方面。一是佛经名典如《维摩诘经》多为鸠摩罗什所译，玄奘主张直译，所以他“译的经典，倒没有人来读”。二是佛经翻译的流程，即四道操作工序：“一个人在读梵文，一个人用中国意思讲出来，另外一个人来笔记，最后送给几位翰林去润饰。”先生用了一个比喻，说这种运作“好像现在制造汽车工厂似的，这边把原料交给工厂，那边一辆汽车出来了”。三是译出来的佛经，其文字“在当时算是白话，所以之乎者也这些字很少用”。四是中国字不够用，不能将“印度那种离奇的思想”完完全全明明白白地翻译出来，比如像“三藐三菩提”这种直译，“谁也没有看得懂”。先生的四点真知灼见毋庸置疑地表明其对中国佛经翻译历史始终都予以高度关注。

第二次讲的是张荫麟。先生读《张荫麟集》，对其译笔不畅之处，以红笔画杠，并说张称自己的译笔受林琴南影响，其实不确，因为张的译文“有一些句子不通”。张荫麟(1905—1942)，历史学家，曾留学美国四年，精通英文，由是热衷于翻译，先后译有包括诗歌、文化、教育、政治、语言文字等方面的著作，其中对斯宾格勒理论的译介最为完善。张尝批评郭沫若译歌德长诗《浮士德》，匆促从事，竟致“谬误荒唐、令人发噱之处，几于无页无之”。想不到几十年后，张自己的译文亦遭胡适先生诟病，真乃螳螂于前，黄雀在后了。

第三次议的是傅东华。其时先生将傅东华所译《美国短篇小说选》翻阅一过，且称自己亦曾翻译过《米格司》。先生说傅译中有一句“你晓得某某吗?”其中“晓得”二字“应该译作‘认得’才对”。先生对翻译的一丝不苟由此可睹一斑。

第四次评论的是伍光建等。先生称“启明出版的《侠隐记》，有许多地方运用中国的成语是不通的，他把‘火枪’译作‘毛瑟枪’。《侠隐记》是十七世纪的作品，那时只有‘火枪’，哪里会有十九世纪的‘毛瑟枪’?”先生说的《侠隐记》当是20世纪50年代台湾启明书局的那种译本，译者亦当是曾孟浦。先生认为“翻译是很难的事”。他感叹伍光建译的《侠隐记》很出色，“文字干净”，因此“喜欢他的译文”。先生还建议出版部门重印伍光建译的《侠隐记》以及梁实秋译的莎士比亚戏曲等。他甚至还委托香港集成图书公司代他购买“从前商务出版的伍译《侠隐记》、《续侠隐记》及《法宫秘史》”。先生读他人译著的认真以及对老辈译人译著的喜爱着实令人感佩。

第五次说的是张谷若。先生回忆自己当年主持中华教育文化基金会编译委员会时，曾以高额稿酬请人翻译了哈代的两部长篇小说《还乡记》、《德伯家的苔丝》。先生清清楚楚地记得译者是“张恩裕，字谷若，北京大学英文系毕业的”。

第六次提及的是洪煨莲。先生认为美国人 Robert Payne 所译杜甫《羌村诗》，“大概受了洪煨莲的影响”。洪煨莲(1893—1980)，福建人，历史学家，20世纪40年代末移居美国，先后在哈佛、耶鲁等高校讲授杜甫的诗歌，并撰有《中国最伟大的诗人杜甫》一书，于1952年出版。洪在是书序言中称自己英文欠佳，谬误甚多，但多数学者认为其将杜诗译得格外传神。Robert Payne 想必是洪的得意弟子或忠实读者，故先生有此一说。

第七次议论的是朱生豪。先生称“某庚款会一时译某国名著，如培根《崇学论》等，即该款成绩，最大开支，有《莎氏全集》之计划，曾译出二本左右或不止如此，然译完《莎氏全集》者，乃一未出洋之大学生朱生豪”。朱生豪(1912—1944)，浙江人。朱氏以十载之力翻译莎士比亚戏剧，成为震惊海内外的壮举。先生对朱的评价虽只有二十字，却能令人感受出其对朱郎的一片深情厚谊。

第八次回顾了严复与林纾。先生称自己年轻时，“总共看了上百部”林琴南的翻译小说，故写起叙述文时，颇受其影响。不过“说理的文章是受严几道的影响”。先生少时是否亲炙严林二老的教诲，未及考证，但先生对前辈译人的尊重与感恩却足以发人深省。孰料十七天之后的1962年2月24日，先生骤然谢世，从此再也不能向晚辈们论说译人译事。然则先生的这八论翻译，却如同闪烁的星光一般，给人以深刻的启迪和无限的联想。

2013

一十四　笔底波澜叶恭绰

1932年，旅居沪上的书画家叶恭绰大笔一挥，为旅居京华的另一位书画家姚茫父翻译的泰戈尔《飞鸟集》写下一篇序言，序中称赞是译"将原作悉变为五言绝句，而情理曲尽"。短短数言凸显出叶氏对翻译一事见解之深。此后，兴许是他为画坛书苑的种种要务所累，几乎不再议及译事。孰料二十年后即1953年，他对翻译又有了浓厚的兴趣，居然"由旧日译述佛经的情况想到今天的翻译工作"，且梓行一文，宣示了自己的诸多看法。

首先是张扬了佛经翻译的历史意义，称"传译佛经，是我国文化史上光荣而重要的事"，佛经"几千年来，译成中文的不下几千种。我想世界上任何一国，也没有这样伟大的工作。这可见我国人民不但能创造文化，而且善于吸收外来文化"。他甚至感叹"一千几百年前人民在帝王专制之下、统治政教之时，却干出这样特别的事，实在是不可思议"。

其次是概括了佛经翻译的几大特点。一是有分工严密的译场，如唐代国立译场的十部职掌；二是有"最具体而扼要的"译经标准，如彦琮标榜的“八备”说；三是有主持译事的中心人物，如玄奘与鸠摩罗什，前者是“通印度各地语文的中国留学生”，后者是“能明汉文的外国专家”。叶氏认为，所有这些都是值得今人借鉴的经验。

最后是建言政府加紧扩大翻译队伍，甚至可以参酌隋唐和宋元明清的办法，“一面选用，一面培养，又一面仍可借才异地”，即聘请外国专家来华从事翻译工作，这样做，“不但足以应急，且可继续代兴”。

叶氏提出，在翻译人才培养的过程中，务必加强专门知识的训练。无论是从事自然科学翻译，还是从事社会科学翻译，都“必须思想搞通，于该部门素有研究、切实体验者，方能深入显出，一如其分”，“如非对这门学有心得的，将无法从事也”。佛经翻译为什么能做到“极少瑕疵”，就因为“历代译经，皆择其素来研究这一宗者。其对该宗教义早已明了”之故。由是，叶氏郑重指出“这点，我们必须仿效”。此外，他亦强调“译书绝非止是一种技术”，故在志趣、修养、操行、器度、才学等方面“都要完备”。

叶恭绰何以在这一年对翻译如此饶有兴趣，且能放胆向政府建言？私心以为，是其心情格外舒畅所致。舒畅的心情源于这一年他和毛泽东有过一次不同寻常的交往。是年8月5日，叶恭绰曾将自己编辑出版的《清代学者象传》第二集寄给毛泽东，同时修书一封：

> 主席钧鉴：恭绰年来渥承光被，稍获新知，然结习未忘曩时所业，有可供参考者仍随宜掇拾，冀附轻尘之助，兹印成《清代学者象传》第二集一种方式出版。谨上呈一部，期承乙览之荣，并赐训诲。附致崇礼。叶恭绰敬上。

接到叶恭绰的赠书，毛泽东很高兴，旋即复函：

誉虎先生：承赠清代学者画像一册，业已收到，甚为感谢！不知尚有第一集否？如有，愿借一观。顺致敬意。毛泽东。一九五三年八月十六日。

手捧毛泽东的复函，叶恭绰分外兴奋。毛泽东在信中所提及的《清代学者象传》第一集曾于1928年出版，内中有一百七十名清代学者画像，为叶恭绰祖父南雪公亲手钩摩，书中附有这些学者的生平事迹、学术成就，在当时影响极大。惜乎时过境迁，《清代学者象传》第一集坊间已很难找到。于是叶恭绰毫不犹豫地将自己珍藏的一套送给了毛泽东，并在信中说明了这套书的珍贵：

主席钧鉴：奉示敬悉。《清代学者象传》第一集，舍间存书已悉毁于变乱。兹另觅得一部奉请存阅，不必交还矣。余致崇礼。叶恭绰谨上，廿一日。

与毛泽东的这一次交往，无疑在叶恭绰的个人档案中留下了甚为厚重的一笔。此后一段时间，叶氏的建言亦由翻译不断扩大开去，且都能一一获得正面响应。岁月倥偬，如同白驹过隙，一晃便五十余年过去，如今重温新中国成立初期的那段岁月，真还令人感慨万千呢！

2010

一十五　钱基博的译学贡献

钱基博(1887—1957)以学史家著称，人们多以为他与翻译无瓜葛，遑论对翻译有所贡献了。其实不然，你只要将他的巨著《现代中国文学史》通读一过，便会得出截然相反的看法。钱基博此书于1933年9月由上海世界书局出版，随后又连续再版三年，从此五十年不曾付梓。1986年，岳麓书店率先重印。之后，又有多家出版社争相推出。

钱基博这部现代文学史所描绘的文学现象跨度不长，起自晚清时期，止于20世纪30年代初，但笔涉的人物多达八十余位。书中，钱基博以较大的篇幅对苏曼殊、林纾、严复三人在中国文学史上的地位，特别是在翻译方面的业绩进行了颇为详细的介绍。

钱基博称“以古诗体译西诗者，自苏玄瑛；言古文辞译小说者，自林纾；而言以古文辞译欧西政治、经济、哲学诸科，盖自(严)复启其机铺焉”。

在论及苏氏时，钱基博引用了苏氏的不少翻译理念，如“诗歌之美，在乎气体，译之所不能概；然其情思幻眇，抑或同感”，

“译事之剧，莫难于诗”，“歌诗之美，在乎节奏长短之间，虑非译意所能尽也”，“林氏说部，独《鲁滨孙漂流记》、《金塔剖尸记》二书，以少时曾读其原文，故售诵之，服其精能。余如《吟边燕语》、《不如归》，皆译自第二人之手。而林不解英文，可谓译自第三人之手，所以不及万一。甚矣，译事之难也！独辜鸿铭氏译《痴汉骑马歌》，可谓辞气相副”等。与此同时，钱基博对苏氏的译诗亦提出了不同的看法，如“拜轮豪放，师梨凄艳，而玄瑛字拟句放，译以五古，晦而不婉，哑而不亮，衡其气体，似伤原格”。拜轮即拜伦，师梨即雪莱是也。

在评论林纾时，钱氏称“纾初年能以古文辞译欧美小说，风动一时：信足为中国文学别辟蹊径”。其为文“或经月不得一字，或涉旬始成一篇。独其译书，则运笔如风落霓转，而造次咸有裁制，不加点窜。盖古文者，创作自我，造境为难；而译书则意境现成，涉笔成趣已”。又称“盖中国有文章以来，未有用以作长篇言情小说者；有之，自林纾《茶花女》始也”。且云林纾“虽译西书，未尝不绳以古文义法也”。钱氏尤将林所写的译哈葛德《斐洲烟水愁城录》序、译迭更司《考女耐儿传》序和《块肉余生记》序以及译森彼得《离恨天译余语》的主要内容一一录出，并对林纾的“中西文字不同，而文学不能不讲结构一也”的观点进行了张扬。

至于严复，钱基博称“常以为中西二学，兼途并进，或者借自它之耀，祛旧知之蔽”，“凡译一书，与他书有异者，辄旁考博证，列入后案，张惶幽眇，以补漏义；尤能以古文辞达奥旨，而不斤斤于字比句次之间”。钱基博犹进一步指出，“惜吾国之译言者，大抵弇陋不文，不足传载其义；独推复博涉兼能，文章学问，奄有东西万里之长；扬子云笔札之功，赵充国四夷之学，美具难并，锺于一手，求之往古，殆邈焉罕俦”。钱氏尤披露严氏常虚心请教，每译一书，必送吴汝纶质正。此外，钱基博亦将严之《天演论》译例言、《原富》译事例言、《群已权界论》译凡例、《名学浅说》译者自序诸文中的翻译理念尽行标出。

钱基博对苏、林、严的翻译实践、翻译理念所作的介绍和评论表明：在中国文坛中，不少人除了自身的文学创作具有足够的资格进入文学史之外，其在翻译上的成就亦可在文学史中占有一席之地。钱基博的这种做法，折射出翻译完全可以成为一国文学史的一个组成部分。这种以翻译入中国文学史的做法，无疑是钱基博对翻译所作的一个重要贡献。钱基博的这种做法对后世编文学史者亦产生了一定的影响，如游国恩等编写的《中国文学史》、朱东润题写书名、王运熙主编的《中国近代文学批评史》、唐弢主编的《中国现代文学史》等都对译人译事有所议及。

相映成趣的是，西方居然亦有此种运作行为，如德国文学家席勒格曾以十余载心血翻译莎士比亚，其功绩便被载入德国文学史册。文学史家甚至称：席勒格的翻译使这位伟大的英国诗人在自己的域外国度里复活了。

著名学者王元化曾不无感慨地说："写文学史，编文学大系，略去翻译文学部分是个缺陷。因为翻译文学留下了外来文化对中国本土文化影响的轨迹，翻译文学应理所当然地成为文学史的一部分。"王氏的这番说法，完全可以视为既是对钱基博的首肯，又是对游氏等人的褒扬，而且也是对那些忽视这种作法的文学史编写者们的一种温馨提示。

2009

一十六　翻译批评家陈子展

复旦大学教授陈子展(1898—1990)，湖南长沙人。其正值而立之年时，对1898至1928年间的中国文学，其中包括翻译文学的状况作过认真的研究，并受田汉的嘱托，向上海南国艺术学院的学生进行讲授。随后他又根据讲义撰出《中国近代文学之变迁》、《最近三十年中国文学史》二书行世，由是进入文学史家的行列，从此益发努力，声誉日盛。七十年后即2000年，上海古籍出版社合陈先生此二册巨制为一集重新推出。余生亦晚，直到此时，方才有缘一睹这位曾和毛泽东一道“指点江山、激扬文字”的乡前贤的文采。我将是书通读一过，深深以为，陈子展不独是一位杰出的文学史家，而且亦是一位卓越的翻译批评家。

陈氏在其著述中先后议及了三十年间的诸多翻译名家，如严复、林纾、马君武、苏曼殊、李思纯、伍光建以及鲁迅、周作人等。陈氏主要是从翻译目的、翻译实践、翻译策略、翻译理念、翻译特色、翻译价值等方面对这些名家进行评论的。

以严复为例，陈氏指出，其翻译的“宏愿”是要向一班老先生灌输一点西洋理念，叫他们“改变顽旧自大，不求长进的思想，知道怎样‘讨论国闻，审敌自镜’”。基于此，严氏以“真用心，真郑重，甚至‘一名而立，旬月踟蹰’”的翻译态度，以古文体、“并且还得附会一点中国古书里的老道理”的翻译策略，将原文译成了令老先生们拍案称绝的“渊雅古文”。如吴汝纶读了严译《天演论》之后，不胜感慨地说：“盖自中土翻译西书以来，无此鸿制。匪直天演之学在中国为初凿鸿蒙，亦缘自来译手无似此高文雄笔。”于是这位老先生“手录副本，秘之枕中”，且喜滋滋地曰：“虽刘先生之得荆州，不足为喻！”

在论及严译的文学价值时，陈氏认为，虽然古文学家们一再鼓吹“文者贯道之器”、“文以明道”、“文以载道”，但自韩愈以来，真正称得上载道或说道的文章，实不多见。如曾国藩曾无可奈何地感叹：“古文无施不可，但不宜说理。”直到严复开始驰骋文坛时，情形才有所改变。陈氏指出，严复“不独不满意韩愈的所谓‘道’，而作《辟韩》，还居然用古文翻译了西洋说理邃赜之文，弥补了自韩愈以来古文不宜说理的缺陷——这也许是严复在古文史上的一种大贡献”。

至于林纾翻译西方小说，陈氏以为这是其“治生之一法，但他想借翻译的外国小说，一广国人之见闻，一新国人之观感，这种意思也是有的”。如林纾在所译《不如归》的序中称：“纾年已老，报国无日，故日为叫旦之鸡，冀吾同胞警醒，恒于小说序中摅其胸臆。”陈氏由是叹曰：“这是何等值得佩服的愿力！又是何等热烈的爱国精神！”陈氏不仅称颂林纾勇于放下古文家的架子，率先翻译西欧小说，从而开创了“翻译世界文学作品的风气”，而且认为林纾虽不识西文，但“有时领悟原文的意味，似乎还远胜于能读原文的译者”，其在所译小说序文中的诸多见解，更是别具慧眼。如林纾“以为迭更司与司各得诸人的小说，其妙处或高于中国左、马、班、韩的文章，或高于中国的《红楼》、《水浒》”，如此大胆的说法足可令那些瞧不起西洋文学的人们瞠目结舌。

林纾的翻译策略则一如严复，全以古文译之。陈氏十分赞同胡适对林纾的评价，即“古文不曾做过长篇的小说，林纾居然用古文译了一百多种长篇小说，还使许多学他的人也用古文译了许多长篇小说；古文里很少有滑稽的风味，林纾居然用古文译了《茶花女》与《迦茵小传》等书。古文的应用，自司马迁以来从没有这种大的成绩”。陈氏尤进一步指出，“这是林纾在古文史上的一种大贡献”，是将“古文应用的范围推广，替古文开辟一个新世界，替古文争得最后的光荣”。

马君武是诗人。陈氏指出，这位诗人其所以译诗，可以说完全是步严又陵之后尘，正所谓“严复好以天演学说人文，他就好以天演学说人诗；严复翻译西洋哲学，他就翻译一点西洋诗”。他的译笔则“也能如他的创作一样，具有一种深挚感人的力量，想来总不至于辜负了原作者”。马君武曾以七言古诗体译过拜伦的《哀希腊》，苏曼殊和胡适也分别以五言古诗体与离骚体译过此诗。通过对三首译诗的比较，陈氏坦陈：“我还是最爱读马君武的译文，以为以他的气魄译此等诗最为相称。”

苏曼殊是“天分绝高”、“很见称道于现今文学界”的诗僧。陈氏对苏曼殊翻译的评论可以概括为两点。一是其译诗范围广泛，二是其翻译理念精到。苏曼殊不仅翻译了拜伦，而且还翻译了雪莱和彭斯。陈氏最爱其所译拜伦的《去国行》，并以英汉对照的形式在书中录出，且评曰“这种译诗，真是如译者自己所说‘按文切理，语无增饰，陈义悱恻，事辞相称’”。苏译拜伦为什么会达到如此境界？陈氏认为这是因为“他与拜伦虽说异地异时，而其心情上容有共鸣之处。拜伦有去国之忧，他又何尝没有去国之忧。但他毕竟爱中国”。陈氏还进一步道出：苏曼殊曾撰文痛斥中国人中的洋奴，“他真不愧做一个爱中国的中国人”！除此之外，苏曼殊还编有英译中国古代诗歌选集，如《文学因缘》、《英汉三味集》。陈氏评曰：“这些诗里有的注出原译者的姓名，有的略加批评，或比较，我们可以窥见他于译诗是具有如何的情趣。”

陈氏谓苏曼殊的翻译理念主要见之于《拜伦诗选自序》、《与高天梅书》二文。如在《与高天梅书》中，苏氏称其除了对林译《金塔剖尸记》、《鲁滨孙漂流记》“甚为佩伏”外，对其他的林译乃至严译均有所不满，由是得出“甚矣译事之难”的结论；苏氏对辜鸿铭所译《痴汉骑马歌》评价甚高，认为“辞气相副”；苏氏亦主张“凡治文学，须精通其文字”，言外之意，分明是指唯有通晓外国文学作品原文，方能进行文学翻译和文学研究。

陈氏较为详细地介绍了李思纯的《仙河集》，称是集中译有法国古今二十四位诗人的六十九首诗篇，译者对每位诗人的生卒年份、人格作风以及诗作特色均有简略介绍。尤有甚者，译者仿照《诗经·小序》体，在每首译诗前写一短句说明诗意，且写有一序，说明自己选译的动机，译名的由来，译诗的方式。序后附有例言十一则。陈氏认为所有这些内容“都很重要”。

陈氏尤从两个方面对李思纯的翻译理念进行了张扬。一是李氏认为近人译诗的方法有三种取向：“马君武式，以格律谨严之近体译之”；苏曼殊式，“以格律较疏之古体译之”；“胡适式，则以白话直译，尽弛格律是也”。其中“马式过重汉文格律，而轻视欧文辞义；胡式过重欧文辞义，而轻视汉文格律；惟苏式译诗，格律较疏，则原作之辞义皆达，五七成体，则汉诗之形貌不失”。故李氏《仙河集》中的译诗均采用苏曼殊式。

二是李氏本人的译诗主张，即欧诗“可以较良之方法译之。所谓较良之方法者，即译者须求所以两全兼顾。一方面不能抛弃原义，而纵笔自作汉诗；一方面复不能拘牵墨守，以拙劣之方法行之，如法语所谓之逐字译(Mot a Mot)，使译文割裂，不成句读。故矫此两失，实为译诗者之应有责任。斯集(《仙河集》)所译之形式，即译者对于今日翻译欧诗一事，心目中认为较合于理之形式”。陈氏随后从李思纯的《仙河集》中选出四首译诗作为佐证。但陈氏对李思纯的译诗方法并不完全苟同，他认为：“这种译诗虽用文言，却已另成一种体格；杂在中国人诗里，总会令人觉得生疏；不像马君武、苏曼殊所译，总觉得太像中国诗，似乎这是他译诗的一种创格。(但从另一方面说，译文还是蹇涩无味。)究竟这种译法是否如他自己所说的较良之方法，可以做译诗之范则？究竟他译的诗是否做到曾朴所说译诗的五个任务？(一，理解要确；二，音节要合；三，神韵要得；四，体裁要称；五，字眼要切。)倒是值得翻译界大家讨论的问题。”

此外，陈氏还指出，三十年间，翻译西方小说的人，除林纾之外，尚有伍光建。陈氏云，伍光建“先后译有 A. Dumas 的《侠隐记》、《续侠隐记》，Niccolo Machiavelli 的《羁术》，E. C. Caskell 的《克兰佛》，C. Dickens 的《劳苦世界》，H. Fielding 的《大伟人威立特传》等种。最初他用笔名君朔，读者多不知道他的真姓名”。陈氏还引胡适的评价来说明伍光建的“翻译文学的成绩”。胡适称近几十年中译小说的人，唯伍光建最不可及，如他译的《侠隐记》，“用的白话最流畅明白，于原文最精警之句，他皆用气力练字练句，谨严而不失为好文章”。陈氏同时亦指出“鲁迅、周作人的翻译小说，从最初的域外小说集起，直到最近翻译的欧、美、日本小说，也很重要”。

陈子展对中国三十年翻译文学的研究和评论，应该说至少具有三个方面的意义。第一，中国文学的发展，无论是过去、现在乃至将来，都离不开外来文学或曰翻译文学的“刺激”。第二，翻译文学是中国文学不可或缺的一个组成部分，任何一位编写中国文学史的专家都应当安排一定的篇幅专门论述翻译文学，否则的话，编写出来的中国文学史就是一部有缺陷的产品。第三，当代中国文学家必须努力提高自己的外语水平，做到既能进行文学创作，也能进行文学翻译。严、马、苏、李、伍以及后来的鲁迅、周作人、郁达夫等便是极好的榜样。

2010

一十七　话说李青崖

李青崖是何等了得的人物！他是毛泽东的老师，杨树达的挚友，吴祖光的姑父，更是可与傅雷比肩的翻译家。

20世纪初，他从法国留学归来，曾一度担任湖南第一师范的教员，对毛泽东、蔡和森等进步学生关爱有加，不避嫌地让他们在自己的祖居园林“芋园”开展活动。1923年，他翻译的《莫泊桑短篇小说集》第一册由商务印书馆梓行，杨树达为其作序。杨称：“我的朋友李君青崖，从前留学法国，理科之外，兼研究法国文学”，“希望青崖出版这册子以后，还继续不断地将莫泊桑著作都译出来，使国中有文学兴味的人，个个都能饱饱地领略莫泊桑著作的风味，那就是很有贡献的工作了”。后来他果真将世界著名法国作家莫泊桑创作的长、短篇小说全部翻译成了中文，如《人生》、《俊友》、《羊脂球》等。此外，他还翻译过左拉、大仲马等人的著作。李青崖的夫人吴琴清是吴祖光的姑母，而作为姑父，其对吴祖光在文学上的影响可想而知。

新中国成立之后，李青崖先后担任上海市文献委员会主任委员、上海文史馆副馆长。公务之余，他潜心于《莫泊桑全集》译作的校订与修改。惜乎，接踵而至的政治运动使得这部巨译只能置于书架或藏于箧底。直到1996年，湖南文艺出版社才陆续将是译出齐，而此时距离先生逝世的1969年已经整整二十七年了。

笔者曾将《莫泊桑全集》译作中的长篇小说《人生》阅读一过，对其中的两段译文一直爱不释手。一段在第六章，是说秋天的；另一段在第八章，是说春天的。两段译文分别为：

> 在一阵满是霞光的天色中央有一个庞大的日轮，金红丰满得像是一副酩酊大醉者的脸从树林子后面显出来。地面满盖着白霜，干燥而坚硬，在农庄中人的脚底下发出响声。仅仅一夜之间，白杨树上那些还没有脱尽叶子的树枝现在全是光秃秃的了；在那片荒地后面，显出了一顷点缀着好些白点儿的碧绿海波。
>
> 春天是慢慢地到的。脱光了叶子的树木都在依然强烈的冷风里动摇，但是在那些积着秋天腐叶的壕沟的湿草里，黄黄的莲馨花正渐渐显出来。在整个平原里，在各处农庄的天井里，在浸透了的田野里，腾出一种润湿的气息，像是一种发酵的味儿。一片小小的绿点儿从棕黑色的泥土里露出来，映着日光发亮。

众所周知，译者的本领就在于能够以一流的译笔传达一流的原文。李青崖笔下的译文，恰恰可以令不谙法语的中文读者深信莫泊桑确确实实是一位了不起的文豪，而不致产生任何疑窦。先生的翻译之所以能与傅雷的翻译互为伯仲，其源盖出于是。

20世纪六七十年代，笔者曾在李青崖故里即湖南汨罗江南端的青江河畔躬耕长达九年。每逢耕余，常常流连于那里的茅林竹舍青山绿水之中，迎着拂面的清风，心中不止一次地揣想：当年的李郎是否也曾坐在牛背上，短笛横吹，甚至时不时地向过往的客人遥指杏花村呢？

2013

一十八　翻译之威　惊天动地

九十年前，中国出了一位叱咤风云的人物，只见他振臂一呼，顷刻间大河上下、长江内外，一场摧枯拉朽、震惊世界的运动就此掀起。此人便是其时年届四旬的陈独秀，此运动便是永载史册的新文化运动。陈独秀何以有如此威猛之力？私心以为，其源盖发端于他和翻译的结缘。

1901 年 10 月，陈独秀东渡日本，入日本东京专科学校(早稻田大学前身)就读。随着外语水平的不断提升，他开始着手进行翻译。斋藤鹿三郎的《地理教授法》很可能就是他的第一部译作。翌年他将此书作了一番加工，更名为《小学万国地理新编》，交商务印书馆出版发行。可以想象，这本薄薄的教科书一定让“大清帝国”拖着辫子的娃娃们大大地开了一番眼界。

转眼到了 1903 年 8 月，由章士钊任主编的《国民日日报》创刊。章的好友苏曼殊始译法国作家雨果的名著《悲惨世界》，苏的好友陈独秀则热情相助，或删词削句，或加工润色，堪称不遗余力又不厌其烦。由是苏的译文得以在《国民日日报》连载。尤有甚者，是书从第七回起，译者平添了原作中并没有的故事，塑造了一位扶弱抑强、舍己为人、一心只想尽快铲除人间不平事的正面人物男德。这无疑暗示了苏、陈急于破旧立新的新思想。可惜好景不长，是年12月报纸便停了刊，刚刚连载至第十一回上半回的《悲惨世界》也就煞了尾。饱具诗人气质的苏曼殊，掷笔罢译，只身南下，去了香港。陈氏却欲罢不能，遂将苏译进行整理，并补译至第十四回交镜今书局陈竞全谋划出版。1904年，该书以单行本梓行。书局将译者冠为“苏子穀陈由己”，子穀即曼殊，由己即独秀也。不久，东大陆图书译印局、上海泰东图书局又将此单行本相继发行。是书在国人中的影响，由此可见一斑。

1915年9月，思想日益激进的陈独秀在上海创办《新青年》(原名《青年杂志》，1906年3月更为此名)。他在该刊第一卷第一期编发了相当数量的翻译作品，如俄国屠格涅夫的《春潮》、美国马克威·斯密士的《青年论》以及他本人翻译的法国薛纽伯的《现代文明史》。以后每卷各期的翻译作品都占有一定比例，其中亦不乏他本人的译作，如第四卷第一期所载德国赫克尔《科学与基督教》的译文，便是出自他的手笔。在该刊第二卷第一期上，他还编发了胡适从美国寄来的译稿《决斗》，并致函嘱其为《新青年》多译一些类似的短篇名著。

《新青年》杂志所刊发的这些译文，或充满了异国他乡的文学情思，或洋溢着欧美大陆的科学理念，令正在黑暗中摸索前进的中国学子无不感到欢欣鼓舞，犹如见到曙光在前，一轮红日必将喷薄而出一般。奠定了这样的思想基础，新文化运动焉能不成燎原之势？陈氏设计之精密，手段之高超，世所罕匹，真不愧为一代英豪！

陈独秀像“总司令”一样，成功地领导了新文化运动，而后又马不停蹄地和李大钊等人着手筹建中国共产党。此时此刻，翻译又一次派上了用场。1920年初，陈独秀委托恽代英翻译考茨基早期著作《阶级斗争》。同年8月，他约请陈望道翻译《共产党宣言》。陈望道“费了平生译书的五倍工夫”译毕后，陈独秀与李汉俊立刻进行了校对。同年11月，陈独秀责成李季翻译柯卡普的《社会主义史》。这三本书的翻译和出版使包括毛泽东在内的一批中国精英成为了马克思主义者。毛泽东曾动情地说：“三本书特别深地铭记在我的心中，建立起我对马克思主义的信仰。”1945年，在中共七大闭幕式上，毛泽东甚至感叹“没有翻译就没有共产党”。这无疑是对陈独秀组织翻译出版马克思主义著作的一种赞赏。

文人出身的陈独秀，也和苏曼殊一样，总免不了有几分诗人的气质。因此，他喜欢写诗，也喜欢译诗。他曾译过拜伦的《留别雅典女郎》，译过泰戈尔的《赞歌》，也曾译过美国诗人塞缪尔·史密斯(Samuel F. Smith)的《亚美利加》(America)。

塞缪尔·史密斯《亚美利加》第一小节的英文为：

My country, 'tis of thee, / Sweet land of liberty, / Of thee I sing; /
Land where my fathers died, / Land of the pilgrims' pride, /
From ev'ry mountain side/ Let freedom ring!

陈独秀的译文为：

爱吾土兮自由乡。祖宗之所埋骨。先民之所夸张。
颂声作兮邦家光。群山之隈相低昂。自由之歌声抑扬。

泰戈尔《赞歌》第四小节的英文为：

Where the mind is without fear and the head is held high; / Where knowledge is free; / Where the world has not been broken up into fragments by narrow domestic walls; / Where words come out from the depth of truth; / Where tireless striving stretches its arms towards perfection; / Where the clear stream of reason has not lost its way into the dreary desert sand of dead habit; / Where the mind is led forward by thee into ever-widening thought and action; / Into that heaven of freedom, my Father, let my country awake.

陈独秀的译文为:

远离恐怖心。矫首出尘表。慧力无尽藏。体性遍明窈。语发真理源。奋臂赴完好。

清流径寒碛。而不迷中道。行解趣永旷。心径资灵诏。挈临自在天。使我长皎皎。

显而易见，塞缪尔·史密斯的诗是以离骚体译出，泰戈尔的诗则是以五言古体诗译出。译诗显示了译者不凡的外文功底和卓绝的中文修养。如今九十余年过去，当我们重新将这些译诗细细品评时，完全可以想象出身着西服的独秀先生在书籍满地、稿件满桌的《新青年》编辑部办公室里，一边风流倜傥地吟诵英文，一边沉思默想地仰望窗外，又一边笔酣墨饱地写下译句的情景。如此美妙境界，真是令人既感叹又向往啊!

2009

一十九　张闻天早期译事一瞥

中共早期领导人中不乏积极从事翻译活动者，张闻天便是突出的一位。1917 年，十七岁的张闻天入南京国立河海工程专门学校即今之河海大学就读，由是打下了坚实的英文基础。1920 年，张闻天和茅盾的胞弟沈泽民结伴东渡日本留学，于是又将日语收入囊中。1925 年，张闻天受中共派遣，前往苏联学习，其语言库存无疑又锦上添花，多了一门俄语。胸中拥有中英日俄四种语言，自然可以在翻译的天地之中任意驰骋了，难怪他曾在“少年中国学会终身志业调查表”中称：“终身欲从事之事业”是“精神运动”，“将来维持终身生活之方法”是“译著”。

纵观张氏的早期译事，大致呈三种走向，即文学评论翻译、文学作品翻译、马列著述和社会科学著作翻译。其文学评论翻译的主要体现是两篇重头文章。一篇是《托尔斯泰的艺术观》，是文以直译、阐释、评述、概述相结合的方式，有系统地阐述了世界级大文豪托尔斯泰精湛的艺术见解。文章发表在 1921 年 9 月出版的《小说月报》号外《俄国文学研究》上，是文长达二万余字，彰显了其崭露头角的翻译能力与评介水平。另一篇是法国哲学家柏格森的美学专论《笑之研究》，张闻天于 1921 年 12 月据柏氏亲自校阅过的英译本译出，两年后即 1923 年 12 月，译本首度椠行。这无疑是张氏对刚刚起步的中国美学研究的一大贡献。

其文学作品翻译涵盖甚多，有小说，如英国作家王尔德的《狱中记》(与汪馥泉合译)，俄国作家柯罗连科的《盲音乐家》；有诗歌，如黎巴嫩诗人纪伯伦的散文诗；有戏剧，如俄国安特列夫的四幕剧《狗的舞蹈》，意大利邓南遮的名剧《琪娥康陶》(又译《江孔达》)以及西班牙诺贝尔文学奖得主倍那文德的剧本《热情之花》和《伪善者》。耐人寻味的是，张译倍那文德居然引起了鲁迅的高度关注。鲁迅读了张译之后，特意从日本作家厨川白村的论文集《走向十字街头》中译出《西班牙剧坛的将星》一文刊于《小说月报》第 16 卷第 1 号上，“以供读者参考”，并称“所引剧文，用的就是张闻天先生的译本”。

其马列著述和社会科学著作翻译则包括德国社会学家米勒·莱尔《社会发展史》一书的最后一章《文化和幸福》，1922 年译出，载上海《东方杂志》第 19 卷第 20 号；《苏维埃俄罗斯政策之发展》，载 1923 年 1 月《民国日报·觉悟》；马克思《法兰西内战》，1928 年与吴亮平合译。显而易见，这些译文为马列主义在中国的传播起到了推波助澜的作用。此外，他还翻译过美国人房龙的《人类的故事》，后易名为《西洋史大纲》，共二十七万余字，手稿分装三册，1924 年译毕，1925 年寄上海中华书局。孰料这部译稿竟在中华书局的图书馆里静静地躺了整整七十八年，直到 2003 年方由上海辞书出版社影印出版，此时距张闻天逝世已经二十八个年头了。

除了翻译实践之外，张闻天亦有自己独到的翻译见解。如他曾撰有《译名的讨论》一文，发表于 1920 年 4 月 17 日的《时事新报》上。此文针对白话文翻译国外学术著作起步阶段译名混乱的现象，提出译名务求“统一”，无论是音译、意译，还是另创新词，必须让大众了解这个新词的意思，力避误解。为此，他尤建议编一部英汉对照的《新名词字典》。他在是文中还倡议翻译评介工作一定要消除三弊即“闭门造车”、“故为歧异”、“盲目服从”。

今年适逢中国共产党成立九十周年，在这大喜大庆的时刻，缅怀张闻天的这些翻译成就，兴许会给后人，特别是从事翻译工作的年轻人以更多的激励与启示吧！

2011

二十　胡乔木和翻译

八十多年前，江苏扬州中学幽静校园的一隅，常常有一位十余岁的小青年聚精会神地捧读一本薄薄的小书。这位小青年便是后来成为“中共中央一支笔”的胡乔木，那本薄薄的小书则是陈望道翻译的《共产党宣言》。胡乔木与翻译的结缘无疑肇始于此。

1931 年秋，仅仅在清华大学历史系就读了一年的胡乔木，因共青团员的身份被暴露，不得不离开学校辗转回到故乡江苏盐城。在这里，他主编了一份名曰《文艺青年》的报纸。为了吸引更多的读者，他特地约请正在清华大学哲学系读书的同乡乔冠华翻译了日本左翼作家小林多喜二的短篇小说。胡乔木对翻译的重视由此可见一斑。1933 年秋，胡乔木考入浙江大学外语系。由于所学专业的缘故，他与翻译的情结便更为密切了。

新中国成立以后，胡乔木对译事的关注多侧重于翻译活动的组织与指导。如 1951 年，他奉毛泽东之命，兼管“中共中央翻译工作委员会”，遂决定组织翻译斯大林全集，同时拟将毛泽东著作译成俄文，并请王稼祥、李立三、张闻天担任校阅。又如 1952 年下半年至1953年上半年，他曾代理中科院科学处处长，任职期间，他提出翻译《列宁斯大林论科学技术工作》。这项任务后来由龚育之完成，篇幅长达四十万字。

1978年后，胡乔木的思路更为开阔。如他提出可以办一个编译馆，聘请海内外的专家学者为研究员，待遇可以从优。他还建议办一种大型的文化艺术翻译杂志，篇幅要大，内容要广。又如20世纪80年代初，商务印书馆编印了汉译世界学术名著丛书一、二辑。胡乔木对商务的这一举措给予了充分的肯定。不久，他又专门向商务的负责人陈原谈了他对外国学术名著选译的思路。其中包括：选译内容重要而未译的古希腊罗马名著；选译从文艺复兴至18世纪和19世纪期间起过积极推动作用的代表著作；选译大学问家如罗素的主要作品；选译经典性的通俗科学著作，特别是大专家的通俗著作，如爱因斯坦的《相对论浅谈》。他还再三叮嘱要广泛约请退休学人如华裔教授做移译名著的工作，因为这些人对专业有研究，精通各种语言。

1989年商务印书馆在北京西山召开汉译学术名著长期规划会议，正在外地视察的胡乔木"立即给会议写了一封言词恳切的信"。信中谈到，译著选题可以更宽泛一些，译本要有较好的序言，翻译者可以不限于国内等。胡乔木不仅从宏观上对翻译提出了许多指导性的意见，而且对具体的翻译工作亦格外留意，并作了不少实事求是的指示。如1982年在《张闻天早期译剧集》的编辑过程中，编者对张闻天所译邓南遮的《琪娥康陶》（又译《江孔达》）一剧能否入选，一时不能定夺，因为作者后来沦为法西斯分子。遂请教胡乔木，胡曰，邓的剧作思想深邃，文字优美。张译此剧时并不知其后会堕落。于是此剧很顺利地收入张闻天的译剧集。胡还说，张译王尔德《狱中记》，至今无新译本可代替。又如1991年3月8日，胡乔木在给周作人研究者倪墨炎的复函中特别写道："感到关注的是周氏的三种未出版的译书……能否探听一下这些译稿下落……上海的出版社能否承担某一、二种书的赔钱的出版？显然，这些书稿不应一辈子埋没掉。”胡乔木所说周作人的三种未出版译书系指周早期翻译的日本《浮世理发馆》、《枕之草纸》、希腊《卢奇安对话集》三书。这些书后来均由人民文学出版社陆续出版。

胡乔木亦曾直接介入过翻译的校勘与译文的修改。虽说是偶尔为之，却也充分展示了其卓尔不群的才华。如1953年，苏联拟给华罗庚的一本数学专著颁发斯大林奖，并向中方发出电报征询看法。此专著被译为《奇数可加论》。胡乔木一看书名即疑翻译有问题，遂与华罗庚联系，方知书名应为《堆垒素数论》。再如1957年10月，苏共致函中共建议召开全世界共产党代表大会，并附会议宣言草案征求意见。中办翻译组将其译成中文后，毛泽东命胡乔木进行修改。胡将译文一页一页地贴在大稿纸上，逐字逐句推敲，反反复复修改，如发现译文用词不当，便要翻译组的同志重新核对。他一再强调：对于诸如此类的政治文件必须一个字一个字忠实地翻译，千万不能节外生枝。

青少年时期的细读译著和请人翻译文学作品，中年时期的组织和参与领袖人物著作和中央文件的翻译，老年时期落实战友译著的入选和学人译稿的出版，所有这些，无不凸显出胡乔木这位理论家的犀利眼光和宽阔胸襟。每及至此，我们总是情不自禁地生发出对他的无限远怀和深切遥念。

2008

二十一　浓浓译情胡耀邦

胡耀邦与翻译的情结实属不浅。何以为证？一部小说，一封复信，一条建议是也！

先说一部小说。1955年年初，苏联期刊《旗帜》发表了作家尼古拉耶娃的一部中篇小说，名叫《拖拉机站站长和总农艺师》。翻译家草婴立马将该小说译成中文，交《世界文学》杂志前身《译文》分两期刊载。时任共青团团中央第一书记的胡耀邦读到这部翻译小说后，连连称好。由是《中国青年》杂志亦分两次刊发。同年年底，中国青年出版社又以最快的速度印发了单行本。青年团中央宣传部甚至还发出《关于推荐苏联中篇小说〈拖拉机站站长和总农艺师〉的通知》，要求全国范围内“向高中以上学生和具有相当水平的机关青年干部、青年职工推荐这部小说”。理由是这部小说描绘了主人公娜斯嘉为新生事物开辟道路而勇敢斗争的原则精神，及其为人民服务、全心全意地和劳动人民结合的高贵品质。胡耀邦之所以如此高度地重视这部翻译小说，固然是出于当时新中国国情的需要，但另一方面，也凸显出他对翻译的看重。

次说一封复信。1980 年，人民出版社拟以“外国政治学术丛书”的名义，组织翻译近现代外国学术重要书籍百种。该社政治编辑室将征求意见稿寄了一份给胡耀邦。胡收到后，旋即亲笔作复：“我赞成翻译一些现代社会主义各流派的著作，以及资产阶级关于社会学的一些名著。现在我们这方面的知识贫乏得惊人。我不知道全国是否有十来个人认真读了十来本这样的著作。没有这一条，谈什么探索新理论？但这类著作浩如烟海，纸张、翻译都有限，因此要认真选择。你们这一百本，至少有两千万字吧。这恐怕不行，应该指定一二十个有水平的专家再精选一下。胡耀邦 7. 21。”窃以为，短短一信，一方面反映了胡对翻译西方理论著作以及翻译专家的高度重视，另一方面也表明了他的一些翻译理念。比如，对原著必须进行认真筛选，方可保证翻译的可行性和必要性。又比如，对原著必须进行反复精读，然后才能考虑进行移译，如果连这一条都做不到，探索新理论无疑是一句空话。

再说一条建议。1986 年，胡耀邦计划访问英国、法国、德国和意大利。相传，他在行前向担任访问团发言人的李肇星建议，可否组织有心人收集这些国家的一些名人名言，按国别编译成一本小册子，以便在与这些国家的领导人和有关人士进行交谈时加以引用，从而提高我方发言的说理性、逻辑性和感染力。李“一琢磨，觉得很有道理”，旋即遵嘱招集人员进行编译。在后来访问的会谈中，胡先后引用了雪莱、孟德斯鸠、伏尔泰、歌德、席勒、但丁等人的名言和诗句，并经过译员巧妙而机智的翻译，果然产生了很好的效果。显而易见，如此有益的建议，乃是源于他对翻译重要性的深切认知也。

斯人已逝经年矣。而今远怀 20 世纪 50 年代的经济建设，近思 20 世纪 80 年代的改革开放，伴随其中的翻译事业之所以赓续不断，之所以蒸蒸日上，应该说与这位曾经担任过团中央第一书记和党中央总书记的翻译情结多多少少有些关联吧！

2014

二十二　侯外庐和《资本论》翻译

山西平遥人侯外庐（1903—1987）受革命先驱李大钊的启发，曾以自己近八分之一的生命即十年时间移译德国人马克思的巨制《资本论》，从而令理论界的学人奉作典范，亦为翻译界的同仁啧啧称道。

窃以为，侯外庐翻译此书有三个不同于一般译人的特点。特点之一是视原作为知识宝库，将翻译的过程当作求知的过程。他认为马克思积四十年之努力撰成此书，凝聚了其毕生的智能和心血。故在翻译时，力求彻底弄懂马克思及其前贤在书中所提出的每一个理论概念。为此，他曾刻苦学习过西方哲学、经济学、历史学、文学、数学、机械学等，其中，对哲学和经济学用力最为劬劳。

特点之二是视原作者为导师，将翻译的过程当作接受教育的过程。侯外庐在翻译中深深感到，仿佛是马克思在手把手地"教他科学而严密的思想方法和研究方法"。通过翻译，他不仅理解了马克思的历史唯物论，而且接受了马克思主义的世界观和方法论，为其后来的思想史研究夯实了牢固的基础。

特点之三是突破了前人的翻译理论樊篱，提出了自己独到的见解。譬如，他认为翻译既是占有原著，又是吞食原著。说到翻译是占有，人们也许会马上想到英国翻译理论家斯坦纳的“侵入论”，斯氏认为翻译就是译者对原文进行侵占(aggression)。说到翻译是吞食，人们或可迅速忆及巴西人德坎坡斯兄弟的“食人主义”，他们裁定翻译就是译者吞食原文(Translation is a form of cannibalism)，而后产生新作。侯外庐关于“占有”、“侵入”的翻译理念萌芽于20世纪30年代，而斯、德诸人翻译理论的提出却是20世纪70年代以后的事。惜乎侯外庐其时正倾全力于《资本论》的翻译，未能对自己的翻译理念进行深化的开拓，否则的话，中华民族又将多出一位令世人刮目相看的翻译理论家，甚至东西方翻译理论的格局将因此而重新分布亦未可知。

侯外庐移译《资本论》长达十年之久，起始于法国巴黎，完成于中国山西太原和陕西西安等地，可谓历尽艰辛，遍尝困苦。巴黎三年，他“一次不曾参观罗浮宫、凡尔赛之类的名胜，一次没有进过剧场去欣赏法兰西的戏剧和音乐。只有远望埃菲尔铁塔，而无暇登临其巅”。国内七年，则更是颠沛流离，四处奔波，“时时在坐牢的威胁面前挣扎”。然而尽管如此，侯外庐矢志不渝，终于将《资本论》一、二、三卷翻译一过，其中第一卷译本(与王思华合译)先后于1932年和1936年相继出版，从而为马克思主义在中国的传播立下了筚路蓝缕之功。

马克思当年用鹅毛管笔在《资本论》中刷刷地写下了这样一句德文：Es gibt keine LandstraBe fur die Wissenschaft, und nur diejenigen haben Aussicht, ihre hellen Gipfel zu erreichen, die der Ermudung beim Erklettern ihern steilen Pfade nicht scheuen.(在科学上没有平坦的大道，那些不畏劳苦沿着陡峭山路攀登的人，一定有希望达到光辉的顶点。)这无疑是马克思对自己辛勤研究和笔耕的真实写照，同时也是对所有科学研究工作者的一种勉励。兴许他写毕这句话，心中便立刻生出一种预感：一定会有一位中国人，沿着陡峭山路不畏劳苦努力攀登，将他的倾毕生之精力写就的《资本论》译成中文，因为他在研读中国人王茂荫对货币的见解，并将这些见解写入《资本论》的注释时，已经深深地为中国人的聪明才智乃至勤劳所折服，但他不可能预计以中文翻译《资本论》的首开先河者中会有一位名叫侯外庐的山西人。

侯外庐以十载之力翻译了《资本论》，似未使中国多出一名翻译家和翻译理论家，但却成就了一位历史学家，一位思想史大师，这也许就是侯外庐给我们的启示。

2009

二十三　李金发和翻译

曾经有一个时期，人们似乎根本不知道有一个名叫李金发的诗人。不久，又传出中国现代诗人仅仅只有两个半，李金发是其中的一个。如今看来，前者的做法是对历史的不尊重，而后者的说法又不免有些偏激。

李金发，粤人也，早岁留学法国，曾一度专攻美术。回国后，受刘海粟之邀，当过杭州国立艺术院雕塑系主任，因此，又被人称作雕塑家。其实，李氏在自己的艺术生涯中，除了写诗和雕塑之外，亦曾涉足过翻译。

他译过法国诗人诸如波特莱尔、缪塞、萨曼的诗篇，译过法国作家舌塞尔的小说，译过俄国托尔斯泰夫人的日记等。其中最引人注目的是他翻译的《古希腊恋歌》。这是一本诗集，系法国作家贝尔·鲁易所作。但这位作家怪得很，明明是自己的诗作，偏偏要假托译自古希腊女诗人碧丽蒂的诗集《碧丽蒂的歌》。兴许是这个原因，惹得有“诗怪”之称的李金发在翻译这件事上也来了点怪劲，即毫不犹豫地挥毫将其译成了中文，且于 1928 年由上海开明书店梓行。

文史专家胡从经先生称李氏将原诗“译得很美”，并以题名《雨》的一首诗为证。诗中有句云：

> 初春的雨是无限美妙。湿透的满是花朵的枝而有一种香气围绕着我。我可看见秀丽的树枝在日光下发亮。/噫吁！满地残红！怜惜些这等落花罢，莫要轻忽地扫向泥沟，我们可以留赠这些给蜂儿呢。

显而易见，译诗先是赞叹：美妙的春雨，将花朵淋得透湿，让它们散发出阵阵浓郁的芳香。继而提醒：休将落地的残红轻易拂去，让它们伴随蜂儿，共享这潇潇的春雨。这是何等秀丽的画面，又是何等动人的情感！与其说是李金发在译诗，倒不如说是他借原作者的笔在抒发自己的情怀。在诗集的序言中，李金发曾作如是说：“我译这书的意思，正如原译者写在卷首的一样：‘这个古爱情的小本子，愿意恭敬地献给未来社会的少女们’，尤望读者因之得于龌龊的现世生活中，掩卷追想古代的生活底安愉，心头发生人生美化的酵。”其译诗的旨趣可谓跃然纸上。

记得唐人白居易曾在《与元九书》中称：“文章合为时而著，歌诗合为事而作。”今观李金发的译序，亦可令人感悟出“翻译合为旨而行”矣。惜乎，李氏当年未曾涉及翻译理论的研究。不然的话，“目的论”的首倡者将不是西方的赖斯与弗米尔，而是属于东方的李金发们了。

2010

二十四　王实味和翻译

王实味，豫人也。1906 年生，1947 年卒，人生不可谓不短。然则他竟以两个四年时间段，译出了三百万字的著述，为后人留下了一笔不菲的精神遗产。单凭这一点，他就不枉在阳世间潇洒地走了一回。

第一个四年即 1929 年至 1933 年，王实味蜗居在上海的亭子间，一口气翻译了五部文学名著：德国人霍普特曼的《珊拿的邪教徒》、法国人都德的《萨芙》、英国人高尔斯华绥的《资产家》、美国人奥尼古的《奇异的插曲》以及英国人哈代的《还乡》，字数多达一百万。这些译作曾分别由中华书局和商务印书馆出版发行。第二个四年即 1937 年至 1941 年，王实味冲破重重阻挠，历尽千辛万苦到达延安之后，在简陋的窑洞里，或一人执笔，或与人合作，夜以继日、不辞辛劳地从事革命理论翻译，先后译出马恩列斯著作二百万言。

王实味译书，目的十分明确。以文学翻译而论，原著理当具有鲜明的现实主义色彩和进步倾向，当然亦不乏他个人的爱好。如他译《资产家》，是因为这本书描写了“自由对私有世界的控诉”；他译《奇异的插曲》，是因为这个剧本“深刻地触及了作者所处的时代与社会”；他译《还乡》，是因为这部小说“反映了资本主义制度下乡村人民的不幸和灾难，揭露了资产阶级道德和宗教观念的虚伪”；他译《萨芙》，无疑凸显出他对都德这位爱国主义作家的无限敬意；至于他译《珊拿的邪教徒》，乃是由于“自己很喜欢它，喜欢它描写的入微和想象的丰富，尤其喜欢篇中那种蓬勃的人性之热与力”；延安时期，其对革命理论的翻译，则表明了他的纪律性和他对共产主义的向往与憧憬。

尤有甚者，王实味译书，态度亦格外严谨。如《珊拿的邪教徒》一书，先有郭沫若译本。郭懂德文，完全据原文译出，但王认为郭译中亦有不少讹误。为慎重起见，他就中撷出三段郭译与英译本以及自己的译文比照，并加以评说，且录之于序中。“就事论事，王实味的意见是对的。”(倪墨炎语)

驹光如驶，而今回顾王实味的翻译往事，可以发现，他的文学翻译无可辩驳地为当时追求进步、向往革命的广大青年提供了一份有益的精神食粮；而他的理论翻译，在当时中国共产党人的思想建设和理论创新过程中，想必亦起到了一种推波助澜的作用。

2010

二十五　傅雷的译德

傅雷的译作无可争论地令人折服，难怪诗人朔望将他与玄奘、严复、伍光建、鲁迅相提并论，且以“大汉风神只此鲲”的诗句来赞扬他。不过，我倒觉得傅雷更令人折服的是他的译德。这种译德最突出的表现就是对译作精益求精，反复锤炼，决不信手拈来，草率从事。

傅雷曾说过：“翻译工作要做得好，必须一改再改三改四改。”他在这一点上是完全身体力行的。伏尔泰的哲理小说《老实人》就先后改过八遍，巴尔扎克的长篇小说《高老头》也曾经过初译、重译、第三次大修改这样三个阶段，时间横跨 30 余年。在重译这部小说时，他曾说：初译“对原作意义虽无大误，但对话生硬死板，文气淤塞不畅，新文艺习气既刮除未尽，节奏韵味也没有照顾周到，更不必说作品的浑成了。这次以三阅月的工夫重译一遍，几经改削，仍未满意。艺术的境界无穷，个人的才能有限：心长力绌，唯有投笔兴叹而已”。在进行第三次大修改时，虽然改来改去，他仍觉得有许多不满意的地方，认为“越是对原作体会时刻，越是欣赏原文的美妙，越觉得译文远远的传达不出原作的神韵。返工的次数愈来愈多，时间花得愈来愈多”，甚至觉得自己遇到了“一道不可超越的鸿沟”一般。事实表明，正是由于傅雷具有这种高尚的译德，他的译作方能成为令人赞赏不已的艺术瑰宝。

我们不妨以《老实人》中的两段译文来予以印证。

> 他(邦葛罗斯)说：“显而易见，事无大小，皆系定数；万物既皆有归宿，此归宿自必为最美满的归宿。岂不见鼻子是长来戴眼镜的吗？所以我们有眼镜。身上安放两条腿是为穿长裤的，所以我们有长裤。石头是要人开凿，盖造宫堡的，所以男爵大人有一座美轮美奂的宫堡；本省最有地位的男爵不是应当住得最好吗？猪是生来给人吃的，所以我们终年吃猪肉。谁要说一切皆善简直是胡扯，应当说尽善尽美才对。”
>
> 老实人一心一意的听着，好不天真的相信着，因为他觉得居内贡小姐美丽无比，虽则从来没胆子敢对她这么说。他认定第一等福气是生为男爵；第二等福气是生为居内贡小姐；第三等福气是天天看到小姐；第四等福气是听到邦葛罗斯大师的高谈阔论，他是本省最伟大的，所以是全球最伟大的哲学家。

毋庸置疑，经过整整八次打磨出来的译文，不仅完全体现了傅雷的文学翻译“神似”观，即“理想的译文仿佛是原作者的中文写作”，而且也彰显了他那高尚的译德或曰翻译伦理观。

众所周知，随着党的改革开放政策的推行，今天的翻译界已与傅雷当年的情形迥然不同，各种译作有如天女散花，铺天盖地而来。其中自然不乏上乘之作，然而令人诟病的劣作也时有所见。这种现象的出现，显然与译者的外语水平、翻译技巧密切相关。除此之外，是否也有译德的原因呢？

1988

二十六　俞平伯晚年读林译

1982年2月12日至4月6日，短短五十四天，八十二岁的俞平伯居然读了一十八部林译小说，平均三天一部。这些小说包括《脂粉议员》、《西妇林娜》、《香钩情眼》、《玑司刺虎记》、《贝克侦探案》、《西利亚郡主别传》、《撒克逊劫后英雄传》等。惜墨如金的俞平老不仅将所读林译书名全都记在日记中，而且还在日记中时不时地就所读林译发点议论。这些议论大致包括六个方面。

一是对原著的评议。如读《三千年艳尸记》，称其"情节甚奇"；读《不如归》，称其"颇悲哀"；读《天囚忏悔录》，称其"前半有一命案，后半探险海上取藏玺，西洋十九世纪小说之老套。而情节曲折"；读《贼史》，称其"描写细碎，善恶混杂"；读《红礁画桨录》，称其"思想深刻，情节变幻却不自然，如梦中行走，虽久闻此说，却从来未见。有意写作悲剧，故处处别扭，惟文笔甚佳，盖哈葛德之杰作也"，又称"屡读《红礁画桨》，亦赏其佳胜，而情节妄谬不近人情，或有意为之，殊难评价"。

二是对译笔的判断。如读《剑底鸳鸯》，曰"林译甚佳，胜于新林译，以晚年名垂年老，不免杂以他人之笔耳”；读《大食故宫余载》，曰“上半似散文体，译笔佳”；读《红礁画桨录》，曰“译笔亦善”；读《新天方夜谭》，曰“林译劣，未卒读，改阅《髯刺客传》，是熟书。差距颇大，盖非出乎一手。当年稿酬，闻五元一千字，遂不免倩人为之耳”。倩人，乃雇请之人也。

三是对中外小说故事情节或语言比较。如读《剑底鸳鸯》，云“中西文笔有相似之处，盖人同此心耳”；读《三千年艳尸记》，云“怪诡亦谈哲理，如长生轮回均异于东土”；读《不如归》，云“中日昔者家庭情况相似，鹃啼犹孔雀东南飞。浪子患肺疾，休之尚有说，而兰芝无病，仲卿之母较武男之母为尤劣”。

四是对以往题记的回忆。如读《芦花余孽》，称其“后吾文三题：一、丁巳即我等结婚年一九一七。二、庚申中秋，我归自海外，一九二〇。三、丁丑卢沟桥事变后一九三七。林译诸小说大抵均有我父题字也”；读《不如归》，称“其卷末有吾父小楷二行曰：‘身如红口楼，无那白门秋。’其后有钢笔妄涂曰：‘红豆相思久，秋风去不留”，似通非通，似连非连，不知何人之笔，而字迹类我，岂予所为欤？事隔多年，恍惚如梦，此系妄补，与原题二句无关。原句盖诗之三四，非一二也。只言‘白门秋’，未言秋风也。性喜妄涂，老而不改，信然”。

五是对读林译原因的披露。如3月6日日记曰：“吾亲藏林译小说，颇珍视之，予昔年亦未能悉读。今暮年失偶，以遣悲寂，非始料所及，且往往见吾父题字，卒读悲怆。”俞平老的夫人许宝驯女士2月7日仙逝，享年捌拾。俞平老在这一天的日记中写道：“六十四年夫妇，一旦分手，痛哉!!!”显而易见，老人家是想借阅读林译以稍稍减轻心中的无限悲伤。与此同时，亦是欲借此来表达对父辈的不尽追思。

六是对林译的整体评价。如3月22日日记称：“林译小说在近代文学史是个奇迹，而时人不知，即知之估计亦不够。此问题极复杂，好处甚大，缺点太多，瑕遂掩瑜。如校理，工作量太大，近闻有新印本数种，未知其评价如何也。”又 3 月 26 日日记称：“改写《谈林译》前文。”惜乎俞平老未在日记中对是文内容进行点滴透露。据云此文已不知去向，倘若果真如此，无疑是译界的一大损失矣！

2012

二十七　俞平伯、林语堂和《浮生六记》

1981年11月12日，八十一岁的俞平伯，经老友钱锺书之请，展纸援翰，为德国鲁尔大学教授马汉茂博士德文译本《浮生六记》撰写序文。老人家笔酣墨饱，深情写道：

> 文章之妙出诸天然，现于人心。及心心相印，其流传遂远。沈氏此《记》，余垂髫爱诵，年少时标点印行之，影响甚微。六十年后得重印而译本遍东西洋，良非始愿所及。由隐而显，此书之幸也。沈复习幕经商，文学非其专业。今读其文，无端悲喜能移我情，家常言语，反若有胜于宏文巨制者，此无他，真与自然而已。言必由衷谓之真，称意而发谓之自然。虽曰两端，盖非二义。其闺房燕昵之情，触忤庭闱之由，生活艰虞之状，与夫旅逸朋游之乐，既各见于书，而个性自由与封建礼法之冲突，往往如实反映，跃然纸上，有似弦外微言，实题中之正义也……其宛转清新，犹觉后来居上。旷观文苑，应叹才难，域外流传，岂偶然哉！

短短二百来字，俞平伯既高度评价了《浮生六记》的文学价值，又简略回顾了自己与该书几近一生的结缘。所谓“垂髫爱诵”系指其十余岁寓居苏州时曾读过此书，当时便“觉得可爱”。所谓“年少时标点印行之”则是指1923年至1924年间，其在上海大学任教授时，曾分别在顾颉刚、王伯祥所珍藏的《雁来红丛报》本、《独悟庵丛抄》本中又一次读到了《浮生六记》。此番重读，他感到“更有滋味”，且“有所领会”。为了弘扬此书“炫人的力”，让读书的“喜悦遍及于读者诸君”，他将此书细加标点，并交北京朴社以单行本形式印行，且先后撰写序文两则在《时事周报》的《文学》周刊上发表。俞平伯“影响甚微”的说法无疑是谦词。1933年郁达夫撰有《清新的小品文字》，文中便议及了沈复的《浮生六记》。几乎在同一时间，林语堂将《浮生六记》译成了英文。经常走动于京沪之间的郁、林二位也许当时正视俞本为手中玩物呢。“六十年后得重印”说的是人民文学出版社1980年将其于20世纪20年代标点的《浮生六记》重新印行出版。

俞平伯曾在20世纪20年代撰写的序文中称，“统观全书，无酸语、赘语、道学语”，“情思笔致极旖旎宛转而又极真率简易”，“在中国旧文苑中，是很值得注意的一篇著作”。其时，俞平伯不过二十三四岁，却能对此书作出如此精确的评价，足见其眼力之不凡。如今六十年过去，他重提此书，依然不改初衷，眷恋之情，一如少年。俞平伯何以对是书如此情有独钟？有人称这是他的“诗人气质独具的表现之由”。此说无疑堪称的论。不过笔者认为，其中也许还包含有这样一层原由：俞平伯每逢研究鸿篇巨制《红楼梦》累了的时候，便从书架上抽出这本薄薄的小书，随意读上几行，权当是一种休息，就像嗜酒的人，有时喝上一口绿茗，亦能陶醉一般。

俞平伯在1923年所撰《重印〈浮生六记〉序》中，曾引用过是书卷一《闺房记乐》的两段描述：

实则同行并坐，初犹避人，久则不以为意。芸或与人坐谈，见余至，必起立偏挪其身，余就而并焉。彼此皆不觉其所以然者，始以为惭，继成不期然而然。

芸欣然，及晚餐后，装束既毕，效男子拱手阔步者良久忽变卦曰："妾不去矣。为人识出既不便，堂上闻之又不可。"余怂恿曰："……密去密来，焉得知之。"芸揽镜自照，狂笑不已。余强挽之，悄然径去。

林语堂曾将《浮生六记》译成英文，俞平伯所引两段在林译中为：

As a matter of fact, we tried at first to avoid being seen sitting or walking together, but after a while, we did not mind it any more. When Yun was sitting and talking with somebody and saw me come, she would rise and move sideways for me to sit down together with her. All this was done naturally almost without any consciousness, and although at first we left uneasy about it, later on it became a matter of habit.

Yun was delighted with the idea, and after supper, when she had finished her make-up, she paced about the room, imitating the gestures and gait of a man for a long time, when all of a sudden she changed her mind and said, "I am not going! It would be so embarrassing if somebody should discover it, and besides, our parents would object." Still I urged her to go (and said,) "... We could steal away and back without letting anyone know about it." Yun then had such fun looking at herself in the mirror. I dragged her along and we stole away together to the Temple.

原文质朴简练，令芸的纯洁直率之性格跃然纸上。林语堂的译文似亦不让原文，异化归化兼而用之，足可令译文读者品味出芸不愧是“中国文学上一个最可爱的女人”（林语堂语）。不知俞平伯是否读过林语堂的译文。倘若读了的话，我相信他一定有过一次又一次的击节赞赏。

2008

二十八　林语堂话译诗

曾以一部长篇小说《京华烟云》令全球华人与异邦友人为之感叹唏嘘的林语堂，亦善翻译，尤对译诗颇多灼见。其见解大致涵盖四个方面。一曰诗歌特征，二曰译者素质，三曰正确用韵，四曰意境第一。

诗歌特征有二，“一为练词精到，二为意境传神”。无论是中文诗，还是英文诗，情形皆然，“所以译诗的人，尤其应明此点”。

译者素质亦为两点，一是两种语言过硬，二是具有闲情逸致。中诗英译，译者必须中文看好，“而英文要非常好”；英诗中译，英文务必精通，“中文亦应非常好”。两事俱备，尚欠东风。东风者，“闲情逸致”之谓也。所谓“闲情逸致”，窃以为指的是译者应当具有诗人的情怀。没有诗人的情怀，不可能将原诗真正读懂，往往“以直译为借口，生吞活剥”，令人难以卒读。仅有诗人的情怀，虽然能将原诗“深解”，却不能以“精炼恰当”的译语进行表达，亦是枉然。唐人柳宗元有《愚溪诗序》流播诗坛，内中颇多“愚溪、愚山、愚亭、愚池”。林公谓，这个“愚”字，“用 crazy，stupid， foolish crazy 都不妥”。后来，先生“心血来潮，想到 follies 一字”，遂一切迎刃而解。何以将“愚溪”译为 Foolish River 或 Stupid River 断断不可，唯独译为 Follies River 能够“顺口而雅驯”？乃是由于“英文同中文一样，各字都有弦外之音”。不通此道者，焉能译诗？

诗必有韵，此乃常理。译诗用韵，未尝不可。但多是周折费尽，失却真意而已。故一般说来译诗“还是不用韵妥当。只要文字好，仍有抑扬顿挫，仍能保持风味”。特别是中诗英译，“宁可无韵，而不可无字句中的自然节奏”。

做诗讲究意境，译诗亦然，而且是“意境第一”。美国人瓦德尔女士对中文一字不识，但很懂意境，她依据雷格的译文，“脱胎重写”且“专取意境”，由是令译文“亲切动人”，有的甚至“一字一血”，使人读之不忍释卷。林公受其启发，采用双声叠韵的方法，将李清照《声声慢》中的“寻寻觅觅、冷冷清清、凄凄惨惨戚戚”十四字移译成 so dim，so dark，so dense，so dull，so dump，so dank，so dead。原诗“黄昏细雨无可奈何孤单的境地”可谓得到了充分再现，而无一丝一毫的流失。没有一番“煞费苦心”，何来如此神译！由是林公反复强调“意境的译法，专在用字传神”。林公曾将苏东坡的《咏梅》词“玉骨那愁瘴雾，冰肌自有仙风。海仙时遣探芳丛，倒挂绿毛幺凤。素面常嫌粉涴，洗妆不褪唇红。高情已逐晓云空，不与梨花同梦”作如是译：

> Bones of jade，flesh of snow，/ May thy ethereal spirit stand unafraid，/ Thought the dark mist and the swamp wind blow. / May the sea sprites attend thee，/ The paroquets and cockatoos befriend thee，/ Thy white face doth powder spurn；/ Vermilion must yet from thy lips learn. / Flesh of snow，bones of jade，/ Dream thy dreams，peerless on，/ Not for this world thou art made.

众所周知，苏东坡此词明为咏梅，暗为追思心甘情愿随自己贬谪岭南的侍女朝云。词中的梅花，实际上是朝云美丽姿容和高洁人品的化身。是词空灵蕴藉，言近旨远，表现了作者对朝云的一往情深和无限怀恋。林公的译文堪称将“朝云之玉骨冰姿及东坡之细腻缠绵的意境”表现得淋漓尽致，其中“高情已逐晓云空，不与梨花同梦”两句，用字虽异，“寄意则同”。难怪林公一再无限感慨地宣示是译乃其“最得意”也是“最喜爱”之作也。

2013

二十九　梁实秋的翻译观

梁实秋的散文与他同时代的几位作家的散文一样，曾先后风靡过大陆的书林。然而，梁先生的才华不仅仅只是表现在散文写作上，他亦善译。比如，他继朱生豪之后，以一人之力成功地翻译了《莎士比亚全集》。不独如此，晚年的他还就翻译提出了许多真知灼见。

第一，翻译，特别是学术著作和文艺作品的翻译，完全是一种服务，一种“逐字逐句、矻矻穷年，其中无急功近利之可图”的艰苦服务。先生的这种说法比起其他人的高谈阔论就要朴实得多。

第二，译者因为要对原作进行文字上的探讨或版本上的校勘，所以翻译近乎学者治学的边缘，而且多少带几分艺术风味。如此见解比起某些人绕来绕去的解释就要清新得多。

第三，译者身份的定位。先生觉得译者一方面好比养母，译作即是他收养很久的孩子，爱之弥笃，仿佛亲生。另一方面，译者也好比游客，缓缓步入名园，博览奇花异木、亭榭楼阁，“循着路线周游一遭而出，心情怡然”。故一书译出，获益最多的是译者本人。先生这些充满人性化的比喻较之于猴子学人、媒婆牵线、艺人走丝、霸王远征、间谍行窃的说法不知要亲切多少倍。

第四，翻译标准的厘定。先生以为翻译标准是一个十分复杂的问题，不能轻易定论。比如译作的优劣有时与原著的难易有关，同一个译者译浅显的原著可以做到游刃有余，而译艰深的作品，则往往难料得失。至于那种“译如女人，美则不忠，忠则不美”的观点则完全不可取。

第五，翻译的地位。先生指出，优秀的译作，其表现的功力乃至文学上的造诣不仅不亚于而且完全有可能超过一般的创作和某些博士论文，那种将翻译一概摒斥于学术研究与文艺活动之外的做法是很不妥当的。

梁实秋的这些翻译观点虽属点滴，但足可使我们受到深刻的启发。

1992

三十　闻一多说英译李白诗

闻一多自幼饱读中国古代诗集，对李白自然烂熟于心；其曾就读于清华大学、美国芝加哥美术学院和科罗拉多大学，对英文自然驾轻就熟。所以他一看到日本人小畑熏良英译的《李白诗集》，便立马读了起来。一读之下，感慨自然不少。

感慨之一便是译者“要注重鉴别真伪”，千万不要将唐人、五代人乃至宋人伪造的李白诗“弄假成真”。眼前的小畑一不留心，便将黄庭坚裁定为伪作的《长干行》第二首当成李白的真作译了出来，由是留下一处硬伤。

感慨之二便是译者在选译李白诗时，一定要“从严一点”，因为李白是“专仗着灵感作诗的诗人，粗率的作品，准是少不了的”，千万不要将该选的漏选，不该选的入选。比如像《沐浴子》、《赠内》一类的诗大可不必入选，而小畑偏偏就选上了；像《行路难》、《扶风豪士歌》一类应该入选的诗，他又偏偏给漏掉了。由是留下些许遗憾。

这第三点感慨则是译者宜“多译些《蜀道难》、《梦游天姥吟留别》一类的诗”，理由是李白素以乐府歌行擅场，若以自由体译乐府，效果最佳，且于“李太白既公道，在译者也最合算”。殊不料，小畑竟然将李白一些浑然天成的名句译得既浅薄又庸琐，“这毛病不在译者的手腕，是在他的眼光”。

第四，译者译李白，除了“求文字的达意之外”，还应“进一步去求音节的仿佛”，因为李白“不是一个雕琢字句、刻画词藻的诗人，跌宕的气势——排奡的音节是他的主要的特征。所以译太白与其注重词藻，不如讲究音节”。令人感到欣慰的是，小畑在这一点上做得颇为出色。比如他将“蜀道之难难于上青天”译作“The road to Shu is more difficult to climb than to climb the steep blue heaven”，“两个 climb 在一句的中间作一种顿挫，正和两个‘难’字的功效一样的；最巧的‘难’同 climb 的声音也差不多”。

第五，译者最好做到“能够不增减原诗的字数，便不增减，能够不移动原诗字句的次序，便不移动”，以求译诗“在不可能的范围里找出个可能来”。想不到刚刚步入阳关大道的小畑在这一点上又栽了不少跟头，如随意添词加句，随意颠倒句序等，其“毛病，恐怕根本就在太用心写英文了。死气板脸的把英文写得和英美人写的一样，到头读者也只看见英文，看不见别的了”。

第六，译者必须清醒地认识到“翻译毕竟是翻译，同原著当然是没有比较的”，因此“不应当期望绝对的成功，只能讲相对的满意”。小畑熏良英译的《李白诗集》，虽然“短不了一些疏忽的破绽”，但从整体上评价，依然不失为“一件很精密、很有价值的工作”。即便与某些有名望的英美译者过招，其功力也远在他们之上。是故，令人“不能不佩服小畑熏良先生的毅力和手腕”。

闻一多对英译李太白诗的评说，是在 1926 年，距今几近九十年。但细细品味，仍能使人启发良多。

2013

三十一　金克木“翻译四字经”

19世纪的严复以“信达雅”三个字把翻译说得通明透亮。殊不料20世纪的金克木用四个字将翻译分析得更加透彻无遗。哪四个字？“解说”、“改作”也！

在金克木眼中，所谓翻译“全是‘解说’(诠释、阐释、释义)的产物”。金先生称：德国人以解说的手段翻译古印度哲学经典《奥义书》，让印度人知道印度古代哲学和欧洲近代哲学竟然是相通的，由是印度人的民族自豪感倍增，竟至“出现了两位名人，一位是宣扬《奥义书》的诗人兼哲学家泰戈尔，另一位是标榜古典又学习古圣人而进行现代群众运动的政治家甘地”。可见，解说式的翻译实在是功莫大焉。

同样，金先生亦视翻译“全是一种‘改作’”。比如中国人就是以改作的手段丰富了中文的表达方式。唐代的玄奘挥舞手中的羊毫笔，翻译出经过九九八十一难取回的印度佛经，弥补了鸠摩罗什译经“不顺不雅”的不足，其改作的译文“在相当长的时间内未能取而代之”。清末民初的林纾“审时度势，结合传统，新开一面”，以文言翻译包括法国小说《茶花女》在内的欧洲文学作品，轰动华夏。后来的诸多译本，虽然十分忠实，但“其作用似乎也很难与林译同日而语”。严复所译《天演论》等，情形亦复如此。

梁启超“用汉语曲调”即“沉醉东风”翻译英国诗人拜伦《哀希腊》中的一段：

> 咳，希腊啊！希腊啊！你本是平和时代的爱娇，你本是战争年代的天骄，“撒芷波”歌声高，女诗人热情好，更有那“德罗士”“菲波士”荣光常照。此地是艺文旧垒，技术中潮，即今在否，算除却太阳光线，万般没了。

显而易见，这种改作的译文不一定十分忠实，可是等到很忠实的译文出现时，“拜伦的诗已经不能那么激动人心了”。郭沫若接踵而至，也用改作的方法翻译了德国诗人歌德的《浮士德》，如开篇独白：

> 哲理呀，法律，医典，/甚至于神学的简编，/我都已努力钻研遍；/毕竟是措大依然，/毫不见聪明半点。

如此译法亦未见得忠实，然而“后来较谨严的翻译倒不象这几句令人容易记住”。金先生甚至认为，这些译文仿佛是梁启超、郭沫若分别化身为拜伦、歌德，以汉语写作出来的。由于“写”得好，他在八十岁那年，仍然背得一字不差，足见“改作”出来的翻译对后人影响之深。

金先生认为，即便是改作，依然有程度的差异。鲁迅、周作人翻译的《现代日本小说集》，“分明是日本人在说汉语，或则不如说是我们可以从汉文读出日本话”。这种运作方式虽然与梁、郭的译法参商有殊，但仍能予人以较深的印象，故“两者各有千秋”，不能扬此抑彼或厚彼薄此。

当金先生用四个字解读翻译，让人们听起来如痴如醉时，仍不忘提醒人们：千万不要一味迷信译本，否则很难进行“确切的比较研究”。这分明就是在告诫大家：译本虽好，总难免不忠实之处，若要在学业上真正有所进步，还得下苦功学习外语，做到直接阅读原文不可。

2013

三十二　刘永济译事点滴

中国学人在其著述中杂以西文，且自译成中文，初以为这种运作方式系钱锺书在《谈艺录》中首创，今观已故武汉大学教授刘永济《文学论》一书，始知情形并非如此，因为刘氏早在20世纪20年代初便已使用此法。刘著《文学论》初版于1924年，再版于1936年，而钱氏《谈艺录》直到1948年方椠行。刘氏犹有手稿著述《默识录》，经后人整理，与《文学论》合并，以《文学论·默识录》冠名，于2010年由中华书局梓行。

现不妨从刘著中引出实例若干作为佐证。第10页：英国批评家阿诺尔(Arnold)之言曰“具文学之才者，其最大之工作，乃综合与表曝之事，非分析与发明之事”(The grand work of literary genius is a work of synthesis and exposition, not of analysis and discovery)。第11页：柯尔铿(Calkins)女士著《哲学史》有曰“哲学之异于艺术者，艺术乃创造之事而非论证之事”(Philosophy is distinguished from art which creates but does not reason ...)。第72页：毛尔登(Moulton)谓批评文学作品之真美，往往因“作者创造之才”(the creative faculty of the artist)，与“阅者鉴别之力”(the percipience of the reader)有关而难明确，诚为至论。第 74 页：西方学者，谓“仰观天，俯察地，中览太空，皆有上帝未写之诗存焉”(Whether we look upon earth or sky, we may be sure that unwritten poetry of God is there)。

第 461 页：英国文学家司伟夫特(Swift)论文之真义，在用恰当之字于恰当之处而已(Proper words in proper places make the true definition of style)。司伟夫特所谓恰当，亦即适宜也。第 523 页：英儒培根(Bacon)有论学一文(Of Studies)，言读书之法为三种，皆以食物为喻。第一种书只需一尝(some books are to be tasted)，第二种书则需急吞(others to be swallowed)，第三种书必须细嚼烂化(and some to be chewed and digested)。培根又解释之曰：所谓尝者，其书只有部分可读者也(that is, some books are to be read only in parts)；所谓吞者，其书虽当读而不必过细者也(others to be read, but not curiously)；所谓细嚼烂化者，其书当戮力用心全部了解者也(and some few to be read wholly, and with diligence and attention)。例中译文流畅通达，锤炼精粹，丝毫不让后来者钱锺书，抑或钱氏效法刘永济于后亦未可知矣。

刘氏于是书第 275 页犹称：“前记外国人诗，顷读《后汉书》，记汉译白狼王唐菆《远夷乐德》、《慕德》、《怀德》歌诗三章，皆从夷语译出。”复称“传称犍为郡掾田恭，受益州刺史，朱辅命译其辞语，恭盖能通少数民族语文者”。钱锺书于《管锥编》第四册第 1 366页亦提及此事，云：“白狼王唐菆《远夷乐德、慕德、怀德歌》三章，亦见《后汉书·南蛮西南夷列传》。译文出犍为郡掾田恭手。”两人真可谓“心有灵犀一点通”也。

刘永济，湘人，1887 年出生。曾师从况周颐、朱疆村深研词学。长期执教于武汉大学，1956 年经教育部批准，评为一级教授。1966 年蒙难于“文革”。刘氏曾将列夫·托尔斯泰、契诃夫、高尔基作品英译本转译为中文，深受好评。家族后辈中有嫡侄刘宓庆专治译学，颇具影响。

2013

三十三　别具慧眼夏承焘

一代词宗夏承焘，曾有《天风阁学词日记(1928—1937)》一书传世。此书虽说是学词之记，实则还留下了诸多博览群书的痕迹。将是书翻阅一过，可以发现，先生的阅读范围并未拘囿于中国典籍之中，而是别具慧眼，将视野延伸到了外国译著方面。先生所读外国译著，除文学作品之外，尤含有文艺理论以及历史、医学书籍等。

以文学作品而论，计有大仲马《隐侠记》、拜伦《哀希腊》、哈代《理想佳人》和《米格尔》、雷马克《西线无战事》、鹤见佑辅《思想　山水　人物》、夏目漱石《草枕》。文艺理论则有内畸作三郎《近代文艺的背影》、盐谷温《中国文学概论》、厨川白村《苦闷的象征》。历史书为威尔思的《世界史纲》。医学书包括《西格里斯人与医学》、《性与青年》。

先生在读这些外国译著时，往往以最简练的笔墨写下自己的观感。如读毕鹤见佑辅的《思想　山水　人物》一书后，称是书“文笔轻快可爱，最喜其‘专门以外的工作’、‘徒然的笃学’、‘自以为是'、'书斋生活与其危险'、'往返的心'、'闲谈北京的魅力'、'说旅行'数章"，且云"得一好书，心灵爽畅，不可言喻"。又谓读《西线无战事》，令人知"欧战之惨，真非人世所宜有"；读"《隐侠记》四五回，持较《水浒传》，究相差甚远矣"；读房龙《人类故事》，深感"此书与威尔思《世界史纲》齐名，而持论较平允，于东方事皆甚简明"。

先生所读译著，特别是文学作品的译著，多出自名家之手，如鲁迅、伍光建、苏曼殊、胡适等，但他并不迷信权威。比如他十分喜欢鲁迅翻译的《思想　山水　人物》，然而在读完任白涛《苦闷的象征》的缩译后，却称是译"较鲁迅直译本简明多矣"。又比如在品评拜伦《哀希腊》的译本时，他直言不讳地说苏曼殊的五言体译文，"不若胡适以骚体行之"，理由是"用古字太多"。

最令人感动的是先生居然在其日记中作如是说："思中国词中风花雪月、滴粉搓酥之辞太多。求若拜伦哀希腊等伟大精神，中国诗中当难其匹，词更卑靡尘下矣。东坡之大，白石之高，稼轩之豪，举不足以语此。以后作词，试从此辟一新途径。"显而易见，这是他于博览西方译著之后所生发出的一种新鲜理念。是说在当时无疑令人骇然吃惊，即便于今日，在那些唯国学是举者的心目中，亦未必见佳。但若细细体会个中滋味，依然极为在理，足以发人深省。

先生于日记中亦透露了自己的一份遗憾。如他在 1929 年 10 月 15 日的日记里称"明年卅一岁起，一切舍去，专攻新文学，博览西洋小说，特苦不解西文耳"。他的决心固然令人感动，但他没有学过外语或者说学过却未学好的事实，又不免使人感到惋惜。不然的话，他于词学界与龙榆生、唐圭璋三鼎立之外，尤有可能在比较文学领域成为与钱锺书、季羡林相颉颃的一位专家。惜乎历史容不了假设！

2010

三十四　美学大师说翻译

河山美如画的中国华东，诞生过两位美学大师，一位是安徽桐城的朱光潜，一位是江苏常熟的宗白华。他们的人生经历堪称如出一辙。两人同一年即1897年来到人间，同一年即1986年告别尘世；都是负笈西欧的留学生，都是北京大学哲学系的名教授；而且学识渊博，著译等身，既被人称为当代美学大师，又双双进入赫赫有名的《中国翻译家辞典》。不过相同之中，亦难免有些差异，比如对待翻译所持理念略有不同便是一例。

朱光潜认为翻译的要点是把握住原文的“声音节奏”，理由是“文字传神，大半要靠声音节奏。声音节奏是情感风趣最直接的表现。对于文学作品无论是阅读或是翻译，如果没有抓住它的声音节奏，就不免把它的精华完全失去”。基于这种认知，朱先生提出，译者与作者只不过是一种“三同一异”的关系而已。所谓“三同”即是指译者一定要深入到作者的心灵深处，和作者具有同样的感情、同样的思维，并通过同样的努力将所感所思进行表达。所谓“一异”是指作者只需以母语表现自己的情感思维，而译者除了融会贯通原作者的情感思维之外，还必须将其“移植于另一国语文”，形成“一个新的作品”。因此，“只有文学家才能胜任翻译文学作品”。

宗白华认为翻译的主旨是抓住原文的“内在精神”，只有这样，原文作者笔下的特有神韵才能在“字义准确”的翻译运作中得到再现。宗先生十分形象地将译者比作“采花人”。这些采花人不仅“用创造性劳动去采撷世界文化宝库中珍贵的文学、美学之花”，而且还要做到“采撷鲜花而又不失其姿色香味”，恰如其早年的一首诗作所云：“世界的花/我怎能采撷你？/世界的花/我又忍不住要采得你！/想想我怎能舍得你/我不如一片灵魂化作你！”

耐人寻味的是两位美学大师对严几道的“译事三难：信、达、雅”都非常感兴趣，而且进行了一定的诠释。朱光潜强调的是一个“信”字。在他看来，所谓“信”就是“将原文的意思恰如其分地以译文表达出来”，其中包括原文的表层字义、情感、思想、风格以及声音节奏。绝对的“信”如同乌托邦，只是一种理想而已，故“译文只能与原文近似”。但即便如此，译者亦应当“尽量使译文符合这个理想。不应疏忽苟且”。

宗白华将“信、达、雅”几乎放在同等重要的位置。所谓“信”，即是“忠实于原来的东西”；所谓“达”，即是“充分表达，不留下什么东西”；“雅”，即是“叫人读来愉快”。做到“信、达、雅”尽管不易，但亦应当努力实践，不能有丝毫放松。

显而易见，朱光潜是以推理的思维方式对翻译进行阐释，而宗白华是以抒情的思维方式对翻译作出解读，故有人称朱先生是“学者式的美学大师”，宗先生是“诗人般的美学大师”。

朱光潜曾翻译过德国作家爱克曼的《歌德谈话录》，内中有译句云：

> 现实生活应该有表现的权利。诗人由日常现实生活触动起来的思想情感都要求表现，而且也应该得到表现，可是如果你

脑子里老在想着写一部大部头的作品，此外一切都得靠边站，一切思虑都得推开，这样就要丧失掉生活本身的乐趣。为着把各部分安排成为融贯完美的巨大整体，就得使用和消耗巨大精力；为着把作品表达于妥当的流利语言，又要费大力而且还要有安静的生活环境。倘若你在整体上安排不妥当，你的精力就白费了。不仅如此，倘若你在处理那样庞大的题材时没有完全掌握住细节，整体也就会有瑕疵，会受到指责。这样，作者尽管付出了辛勤的劳力和牺牲，结果所获得的也不过是困倦和精力的瘫痪。反之，如果作者每天都抓住现实生活，经常以新鲜的心情来处理眼前事物，他就总可以写出一点好作品，即使偶尔不成功，也不会有多大损失。

宗白华亦曾翻译过德国思想家莱辛的《拉奥孔》，内中有译句云：

身体美是产生于一眼能够全面看到的各部分协调的结果。因此要求这些部分相互并列着，而这各部分相互并列着的事物正是绘画的对象。所以绘画能够、也只有它能够摹绘身体的美。诗人只能将美的各要素相继地指说出来，所以他完全避免对身体的美作为美来描绘。他感觉到把这些要素相继地列数出来，不可能获得象它并列时那种效果，我们若想根据这相继地一一指说出来的要素而向它们立刻凝视，是不能给予我们一个统一的协调的图画的。要想构想这张嘴和这个鼻子和这双眼睛集在一起时会有怎样一个效果是超越了人的想象力的，除非人们能从自然里或艺术里回忆到这些部分组成的一个类似的结构（白华按：读‘巧笑倩兮’……时不用做此笨事，不用设想是中国或西方美人而情态如见，诗意具足，画意也具足）。在这里，荷马常常是模范中的模范。他只说，尼荛斯是美的，阿奚里更美，海伦具有神仙似的美。但他从不陷落到这些美的周密的罗嗦的描述。他的全诗可以说是建筑在海伦的美上面的，一个近代的诗人将要怎样冗长地来叙说这美呀！

将两人的译文反复品味，我们完全有理由说，他们不仅提出了自己独到的翻译理念，而且身体力行，将自己的理念不折不扣地运用到翻译实践当中。由是人们将永远怀念他们，并将视他们为楷模，同时也会由衷地发出感叹：而今现在眼目下，还会有这样的大师吗？

2013

三十五　国学大师和翻译

据说，曾经有 120 多万名海内外的中国人在 2006 年做了这样一件大事，即以投票的方式选出了十位 20 世纪最杰出的中国国学大师或曰文化巨星。按得票多少排序，这十位大师是：王国维、钱锺书、胡适、鲁迅、梁启超、蔡元培、章太炎、陈寅恪、郭沫若和冯友兰。依照某些人的尺度，这十个人是否个个够得上国学大师的桂冠，的确有待商榷。但称他们为 20 世纪的文化巨星，当是无可争议的了。

这十位国学大师或曰文化巨星，不仅国学根底异乎常人，而且西学学养也非同凡响。尤有甚者，他们这些人，在操觚弄翰的运作当中，总离不了对翻译进行一番研究或者径直捉笔移译，要么将他山之石运取过来，要么把家中的瑰宝推介出去。于是，这些捉笔移译者往往又被冠以“翻译家”的雅号。比如，钱、鲁、郭三位便是如此。至于王、胡、梁、蔡四位亦非等闲之辈，他们在译事上多有作为，堪称译界翘楚。如王国维不仅译有《叔本华与尼采》、《心理学概论》等学术著作行世，而且还在《论新学语之输入》、《书辜氏汤生英译〈中庸〉后》等文章中提出过颇有见地的翻译主张。《论新学语之输入》一文甚至被今人陈福康誉为“最早从中西思想方法比较和思想发展史的角度研究译事的具有开创性意义的论文”。而胡适的翻译则着重于西方的诗歌和小说，如风靡一时的《最后一课》、《柏林之围》的译文便是出自他的手笔。梁启超虽然也曾译过一些小说，但他对译界所作的贡献主要还是体现在翻译评论和翻译史研究两个方面。如他曾精心考证出战国时期的《越人歌》是中国最早的译作，从而将中国文字翻译的发端提前了好几百年。蔡元培最著名的译作是《伦理学原理》。相传毛泽东早年求学湖南第一师范时，曾对蔡公的这本十多万字的译作爱不释手，竟至在此书的天地空白处写下了长达一万二千余字的批语，一时成为学界美谈。

乍一看，这十位国学大师当中，就只剩下章、陈、冯三位似与翻译毫无瓜葛了。其实不然。比如章太炎先生，早年曾留学日本，想他在和日本人的交往中，至少应当做过口译一类的工作。另据媒体报道，黄子平教授2004年在复旦大学作学术报告时称：“鲁迅开始直译是听了章太炎的课，受到启发。”章先生究竟是如何向他的弟子传授与翻译相关的机宜的，黄教授虽然语焉不详，但我们似可据此推断，太炎先生于翻译一道肯定不陌生。至于冯友兰先生，20世纪20年代，他曾任教于北京华语学校。其时，他将中国的典籍《庄子》译成英文，然后向外国学生进行讲授。后来，他将自己的这些英文译稿整理成了一本书，并交商务印书馆公开出版。按照时下的标准，仅凭此一条，冯先生就够得上当个翻译家。更何况冯先生早岁曾留学美国达六年之久，且获哥伦比亚大学博士学位，1946年他又再度赴美担任客座教授，期间所作的口、笔译工作恐怕数不胜数。

较之于章、冯二位，陈寅恪和翻译的情结可能更为丰厚。陈氏曾先后在日本、德国、瑞士、法国、美国钻研梵文、巴利文和比较语言学，且通晓多种文字，诸如满文、蒙文、藏文、突厥文、西夏文、波斯文以及英法德日俄希腊文等。试想，一位通晓如此之多外语的学者，焉有不与翻译打交道之理？除此之外，陈先生还曾有过一段应邀到清华国学研究院专门讲授“佛经翻译文学”的经历。而且，20 世纪 30 年代陈先生还曾担任过由胡适挂帅的中华教育文化基金董事会下属的编译委员会委员。该委员会不仅制定了一套庞大的翻译名著的计划，而且还审阅了不少译作交商务印书馆出版。陈先生想必亦曾躬行其事。

如此看来，往后的学人，若想登上国学大师的宝座，或者试图谋求一顶文化巨星的桂冠的话，除了在国学水平上胜出之外，还得与翻译打打交道，换言之，即有几分过硬的外文根底，能够译出几本学术名著问鼎译界。不然的话，热心的华人是无论如何也不会在你的大名后面画上一个表示首肯的符号的。

2008

三十六　译人叶公超

无论是编纂《翻译论集》的罗新璋，还是撰写《中国译学理论史稿》的陈福康，都在其巨制鸿篇的“论著与文章索引”或“翻译文论参考篇目”中列出了一篇文章，文章的题目叫《论翻译与文字改造》，文章的作者叫叶公超。真可谓心有灵犀一点通是也！仅凭此一条，这位做过钱锺书大学老师的叶先生，就足可以堂而皇之地进入译人的行列了。

叶先生的文章，写于20世纪30年代，全文虽然不足六千字，却是亮点多多。比如，他认为“任何翻译没有与原本绝对准确的”。惜乎其在美国留学和就任大使时，小他十岁的美国人奈达未曾与他有过接触，不然的话，小奈在标举“翻译等效论”时就会谨慎得多，从而可以免去不少说三道四、评头品足的微词。

又比如，他提出“文字是思想与智能的表现，有哪一种的文化便有哪一种的文字。若是要输入一种异己的文化，自然非同时输入那种文化的文字不可”。如此说法，不言而喻，凸显出先生对翻译与文化的关系早就了然于心。与那些五十年后方才振振有词喋喋不休的西方翻译文化派们比起来，先生的眼光不知要犀利多少倍。

再比如，他解说"世界各国的语言文字，没有任何一种能单独的代表整个人类的思想的。任何一种文字比之它种都有缺点，也都有优点，这是很明显的。从英文、法文、德文、俄文译到中文都可以使我们感觉中文的贫乏，同时从中文译到任何西洋文字又何尝不使译者感觉到西洋文字之不如中国文字呢？"短短数语，恰似咚咚擂响的战鼓，正在旗帜鲜明地向语言霸权主义挑战呢。刚刚步入而立之年的叶先生，在20世纪30年代便有如此深刻的认知，令今人莫不为之叹服矣！

是文中，叶先生似乎不太赞成鲁迅先生关于翻译"宁信而不顺"的说法。他在文章的最后，丢出了这样几句话："鲁迅的译法，我也勉强'硬着头皮'读了几遍，觉得非但不懂，而且看不出'不顺'在哪里，想想也只好与梁实秋站在一边，等待文字改造成功之后，再来温习旧课。"这篇文章的副标题是"答梁实秋论翻译的一封信"，故梁先生也被拉扯进来了。

鲁迅先生去世后不久，叶先生曾撰有一文，说了鲁先生不少好话，其中一段最为感人，不妨一引："我很羡慕鲁迅的文字能力。他的文字似乎有一种特殊的刚性，是属于他自己的（有点像Swift的文笔），华丽、柔媚是他没有的东西，虽然他是极力的提倡着欧化文字，他自己文字的美却是完全投胎于文言的。他那种敏锐脆辣的滋味多半是文言中特有的成分，但从他笔下出来的自然就带上了一种个性的亲切的色彩。"在政治理念上也许和鲁迅并不是"站在一边"的叶先生，持论如此公允，赞扬如此热烈，措辞如此诚恳，实在是令人感佩不已。

今年10月20日是叶先生一百一十周年诞辰，笔者谨以是文表示纪念，也算是为愈来愈浓烈的"两岸同胞一家亲"氛围，添上并非轻描淡写的一笔吧。

2014

三十七　钱锺书的“反胜原作”论

说到钱锺书提出的翻译理论，大都认为即“化境”论是也。其实先生还有一论，曰“反胜原作”。窃以为，此论对译人来说，同样值得细加玩味。

1937 年，钱锺书写有一赋，赋前有序，序中称：英人菲茨杰拉德将波斯人创作的《鲁拜集》译为英文，译者别具慧眼，剪裁其中的某二章成一章，竟至“反胜原作”。

二十余年后，先生在《林纾的翻译》一文中又旧话重提，云：“译者运用‘归宿语言’超过作者运用‘出发语言’的本领，或译本在文笔上优于原作，都有可能性。”显而易见，“优于原作”即是“反胜原作”。一向博学的钱公如数家珍般地搬出诸多实例予以佐证。如波德莱亚法译爱伦坡，弗伦理格拉德德译惠特曼，伊巴拉法译博尔赫斯，纳梵尔法译歌德，林纾中译哈葛德等。

到了 1983 年，钱公对自己的这些说法依然不能忘怀，由是在《谈艺录》补订本中大笔一挥，再一次写道：“译者驱使本国文字，其功夫或非作者所能及，故译笔正无妨出原著头地。”不言而喻，所谓“译笔出原著头地”分明就是当年“反胜原作”的另一种说法了。

慧黠的钱公有时候也会运用比喻的方法来曲达这种理念。如他在《管锥编》中写有一则史料以及自己的见解：“古罗马诗人《牧歌》亦写女郎风情作张致，见男子，急入柳林中自匿，然回身前必欲邀男一盼；谈者以此篇拟希腊旧拾而作，遂谓译诗可以取则，足矫逐字蛮狠对译之病。夫希腊原作以苹果掷男，兹数语直是夺胎换骨，智过其师。”此处，钱公以“夺胎换骨，智过其师”为“反胜原作”张目，堪称生动之极。

又如他在《围城》日译本序中，先引19世纪德国一位著名的希腊学家关于“真正的翻译是灵魂转生”的说法，然后写道：这种比喻“是我们中国人最熟悉不过的，而且我们知道它可以有形形色色的含义。几千年来，笔记、传奇、章回小说里所讲投胎转世和借尸还魂的故事真是无奇不有；往往老头子的灵魂脱离了衰朽的躯壳而假藉少年人的身体再生，或者丑八怪的灵魂抛弃了自惭形秽的臭皮囊而转世成为美人胚子。我相信，通过荒井、中岛两先生的译笔，我的原著竟会在日语里脱去凡胎，换成仙体”。毋庸置疑，这“脱去凡胎，换成仙体”八个字亦是“反胜原作”的形象表述。

由是观之，钱锺书不仅以无可辩驳的实例论证了“反胜原作”在翻译运作中的可行性和不可避免性，而且也一语破的地道出了其产生的内在原因。但私心以为，钱公之所以提出“反胜原作”这一说法，其真正的目的是促使译者在翻译实践中不断提高自己的译语水平，彻底避免“拙劣晦涩的译文”离间、摧毁作者和读者之间、读者和原作之间的联系，甚至“扫尽读者的兴趣，同时也破坏原作的名誉”。才艺卓尔的译人有时候认为原作文笔不佳，自信译语水平高人一着，由是偶尔放胆驰骋，以求超胜亦未尝不可，但断断不可将其视为翻译的目的。相反，译人当如钱公所告诫的那样，“正确认识翻译的性质，认真执行翻译的任务”，努力“抑止不适当”的反胜原作的“冲动”，方才是自己的一种本分。

今年11月21日为钱锺书百岁纪念日。为了不使老人家九泉之下过于寂寞，仅以此千字短文并小诗一首表示深切的缅怀。诗曰：

百年学界出群雄，王章梁蔡陈后君。
译海探珠添异彩，健笔凌云一昆仑。

2010

三十八　钱锺书和《鲁拜集》

1937 年，钱锺书曾写有一赋，赋前有序，序中涉及了 *Rubaiyat* 中一个章节的英译和法译。序云：

> Edward Fitzgerald 英译波斯醽醅雅(Rubaiyat)，颂酒之名篇也，第十二章云：坐树荫下、得少面包、酒一瓯、诗一卷、有美一人如卿者为侣(and thou)、虽旷野乎、可作天堂观、为世传诵。比有波斯 A. G. E' Tessam-Zadeh 译此雅为法语，颇称信达，初无英译本尔许语，一章云：倘得少酒、一清歌妙舞者，一女便娟，席草临流，便作极乐园主想、不畏地狱诸苦恼耳。又一章云：有面包一片、羊一肩、酒一瓯、更得美姝偕焉，即处荒烟蔓草而南面王不与易也(Vaux mieux que d' un empire etre le Souverain)，乃知英译剪裁二章为一、反胜原作。

Edward Fitzgerald 通译爱德华·菲茨杰拉德，系英国著名翻译家，生于 1809 年，卒于 1883 年。Rubaiyat 通译鲁拜集，钱公不袭此名，而更之为醽醅雅，可谓别出机杼，另有一番风采。

钱公在序中对英译的解释尽得原文意，十分精当。对波斯人 A. G. E' Tessam-Zadeh 的法译，钱公誉之为且信且达。法译之中，一章为少许酒，一歌舞者，一美女，水傍就草地而席，(主人)顿生作极乐园园主之想。另一章为一片面包，一块羊肉，一瓶酒，一美女，(主人)以为有如许物与姝相佐，即便处荒郊，我也得其乐哉，哪怕有人拿王位与我交换，我也未必答应。英译弃两章中的歌舞者、羊肉、流水、草地等，只留下酒、面包、一姝(译文中未明言，以 thou 代替)和荒原等，再创造出诗一卷，仅以一章表达之。细细比读钱公所述波斯人法译文两章与英译文一章，深感后者的确胜前者。钱公"英译剪裁二章为一，反胜原作"之谓，非虚妄语也。

1989 年，柏丽女士将 *Rubaiyat* 译为中文，译为名《怒湃译草》。柏女士恭请钱锺书题写书名，此时钱公虽年迈体弱，仍欣然命笔。

Rubaiyat 第十二章之英译文在英语国家流传极广，人们对其熟知程度仅亚于《圣经》。美国作家奥尼尔曾以此诗为基调创作出剧本《啊！荒原！》风靡一时。

该诗英译文为：

A Book of Verse beneath the Bough, / A Jug of Wine, a Loaf of Bread—and Thou / Beside me singing in the Wilderness—/ Oh, Wilderness were Paradise enow!

柏女士的中译文则为：一曲新诗酒一杯，面包一卷树荫隈。荒原顿变天堂样，有汝酣歌展我眉。

钱公在为柏女士题签时，想必读过她的译文。此时此刻，他也许想起过五十二年前在英伦三岛的种种，其中大概也包括他评论

Edward Fitzgerald 的英译和波斯人 A. G. E' Tessam-Zadeh 的法译的短序。老人家兴许还有点遗憾：要是当年他也能像现今的柏女士一样，拨冗将 *Rubaiyat* 译为中文的话，肯定能使国人多拥有一本别具风味的《醽醅雅》了。

2010

三十九　钱锺书笔下的莎士比亚

钱锺书在其皇皇巨制《管锥编》中多处议及莎士比亚剧本或诗歌中的有关内容，且以与《管锥编》文体一致的翻译方法将其译为中文，堪称译笔典雅妍美，片言熠熠生辉。将这些内容细细研读，窃以为大致涵盖了这样几个方面：一、男女之情，二、人生哲理，三、自然现象，四、音乐艺术，五、君王与民。钱氏是通过比较或曰"打通"的方法来涉及上述内容的，即先阐发中国古代文学艺术作品或历史、哲学专著的有关论述或论点，然后以莎士比亚剧本或诗歌中的相关说法加以印证。现不妨从这五个方面中拈出若干内容并作简要点评。

1. 眉目传情(见《管锥编》第1 222页，以下只标注页码)

陶潜《闲情赋》云"瞬美目以流眄，含言笑而不分"。称口无语而眼睛能说话，唇未嘻而眼睛能笑。刘孝威、程嘉燧等人的诗句以及《聊斋志异》、《绿野仙踪》、《儿女英雄传》等小说中则称眉亦能传情达意。如"当炉少妇知流客，不动朱唇动翠眉"；又如"不必开口，两条眉毛活动的就像要说话”。莎士比亚剧 *Trollus and Cressida* 中则有女主角语“咄咄！若人眼中、颊上、唇边莫不有话言，即其足以解语”（Fie，fie upon her！/There’s language in her eye，her check，her lip；/Nay her foot speaks）。（汉译文未加注者均为钱锺书所译。下同。）

钱氏所引表明无论是中国人还是西方人都能以眉目传情，即眼睛能说话，眉毛亦能说话。更有甚者，人的面颊乃至人的双足均可表情达意。显而易见，这些都属于身势语的范畴。据人类学家称，身势语先于语言，是人类进行交往的初级形式，尽管后来人类创造了语言，身势语依然被保存了下来，因为人类在频繁的交往中少不了这种特殊的表达方式。中西文人不谋而合地将这一文化现象写入自己的作品堪称英雄所见略同。

2. 鸡既鸣矣（第 111 页）

“《笺》、《正义》皆以‘鸡既鸣矣’二句，‘东方明矣’二句为夫人警君之词，而以‘匪鸡则鸣’二句，‘匪东方则明’二句为诗人申说之词；谓‘贤妃贞女，心常惊惧，恒恐伤晚’，故‘谬听’蝇声，‘谬听’月光。”又“女促男起，男则淹恋；女曰鸡鸣，男辟之曰蝇声，女曰东方明，男辟之曰月光”。莎氏剧 *Romeo and Juliet* 中情人欢会亦有类似的对话，女曰“天尚未明（It is not yet near day）；此夜莺啼，非云雀鸣也”。男曰：“云雀报曙，东方云开透日矣”（the severing clouds in yonder East）。女曰：“此非晨光，乃流星耳”（It is some meteor）。

钱氏的这一番比勘足以证明莎氏的创作与中国古代诗人笔下饶有情致的男女对白可谓如出一辙。所不同的是在所引中国作品中为女闻鸡鸣促男速起，而莎著中则是男闻云雀报曙而催促女伴。其应答亦有所不同，在中国作品中是将鸡鸣说成蝇声，将日光说成月光，在莎著中则是将云雀鸣说成夜莺啼，将晨光说成流星，二者虽异，然男女之间的良苦用心与绵绵情意却又是完全一致的。

3. 举动多宜（第1 039页）

“婉约绮媚，举动多宜”语出王粲《神女赋》，而苏轼则称西施“淡妆浓抹总相宜”，王实甫则称莺莺“宜嗔宜喜春风面”。此外尚有谢灵运、梁简文帝、周邦彦、谢绛、杨无咎、尹唯晓等人的诗词曲赋之中都有以“宜”字来称道美女佳人的说法。莎士比亚名剧 *Antony and Cleopatra* 中有称赞皇后美丽的道白“嗔骂、嬉笑、啼泣，各态咸宜，七情能生百媚”（Fie wrangling Queen—/Whom every thing becomes，to chide，to laugh，/To weep；whose every passion fully strives/To make itself，in thee，fair and admired！）。

钱氏称莎剧中的 becomes 一词与中国文人使用的“宜”字可谓“不谋而合”。我以为钱氏所引诗文中的“宜”字既有“合适、相称”的意思，亦含“宜人”的成分。“淡妆浓抹总相宜”中的“宜”说的是梳妆打扮恰到好处。“宜嗔宜喜春风面”中的“宜”表达的是怒亦得体，乐亦得体。无论是浓淡的“宜”，还是嗔喜的“宜”，均令人看起来舒服，免不了生出一种愉悦的感觉。莎剧中美丽皇后的种种情感也是处处合理宜人（fair），以至生出百媚，令人欣赏（admired）。中西美女情形如此相似乃尔，颇令人感慨。

4. 人情乐极生悲（第 884 页）

“人情乐极生悲，自属寻常”，“转乐成悲，古来惯道”。《庄子·知北游》、汉武帝《秋风歌》、《淮南子·原道训》、张衡《西京赋》、《抱朴子》内篇《畅玄》、王羲之《兰亭集序》、陶潜《闲情赋》、王勃《秋日登洪府滕王阁饯别序》、杜甫《观打鱼歌》及《观公孙大娘弟子舞剑器歌》、韩愈《岳阳楼别窦司直》、李商隐《锦瑟》、杜牧《池州送孟迟先辈》等诗文中均有此说法。如“山林与，皋壤与，使我欣欣然而乐与；乐未毕也，哀又继之”；“所以游目骋怀，足以极视听之娱，信可乐也！……及其所至既倦，情随事迁，感慨系之矣！向之所欣，俯仰之间，以为陈迹”；“天高地迥，觉宇宙之无穷，兴尽悲来，识盈虚之有数”；“玳筵急管曲复终，乐极哀来月东出”等。莎士比亚 *Antony and Cleopatra* 剧中亦有类似说法：The present pleasure, /By revolution low'ring, does become/The opposite of itself(眼前欢娱，渐成烟云，反生愁绪——郑译)。

钱氏的这一番比照可令人悟出乐极生悲实为物极必反的一种表现形式。举凡事物总在变化之中，到了极致的状态便要产生反弹。其他如“苦尽甘来”，“山重水复疑无路，柳暗花明又一村”等，都是这个道理。耐人寻味的是，莎氏与中国古代文人对“乐极生悲”这种情感变化的描绘，居然“心有灵犀一点通”。

5. 遍行诸事心无染(第五册第 165 页)

《老子王弼注》称：“虽有身而不足为吾患，能为吾患者心也，身亦外物而已。心若常静，身即感物而动，吾奚患焉？举足不足，长在道场；念生念灭，同归净业。”又称“不绝物而应物，不禁欲而恣欲；诸如‘目中有妓，心中无妓’，‘佛在心头在，酒肉穿肠过’，文过口给，更仆难终”。《维摩诘所说经 · 弟子品》、《佛道品》、《五灯会元》、《庄子 · 则阳》、《列子 · 杨朱》、《悟真篇》等文献中均有此话语。莎士比亚 *The Rape of Lucrece* 中有句称：Though my gross blood be stain'd with the abuse, /Immaculate and spotless in my mind(我血虽不净，我心洁无瑕。——郑译)。*A Lover's Complaint* 中则有句称 All my offences that abroad you see/Are errors of the blood, none of the mind(吾行多不慎，惹君处处闻；所玷仅吾血，心无半点尘。——郑译)。

众所周知，按照常规，理应为“心正则身正”。然则钱氏从中国典籍与莎氏剧作中拈出的诸例却表明，不少中西文人往往依“心正足矣，何必身正”的逆常规行事。钱氏认为这完全是中西文人

“每以此为诱惑之借口或譬慰之常套”，并引《全唐文》卷九二四司马承祯《坐忘论·收心》篇中“若遍行诸事，言‘心无染’者，于言甚美，于行甚非，真学之流，特宜戒此”作进一步印证。

6. 眼力不如人远(第 79 页)

《燕燕》条中称：“瞻望勿及，伫立以泣。”《彦周诗话》论此二句云：“真可以泣鬼神矣！张子野长短句云：‘眼力不如人，远上溪桥去’；东坡与子由诗云：‘登高回首坡垅隔，惟见乌帽出复没’；皆远绍其意。”张先《虞美人》：“一帆秋色共云遥；眼力不知人远，上江桥。”此处“知”字系“如”字之误。“如”字含蓄自然，实胜“知”字，几似人病增妍，珠愁转莹。陈师道《送苏公知杭州》之“风帆目力短”，即“眼力不如人远”也。去帆愈迈，望眼已穷，于是上桥眺之，因登高则视可远——此张词之意。莎士比亚剧 *Cymbeline* 中则有女角惜夫远行云：“极目送之，注视不忍辞，虽眼中筋络迸裂无所措；行人渐远浸小，纤若针矣，微若蠛蠓矣，消失于空蒙矣，已矣！迥眸而啜其泣矣！”(I would have broken mine eyestrings, crack'd them but/To look upon him, till the diminution/Of space had pointed him sharp as my needle; /Nay, followed him till had melted from/The smallness of gnat to air, and then/Have turn'd my eyes and wept.)即“眼力不如人远”之谓也。

钱氏所引诸例均为送别情境。去者愈离愈远，渐次化小。送者依依不舍，累累登高再举目眺望，然眼力终不逮人远，待到完全望不见踪影时，终不免涕泪满衣裳。人同此心，心同此理，中国人和西方人概莫能免。故钱氏又云，西方诗人之笔透纸背与中国诗人之含毫渺然，实属同工异曲。

7. 颜色尽同，混合难分(第五册第 193 页)

《诗咏“保护色”》条称：《平曾》(出《云溪友议》)献白马诗云：

“雪中放出空寻迹，月下牵来只见鞍。”《崔涯》(亦出《云溪友议》)嘲李端端云：“黄昏不语不知行，鼻似烟窗耳似铛。”平诗誉马毛之白，崔诗讥女肤之黑，而机杼全同，说的都是其人其物与所处境地混合难分，有如“保护色”(protective colouration)一般。这是写景状物诗文中习用的伎俩，并不限于俳谐之作。如姚勉《四望亭观荷花》：“面面湖光面面风，可人最是白芙蓉；分明飞下双双鹭，才到花边不见踪。”又如《野叟曝言》第四七回斗方士咏梅，李姓诗云：“月下朦胧惊我眼，如何空剩老丫叉！”元姓恭维曰：“出神入化之笔！月色朦胧，与梅花融成一片，岂不单剩了枝梗?”再如《世说新语·容止》言王夷甫“恒捉白玉柄尘尾，与手都无分别”。莎士比亚诗写爱情女神执美少年，二手一色，如雪裹莲花，雪花石嵌象牙，主白而客亦白(Full gently now she takes him by the hand, /A lily prison'd in a jail of snow, /Or ivory in an alabaster band; /So white a friend engirts so white a foe)。此语出自 Shakespeare 的 *Venus and Adonis* 一诗。

从钱氏所引例中可知中国文人写白马马毛与白雪同白，白芙蓉与白鹭同白，白色梅花与月色同白，白玉柄尘尾与手同白，以至难分彼此，形成了一种特殊的意境，能使读者心中萌生出一种美的感受。莎氏写爱情女神与美少年的手白有如雪裹白莲花，雪花石嵌入白象牙，这种比喻似乎更具深意，除了使人视觉上有一种美的感觉之外，还能令人体味出爱情的纯真朴实、洁白无瑕。中西说法虽喻体各异，机杼却似一辙。

8. 非鼻闻香与昂鼻嗅音乐(第 484 页)

《黄帝》称：释典惯言五官通用，如《楞严经》卷有句云：“由是六根互相为用。阿难，汝岂不知，今此会中，阿那律陀无目而见，跋难陀龙无耳而听，殑伽神女非鼻闻香，骄梵钵提异舌知味，爱若多神无身觉触?”又如《五灯会元》有句云：“鼻里音乐耳里香，眼中咸淡舌玄黄，意能觉触身分别，冰室如春九夏凉。”莎士比亚 *The Tempest* 中亦有“昂鼻嗅音乐”(Lifted up their noses/As they smelt music)之谓。

钱氏认为上述各例表明：“寻常官感，时复‘互用’，心理学命曰‘通感’(Synaesthesia)。”令人感到诧异的是中国典籍中以鼻闻香的说法居然能在莎剧中找到分毫不差的印证，可见中西文人的思维一致已经完全摆脱了时空的拘囿。

9. 知音者乐而悲之(第948页)

王褒《洞箫赋》中有语“故知音者乐而悲之，不知者怪而伟之”。奏乐以生悲为善音，听乐以能悲为知音，汉魏六朝，风尚如斯。莎士比亚剧中女角言闻佳乐则心伤(I am never merry when I hear sweet music)；自作情诗，亦有何故闻乐而忧之问(Music to hear，why hear'st thou music sadly?)。莎氏前语出自《威尼斯商人》(*The Merchant of Venice*)，后语出自其《十四行诗》(*Sonnets*)。

钱氏所云告诉我们16世纪的英人莎士比亚与先于他一千余年的中国西汉辞赋家王褒有一番了不得的文学情结，即两人都有闻佳乐而生悲的感喟。莎、王二氏不失为千古“知音”矣。

10. 意余于象(第720页)

张萱所绘《乞巧图》、《望月图》皆纸上幽闲多思，意余于象。按艺事要言，比于禅家之公案可参，聊疏通申明之。陈师道《后山集》卷一九《谈丛》：“韩干画走马，绢坏，损其足。李公麟谓：‘虽失其足，走自若也’”；失其足，“象”已不存，走自若，“意”仍在。张画出于有意经营，韩画乃遭非意耗蚀，而能“意余于象”则同。莎士比亚在 *Rape of Lucrece* 中称“古希腊图英雄，仅画健腕握长枪，貌不可者见(left unseen)，盖昔人绘事，仅示一手、一足、一胫或一头而使观者拟想全身(A hand，a foot，a leg，a head，/

Stood for the Whole to be imagined)”，“莎士比亚‘一手一足’云云，尤类赵执信《谈龙录》载王士祯‘云中之龙时露一麟一爪’之喻”。

“象”虽去，“意”犹存，谓之“意余于象”。马虽无足，奔走之状仍栩栩如生；面虽不见，腕把利器之形犹不失英雄本色；蛟龙仅露一麟一爪，其腾云驾雾之雄姿亦可令人想见。钱氏所引表明中西艺人均惯于此技。

11. 易位他施赞叹顿成诙谐(第1 045页)

宋玉《神女赋》、《登徒子好色赋》刻画“美人丽质妍姿，汉魏祖构，已成常调，《好色赋》傍及丑妇，以资烘托：‘其妻蓬头挛耳，齿只唇历齿，旁行踽偻，又疥且痔’；钦此赋殆本其意，进宾为主，改衬笔为专写，遂开《先唐文》卷一刘师真《丑妇赋》等俳文矣。西方诗文亦可连类，取向来揣称殊色之词，稍一挪移，毫厘千里，赞叹顿成诙谐。发黄似金、唇红同珊瑚、肤白比乳之类，易位他施，至宝丹可使齐于溲勃”。莎士比亚在其十四行诗 *Venus and Adonis* 中亦尝赋此，如状美少年微笑，双颊生涡，“乃爱神掘墓穴自葬厥身”(That in each cheek appears a pretty dimple; /Love made those hollows if himself were slain, /He might be buried in a tomb so simple)。

从钱氏所作比较之中，我们可以悟出，用词不当，易位他施，则尽失赞叹本意。美人可以入赋，丑妇则大可不必。颊生酒窝，实在是锦上添花，却被喻为葬身之所，美态反成恶状。

12. 君王善匿而威重(第266页)

《秦始皇本纪》中有言：“赵高说二世曰：‘……奈何与公卿廷决事？事即有误，示群臣短也。天子称朕，固不闻声。’……其后公卿希得朝见。”《李斯传》亦有言：“天子所以贵者，但以闻声，群臣莫见其面，故号曰朕。”《礼记》、《春秋繁露》、《韩非子》等著述中亦多此说，称君王应当做到“辉光于外而形体不见”，“随而不见其后，迎而不见其首，成功遂事莫知其状……致信究情，复反无貌”。莎士比亚剧 *Henry IV* 中英王训太子，谓“无使臣民轻易瞻仰（lavish of presence），见稀（seldom seen），则偶出而众皆惊悚（wondered at）……”

深居简出，罕露其面；仅闻其声，不见其人；非如此不能呈君王之威严。中、英先帝与谋臣可谓用心良苦，故钱氏又云，英王的这种“用心异于赵高之蓄心，而命意则同于赵高之陈意矣”。

上述所列十二则内容可令我们窥见钱氏对中国古籍阅读之广以及对莎士比亚著述了解之深，实非一般学人可以企及。然则更重要的是从钱氏的这些论述中我们至少可以得到两点启示。其一，中国文学艺术家或学者与西方文学艺术家或学者在许多方面的思维取向可以说极其相似，有时甚至完全一致。毋庸置疑，对这一文化“偶合”现象作进一步的探索，将增进中西人民的相互了解与交流。其二，以比较或称“打通”的方法来对外国文学进行研究是一种既具理论意义又具实践价值的科学方法。这种方法较之于单向的外国文学研究更具可取性。由是希望有更多的学人特别是青年学人能以钱公为楷模，不断运用“打通”的治学方法，将外国文学的研究进行得有声有色，从而为“地球村”的美好未来添上一道更加绚丽璀璨的光彩。

2001

四十　钱锺书四论庞德

1983 年，七十三岁的钱锺书，以中国社会科学院副院长的身份主持中美比较文学双边讨论会并致辞。他在致辞中称：“中美文学之间有不同一般的亲切关系。艾略特差不多发给庞特一张专利证，说他‘为我们的时代发明了中国诗歌’。中国文学一经‘发明’之后，美国学者用他们特有的慧心和干劲，认真地、稳步地进行了‘发现’中国文学的工作。”

此时此刻，钱锺书也许想起了三十八年前即 1945 年 12 月 6 日，他在上海美国盟军俱乐部的一次题为《谈中国诗》的英文演讲。在那次演讲中，他曾说道：“贵国的庞特先生大胆地把翻译和创作融贯，根据中国诗的蓝本来写自己的篇什，例如他的《契丹集》。”(参见《写在人生边上的边上》。)

钱锺书讲的庞特乃美国著名诗人 Ezra Pound(1885—1973)，当今通译庞德。《契丹集》即 *Cathay*，时下多译为《神州集》。钱氏别树一帜的译法，充分体现了他“语语必求破俗”的独特风格。两次提及庞德，肯定的评论取向却是一以贯之。由是观之，庞德真不愧为架构中美文学桥梁的杰出建筑师。

1962年，钱锺书在《文学评论》第一期上发表了一篇很有见地的学术论文，题目为《通感》。文章同样涉及了庞德。不过视角有所不同，且于褒扬之外另有批评。钱锺书称"庞特鉴于流弊，警诫写诗的人别偷懒，用字得力求精确，切忌把感觉搅成混乱一团，用一个官能来表达另一个官能(Don't mess up the perception of sense by trying to define it in terms of another)"。这无疑是对庞德的一种肯定。但在此文的另一处，钱锺书却写道：

> 庞特看见日文(就是中文)"闻"字从"耳"，就把"闻香"解释为"听香"(listening to incense)，大加赞赏，近来一位学者驳斥了他的穿凿附会，指出"闻香"的"闻"字正是鼻子的嗅觉。中国的文字学家阮元《揅经室一集》卷一《释磬》早说过："古人鼻之所得、耳之所得，皆可借声闻以概之。"我们不能责望那位诗人懂得中国的"小学"，但是他大可不必付出了误解日文(也就是中文)的代价，到东方语文里来猎奇，因为香气和声音的通感在欧洲文学里自有传统。

庞德虽然学识渊博，但毕竟对中国研究文字、训诂、音韵的学问即"小学"知之甚少，因此误解了一个"闻"字。正所谓智者千虑，难免一失，或曰荷马也有打盹时。

好在他歪打正着，只是犯了"一个好运气的错误"(a happy mistake)而已，因为"听香"一词恰好在中国文学作品中已有长达六百多年的历史。如清乾隆年间诗人张问陶所写的一首七言绝句中，便有"听香"一词。张诗为："早听时务夜听香，镇日茶瓜习送迎。洗耳已无清涧水，到门恰喜卖花声。"

1982年9月，钱锺书在《〈围城〉德译本前言》一文中，又一次提到了庞德。这一次的评议与其说是对庞德的调侃，倒不如说是钱锺书的一种自嘲或曰自谦。钱锺书称《围城》德文译者波恩大学莫妮克博士原本学的是古希腊语文，后来改攻英美文学，著有《埃兹拉·庞德和中国》一书行世。“庞德对中国语文的一知半解、无知妄解、煞费苦心的误解增强了莫妮克博士探讨中国文化的兴趣和决心”，并使其“成为杰出的汉学家”。想不到“她中文学得那么好，偏来翻译和研究我的作品；也许有人顺藤摸瓜，把这件事最后归罪于庞德了”。钱锺书早岁创作的长篇小说《围城》一直在国内享有盛名，特别是改编成电视连续剧后，更是家喻户晓。莫妮克博士此番将《围城》译成德文，使其再一次走向了世界。窃以为，这不仅是她的功劳，而且也是庞德的一桩大德。所谓“归罪”的说法纯属钱锺书喜用的一种修辞手段罢了。

庞德的《神州集》中有一首唐人王维的《送元二使安西》译诗。时人对这首译诗评价很高，称其为“一首整齐而又变化有致的短语节奏自由诗”。王诗为：“渭城朝雨浥轻尘，客舍青青柳色新。劝君更进一杯酒，西出阳关无故人。”庞译为：

> Light rain is on the light dust/The willows of the inn-yard/Will be going greener and greener/But you, sir had better take wine ere your departure; /For you will have no friends about you/When you come to the Gate of Go.

原诗中的意境，尤其是情感，在译诗中可谓表现得淋漓尽致。这样的译诗既可以说是一种铢两悉称的佳译，又可以说是一种别出心裁的重写(rewriting)，亦即钱锺书所称道的“大胆地把翻译和创作融贯，根据中国诗的蓝本来写自己的篇什”。

钱锺书慧眼识英雄，首赞庞德，次誉莫妮克，最后将自己也牵了进来，真是一石三鸟啊！

2009

四十一　杨绛的“翻译点烦”论

如果说钱锺书先生的“化境”论是从理论上为翻译开创了一种理想境界的话，那么杨绛先生的“点烦”论则是从实践上为翻译开辟了一条务实之道。

杨先生在其所撰的《翻译的技巧》一文中称：

> 简掉可简的字，就是唐代刘知几《史通》、《外篇》所谓“点烦”。芟芜去杂，可减掉大批“废字”，把译文洗练得明快流畅。这是一道很细致、也很艰巨的工序。一方面得设法把一句话提炼得简洁而贴切；一方面得留神不删掉不可省的字。在这道工序里得注意两件事。(一)“点烦”的过程里不免又颠倒些短句。属于原文上一句的部分，和属于原文下一句的部分，不能颠倒，也不能连接为一句，因为这样容易走失原文的语气。(二)不能因为追求译文的利索而忽略原文的风格。如果去掉的字过多，读来会觉得迫促，失去原文的从容和缓。如果可省的字保留过多，又会影响原文的明快。这都需译者掌握得宜。

这便是人所共知的杨绛“翻译点烦”论。窃以为，这短短两百多个字包含了四层意思：一是何谓点烦；二是点烦的目的；三是点烦乃一道不可或缺的工序；四是点烦的具体操作。显而易见，“点烦”二字是学识渊博的杨先生从唐代史学家刘知几那里借来的，顾名思义，便是“简掉可简的字”，其目的是使译文明快流畅、洗练净洁，但却是一道艰巨而细致的工序，运作起来必须格外“留神”。首先，不能因为点烦而“走失原文的语气”；其次，不能因为点烦而“忽略原文的风格”。换言之，就是要做得恰到好处，正所谓：点去一字不嫌其少，留下一字不厌其多。

杨先生不仅从理念上标举出翻译点烦论，而且尽力践行，并取得了极大的成功，其所译世界文学名著《堂吉诃德》即是一个突出的明证。是译初本凡八十余万字，杨先生经过一番认真地点烦，一举去除十万字，形成了七十余万字的定译本，于 1978 年由人民文学出版社梓行，首印便是十万套，眨眼间即售罄。由是诸多荣耀滚滚而来，先是获“全国优秀外国文学图书奖”，接下来又获“西班牙国王勋章”。而最令人感慨不已的是 1978 年 6 月 15 日，杨先生受邀出席欢迎西班牙国王、王后的宴会。宴会上邓小平先生将杨绛翻译的《堂吉诃德》赠送给国王、王后，且向他们介绍了正在一旁的译者杨先生。随后，邓亦与杨握手，并亲切地以四川话问道：杨先生啥时候译的此书？杨则以恬润的吴音答道：译到今年才出版呢！杨先生为译此书惨淡经营长达一十八年，岂能在握手的顷刻间向这位扭转乾坤的大忙人叙说得明白呢？由是只能以短短数字来替代自己十余年的血和泪了。

笔者曾拜读过杨先生翻译的《堂吉诃德》，深深为其精湛的译艺所折服。现不妨从是译第一章撷出一节作为例证：

> 他要去做个游侠骑士，披上盔甲，拿起兵器，骑马漫游世界，到各处去猎奇冒险，把书里那些游侠骑士的行事一一照

办：他要消灭一切暴行，承当种种艰险，将来功成业就，就可以名传千古。他觉得一方面为自己扬名，一方面为国家效劳，这是美事，也是非做不可的事。这可怜家伙梦想凭双臂之力，显身成名，少说也做到个特拉比松达的皇帝。他打着如意算盘自得其乐，急要把心愿见诸实行。他头一件事就是去擦洗他曾祖传下的一套盔甲。这套盔甲长年累月堆在一个角落里没人理会，已经生锈发霉。他用尽方法去擦洗收拾，可是发现一个大缺陷，这里面没有掩护整个头脸的全盔，光有一只不带面甲的顶盔。他巧出心裁，设法弥补，用硬纸做成个面甲，装在顶盔上，就仿佛是一只完整的头盔。他拔剑把它剁两下，试试是否结实而经得起刀剑，可是一剑斫下，把一星期的成绩都断送了。他瞧自己的手工一碰就碎，大为扫兴。他防再有这种危险，用几条铁皮衬着重新做了一个，自以为够结实了，不肯再检验，就当它是坚牢的、带面甲的头盔。

译文明快、流畅、洗练的特色无不渗透在每一句的字里行间，这分明就是杨先生认真而细致的点烦功夫所致。相传翻译家董衡巽曾叩问著名学者朱光潜老先生：全中国翻译谁最好？朱先生稍加思忖后，缓缓答曰：就小说散文而论，当首推杨绛。美酒醇，尝一滴可知其甘；冰山阔，观一角可知其大。今读杨氏是节译文，有谁不感叹朱光潜老前辈的答复非虚妄语耳？

今年7月17日系杨绛先生百龄大寿喜日，笔者仅以此千字小文并诗一首向老人家表示虔诚的道贺与祝福。诗云：

万里风鹏气势雄，妙笔生花四海惊。
能探西域无穷趣，绘出华章映彩虹。

2011

四十二　休将甘桔化苦枳

季羡林一生所获桂冠极多，但在我的心目中，老人家当以翻译最擅胜场。2006 年，其荣获中国译协授予的“翻译文化终身成就奖”便是一有力佐证。

先生结缘翻译始于中学时代。20 世纪 30 年代就读清华大学，更是对翻译情有独钟，先后译过英国散文、美国小说和德国诗歌。20 世纪 40 年代末，留德甫归，他又操刀理旧业，陆续译出了德国安娜·西格斯的短篇小说，印度古典文学名著《沙恭达罗》、《优哩婆湿》、《五卷书》等。其中尤以翻译《罗摩衍那》最为感人。

先生译此书时，正值“文化大革命”。他在经过关牛棚和无休止的批斗之后，被罚至一大楼充当传达，每天除了收发信件和传呼电话之外，便只能“孤独地呆坐在大玻璃窗子内，瞪眼瞅着出出进进的人”。为了不虚度时光，他决意将长达 200 万字的印度史诗《罗摩衍那》译成中文。当是时也，先生依然头顶反动学术权威一类的帽子，断然不可端坐传达室的旧桌旁，名正言顺地进行翻译，于是他利用晚上回家的时光，将梵文诗句先译成白话散文，草草写在纸片上。第二天守传达时，便偷隙把纸片上的散文推敲成押韵的诗行。经过五年多的努力，终于完成。“文革”结束后不久，这部巨制得以问世，并获中国首届国家图书奖。

先生后来回忆这段岁月时，曾动情地说：“我那早已干涸了的心灵，似乎又充满了绿色的生命，我那早已失掉的笑容，此时又浮现在我脸上。”有时坐在传达室内琢磨诗句，只要抬头向门外一望，便能感觉到“门两旁的海棠花正在怒放，其他的花也在盛开，姹紫嫣红，好一派大好春光”。唯有真正潜心于学问的人，方能在逆境中产生如此的心怀。

先生不独在翻译实践上多有建树，而且在翻译理论上亦不乏个性化的真知灼见。比如，他认为在绝大多数人只懂一门语言的情况下，翻译是一种不可或缺的沟通方略，但这亦是一种无可奈何之举。先生尝谓：《晏子春秋》称“桔生淮南则为桔，生于淮北则为枳，叶陡相似，其实味不同，所以然者何？水土异也”。因此先生认为“一篇文章，尤其是文学作品，倘若译成另外一种文字，连叶也不能相似，当然更谈不上味了”。这番话分明告诉我们，翻译首先要注重原作表层形式在译文中的再现，然后再将原作的内容、情感、意味在译文中予以充分的表达。比如原作是诗，译文也应当是诗，如果译成散文，就很难体现原作的诗味了。

尤为可贵的是先生绝不为西方翻译理论所左右，甚至以为其中某些理论恰“如绣花枕头，无补于实用”。他毫不隐瞒自己是一个翻译理论保守主义者，故认为严又陵标举的信达雅三字“实在是精练之至”，“是可以信守的”。他竭力主张将“信达雅”看成一个不可分割的整体。“信”是基础，是根本，离开了“信”，“达雅”便是“无根之木，无本之草，无所附丽”。先生将译本分为三类。第一类信达雅俱全，可称上等；第二类信达相宜，唯雅不足，可称中等；第三类与信达雅均相去甚远，只能目为下等。有的译本达雅均符，亦可归入第二类，但对过于归化的译作，先生则持怀疑态度。

先生以为，近年来第三类译作为数不少，故不无忧虑地反复呼吁“提高翻译质量，不能只停留在口头上。少讲大道理，多做扎实事”。先生本人则从翻译伊始，便不断以身作则，为我们一次又一次地树立了可供学习的榜样。且以《罗摩衍那·童年篇》译本第一章中的若干片段为例。

有个著名的人叫罗摩，/他是甘蔗王族的后裔，/他克己，他英武敢为，/他高贵、坚定，有大威力。

他深通达摩，言而必信，/他乐于给众生造福，/他光辉超绝，通达事理，/他纯洁、驯顺、虔诚大度。

他是众生的保卫者，/又是达摩的护法，/他了解吠陀和吠陀分支，/对箭经精通得无以复加。

他了解一切经书的本质，/他精通法律，聪明勇敢，/他为所有的人所爱戴，/他正直、高贵、光辉灿烂。

原文为诗歌体，先生的译文亦为诗歌体。首先便在文体形式上实现了对等，达到了“信”的标准。其次，译文简洁通畅、流利精练，“达”的要求粲然可睹。最后，先生的译文尤其具有这样两种特色，一是在音律上注重押韵，二是在用字上讲究妍美。毋庸置疑，这两种特色令先生的译文达到了“雅”的极致。由是观之，《罗摩衍那》不失为“信达雅俱全”的上乘之作，值得所有的译人圈点与效法。

2009 年 7 月 11 日，先生以九十八岁的高龄驾鹤西去，从此，学界痛失一位巨擘，译林更是被夺走一位不可或缺的领军人物。然则，先生的身体生命和社会生命虽不复存在，但老人家的精神生命与浩瀚的著述译作将永久长存，泽被后世，光照人寰！作为先生译著的一名长期受益者，谨以此文表示对他的深切缅怀。

2009

四十三　读书破二百　译笔如有神

岁月倥偬，一眨眼工夫，杨宪益先生驾鹤西行便很有些时日了。记得他老人家走后的第五天即 2009 年 11 月 27 日，正在南京师范大学讲学的罗新璋打来长途电话，向我讲述了许多有关杨先生的佳闻逸事，其中不乏发人深省之说。如新中国成立后不久，杨宪益和夫人戴乃迭便供职于中国外文局，专事中译英工作。其运作程序为：杨先生拟成初稿，戴女士进行修订。某年，戴女士回英国省亲，一去就是好几个月。杨先生只好独自一人端坐办公室的打字机旁，弹指耕作。一日，某英国专家路过其室，得见先生译文，极为感佩，誉为上乘之作，且云功夫不在乃迭之下。后来，有从事文学翻译的译者向杨先生请教如何提高中译外水平，先生爽朗地回答道：发狠读二百本外国原文小说，译笔自然日有所进。

天下论译道者，比肩继踵，可谓多矣。或山南地北，或海阔天空，动辄便是万语千言，但往往令人瞠目结舌，不得要领。而先生之语，言简意赅，堪称“一句顶一万句”是也！

杨先生本人想必一定有过读完二百本甚至更多的英文原版小说

的经历，不然的话，他和戴乃迭英译的《红楼梦》何以被誉为西方世界最认可的两个译本之一？又何以被中外学者评价为“译本忠实原著，几乎逐句对译，一草一木不遗，一诗一赋必录，从中更能寻得原著的本来风貌”？

这里不妨举出一例。原文为：

> （贾政等人）一面走，一面说，倏尔青山斜阻。转过山怀中，隐隐露出一带黄泥筑就矮墙，墙头皆用稻茎掩护。有几百株杏花，如喷火蒸霞一般。里面数楹茅屋。外面却是桑、榆、槿、柘，各色树稚新条，随其曲折，编就两溜青篱。篱外山坡之下，有一土井，旁有桔槔辘轳之属。下面分畦列亩，佳蔬菜花，漫然无际。（摘自《红楼梦》第17回）

杨译文为：

> As they walked on talking, their eyes fell on some green hills barring their way. Skirting these they caught sight of brown adobe walls paddy-stalk copings and hundreds of apricot-trees, their blossoms bright as spurting flames or sunlit clouds. Inside this enclosure stood several thatched cottages. Outside grew sapling of mulberry, elm, hibiscus and silkworm-thorn trees, whose branches had been intertwined to form a double green hedge. Beyond this hedge, at the foot of the slope, was a rustic well complete with windlass and well-sweep. Below, neat plots of fine vegetables and rape-flowers stretched as far as eye could see.

饮一勺可知斗水之甘味，窥一斑可晓豹皮之全貌。从这一则译例中，我们似乎可以发现，中外学人对《红楼梦》杨译本的评价断非谀词，而杨先生发狠读二百本英文小说后锤炼出来的本领亦灿然可睹。

行文至此，不禁想起了 2008 年 8 月在上海举行的第十八届世界翻译大会上，新当选的国际翻译家联盟理事会副主席——中国外文局副局长、中国翻译协会副会长黄友义先生所发的一番感慨。他说："中国真正合格的'中译英'人才不足百人，缺少'中译英'，将导致文化上的'逆差'。就质量上说，中国的翻译教育首先是稀缺'中译英'人才。"

那么，究竟以什么方法来弥补"中译英"人才的不足呢？笔者以为，就培养中国文学作品英译人才而言，不妨先用杨宪益先生标举的"发狠读二百本外国原文小说"的方法来试上一试。比方说，对于翻译方向的硕士研究生和博士研究生，可硬性规定他们结合翻译实践读一定数量的英文原版小说。至于读哪些小说，怎么个读法，那就得仰仗北大、北外、上外等高校中那些长于中译英的硕导、博导们仔仔细细、认认真真地运筹帷幄了。

2009

四十四　流播两邦二译文

历史学家陈寅恪曾写有一文，曰《韩愈与唐代文学》。令人感到诧异的是此文非以原作行世，而是以译文的形式流播于美国和中国。

首先是英译。1936年，美国的魏楷（J. R. Ware）博士将陈寅恪的这篇文章译成英文，随后英译文于是年4月被刊行在美国《哈佛亚细亚学报》（*Harvard Journal of Asiatic Studies*）第一卷第一期上。接着便是中译。作为英译文读者之一的程千帆，于1947年复将英译文回译成中文，并于是年刊布。

魏楷为什么要英译陈文？想来原因有二。一是陈寅恪曾于1918年留学美国，在哈佛大学随蓝曼教授学习梵文和巴利文，陈先生在哈佛留下的诸多好学痕迹一定令他深为感动。二是陈寅恪在此文中显露出的慧眼令他这位对中国古代文学饶有兴趣的美国博士获益匪浅。由是在反复研读之后，他便情不自禁地将是文移译成了英文。程千帆为什么要将魏博士的英译文回译成中文？如其所述，原因却是三种。一是“原稿在国内迄未刊布，故承学之士鲜得见者”；二是“魏楷博士于吾华文学，所知似不很深，故英译颇有疏失，行文亦间或费解”；三是“陈寅恪世丈此篇为研究李唐文学之一重要文献”。有此三种原因，焉能不回译？

人或问：陈寅恪的这篇文章究竟说了些什么，居然使此二位身居异地的中美学人不厌其烦地舞动笔墨一译再译？原来是陈先生在此文中揭示出韩退之是唐代小说的始作俑者之一。陈氏认为韩愈“于小说，先有深情，后有深嗜。后来《毛颖传》，实其于早日之偏好。此盖以‘古文’为小说之一种尝试”。而且“就文学技巧观点论之，则《毛颖传》实乃韩集中最佳作品”。他尤进一步指出：“贞元(785—805)、元和(806—820)为‘古文’之黄金时代，亦为‘小说’之黄金时代，韩集中颇多类似之作”，“要之，韩愈实与唐代小说之传播具有密切关系。今之治中国文学史者，安可不于此留意乎？”如此不同凡响的见解足以令文学界的学人振聋发聩矣。惜乎，撰《中国小说史略》的鲁迅未能开采于前，编《中国文学史》的游国恩尤未能感悟于后。

程千帆在翻译的过程中，不仅未受魏楷英译文的拘囿，而且还对其讹误进行了修正，并改脚注为夹注，“所引书页数，亦从省略”，其目的完全是为了“皆准寅丈平日行文之例”。文章译就之后，为慎重起见，他又请金克木先生予以校正。如此严谨的翻译态度真是令人肃然起敬。程先生曾托人咨询负责编辑《陈寅恪文集》的蒋天枢先生，何以陈翁不将此文收入自己的文集？蒋说这是“陈先生本人的意见”。如今笔者揣测，陈寅恪一定读过程千帆的译文，而且一定读得格外满意，由是决定让程的译文“取而代之”。这也许是陈翁对小自己二十三岁的程郎的一种奖掖吧。

日前，笔者曾带着载有此译文的《闲堂文薮》一书，在陈寅恪先生的出生地长沙湘春街以及与此处邻近的程千帆先生出生地长沙清福巷流连忘返，且一次次地驻足西望，遥想着那位英译此文的魏公子，如果他还健在，想必已是百龄老人，遗憾的是我难以读到他的那篇英文译作。我轻轻地抚摸着手中的《闲堂文薮》，心中不觉生发出如许念想：一篇学术论文居然连接了两个国家的三位学人，这无疑是一千三百年前李商隐的“心有灵犀一点通”说法的又一次验证，也称得上是文学界乃至史学界的一桩逸闻了。

2011

四十五　民俗学家眼中的翻译

北京师范大学教授钟敬文(1903—2002)，广东海丰人，从事民俗民间文艺研究长达八十余年，人称“中国民俗学之父”。先生对翻译亦多有关注，概括起来，大约涵盖四个方面。一是介绍日人增田涉翻译鲁迅《中国小说史略》的经过；二是翻译增田涉的《鲁迅的印象》；三是张扬郁达夫的翻译理念；四是宣示自己的翻译观点。

敬文先生以极大的热忱对增田涉翻译鲁迅《中国小说史略》一事进行了介绍：增田涉在东京大学就读时，就接触过鲁迅先生的《中国小说史略》，深感此书“史料之丰富，体系之完整，足可令世人耳目一振”。其大学毕业后的第三年即1931年便来到仅一水之隔的中国上海访学，且幸运地成为了鲁迅的“走读生”，集中学习《中国小说史略》，时间长达三个月。每天上午，增田将自学是书的论述和引文译为日语，下午则前往鲁迅的寓所请教。鲁迅不仅对增田译文的不当之处一一进行改正，而且对增田的提问给以细致的回答。聪颖而勤奋的增田则将先生的讲解一字不漏地记录下来。1931

年7月17日下午，“师生同时松了一口气，这门功课暂时告一段落”。是年年底增田返回日本，行前，鲁迅写了一首“感情绵邈”的七言诗相赠。诗云：“扶桑恰是秋光好，枫叶如丹照嫩寒。却折垂杨送归客，心随东棹忆华年。”为了报答恩师的教诲，增田回国后不久便着手翻译《中国小说史略》。在翻译的过程中，他又不断驰书向鲁迅先生请教。先生则不厌其烦地予以“周到而又切实的回答”，甚至主动向增田“寄去对某些原文的补订文字，使译本尽量达到完整地步”。译著完成之后，鲁迅又亲笔作序，“作为一个老师和译本的原著者，他的确是尽了最大的努力的”。1935年6月，《中国小说史略》日译豪华本首次在东京亮相。鲁迅知道后，感到格外高兴。遂致函增田，称：“《中国小说史略》装帧之豪华，是我有生以来著作第一次穿上漂亮的服装。”对这桩译事，敬文先生的结论为：“这实在是在中日两国有千余年文化关系的历史上添上了新的光辉的篇章。”

增田涉还曾著有《鲁迅的印象》一书，先后三度梓行。20世纪70年代中期，钟敬文先生为了满足同仁从事现代文学研究和教学的需要，同时也为了纪念鲁迅逝世四十周年，便执笔翻译了是书。钟先生翻译时态度极为认真。首先是采用最新的原著版本即1970年本；其次是添上小标题，“使读者对每节的内容一看就能明白”；再次是增加注释，以“帮助读者更好地了解译文”；最后是使译文折射出原文的写作风格，尽管这是“不太容易的事”，但坚持“尽力向这种目标做去”。正是由于钟先生的努力和认真，这部具有“国际文献”意义的专著才得以在中国广泛流播，令众多的鲁迅研究者和爱好者受益匪浅。

20世纪20年代末期，钟敬文执教于杭州浙江大学，与旅居此间的郁达夫过从甚密。郁先生曾一度感叹自己因气候与心境不佳以致难以写作。钟先生闻后建议他翻译点文章。在钟先生看来，翻译是一种机械运作，似与心境的好坏无关。孰料郁先生却作了全然不同的回答，换言之，即表达了他的某些翻译理念。郁达夫逝世两周年纪念时，钟先生写有《忆达夫先生》一文，内中对郁公的翻译理念进行了张扬。1996年，钟先生将是文郑重地收入《芸香楼文艺论集》，从而令更多的年轻人对郁达夫其人特别是他的翻译理念有了进一步的了解。钟先生在文中称，郁达夫认为“翻译并不比创作更容易些。想翻译的作品是要自己理解的，而且是要自己喜欢的。自己没有感动过的东西是译不好的，不，根本就没有动笔的兴致。在决心下手翻译那个作品之前，又必须反复阅读到完全能够领会它的意义和神味为止。在披纸运笔的时候，更一样不能够缺乏那种好心境的。没有经过这种过程的译文，自己先就不能够满意。”

20世纪80年代初期，林林先生翻译了一部《日本古典俳句选》，敬文先生受邀为是书作序。老人家就便在序中亮出了自己的翻译观点。钟先生归纳出诗歌翻译有两种手法，一种是文言和旧体诗句调，另一种是口语和散文体。显而易见，后一种译法有两个方面的不足，即“不能保持原诗格律化的特点”和“不大符合中国读者对诗歌的传统审美习惯”。但这种译法却具有两个方面的长处：一是“可以尽量保持原文所有的那些表示感情的感叹词”，从而令译诗能够体现“传神的作用”。如果采用文言和旧体诗句调的译法，这类词往往被删去，这无疑是“一种损失”。二是口语和散文体的译法“能产生一种异国情调”。毋庸置疑，钟先生是主张以白话自由体亦即以异化的方法来翻译外国诗歌的。

一位在自己的“一亩三分地”（柳鸣九曾以此比喻专业领域）里惨淡经营达数十载的民俗学大师，居然能对翻译有如此热忱的关心，或介绍译人译事，或操刀亲自实践，从而使译坛频添奇葩，累增异彩，实在是令人感慨万千耳！

2011

四十六　健笔一支居上游

在中国现代文学史上以及在中国古典文学研究领域中，有一位十分了不得的巾帼英雄，此人名曰冯沅君，哲学家冯友兰之嫡妹是也。

公元1932年的一个夏夜，冯沅居从上海静悄悄地登上驶往法兰西的一艘邮轮，开始了她的留法之旅。她与翻译的瓜葛亦随之而至。留法期间，她曾与戴望舒、李健吾等人接触过马、恩学说，并对马、恩著作的法译本有所议及，或叹服行文的流畅，或惋惜译词的疏忽……

三年之后，摘取了文学博士桂冠的她，立即返回祖国。行装甫卸，即投入终其一生的教育事业。紧张的教学之余，她依然钟情译事，或走笔译文，或握管译诗，时有佳作问世。惜乎其时兵燹频仍，不少译稿毁于战祸，以致现存的译文仅剩两篇，翻译的时间大约在20世纪40年代。其一为《新法国的文学》，原作者乃Dumont Wilden。其二为《法国歌曲的价值及其发展——〈法国近代歌曲选〉导言》，是译附有一短跋，记述了翻译的缘由和经过："而今，兵事仍急，归家不得，羁囚在小城里（四川三台），将这部书的导言（我初读时感到趣味的部分）译出来排遣长夜。”

至于译诗，亦仅存六则，如雨果的《播种的季节·薄暮》、Vacaresco的《他曾在这里走过》、杜朋的《双牛吟》等。无论是译文还是译诗，无不彰显出译者不同凡响的表达技巧和剪裁艺术，真可谓“健笔一支居上游”（冯先生赞李清照语）。

尤其可贵的是，译诗大都附有译者按语。这些按语多从比较的视角，对所译法文诗歌与中国古代诗歌相似的特色进行了点评。冯先生行文简练，惜墨如金，然则读来，令人顿生寓意深远，字字珠玑之慨。如《我曾漫步》的按语为“它（原诗）的情调颇似古乐府中的吴声歌，而每章都以‘在这新季节’诸句作结。这种反复咏叹的格式在中国诗歌中，自诗经的《鄘风·桑中》等篇以下，也极习见”。《一天早上我起来》的按语为“它（原诗）形式则颇似所谓‘顶针体’。在中国的诗歌中，有不少名篇也采用这种形式，如诗经里的《文王》与《既醉》，乐府里的《饮马长城窟行》与《西洲曲》，五言古诗里的曹植《赠白马王彪》与谢灵运《酬从弟惠运》皆是”。《人民颂》的按语则又是另外一番天地，译者云“读这类作品，我们会看到个前途光明的新兴人群，且不免有后之视今犹今之视昔之感。词不达意之外，未能完全保留原作的旋律，我因此感到难言的歉疚”。前两首译诗和按语发表于20世纪30年代末，两则按语分明展示出，冯沅君是中国比较文学研究领域中当之无愧的首开先河者。后一首译诗和按语刊布于20世纪40年代末，寥寥数字的按语，足可令我们领略一位饱学之士虚怀若谷的谦谦之风。

20世纪50年代后，冯沅君以从事中国古典文学研究为主业，其与夫君陆侃如合力撰著的《中国文学简史》被人誉为文学界不可多得的扛鼎之作，曾被国家外文局先后译成英文和捷克文流播于域外。“文革”中，她和众多的儒林翘楚命运与共，深受动乱之苦，不幸于1974年去世。冯沅君集丰厚的学识、睿智的思维和力透纸背的笔墨功夫于一身，既未能目睹“四人帮”受到剪除的“大快人心事”，又未能与幸免于难的志士仁人一道赓续改革开放后的学林盛举，实在是一桩令人扼腕叹息的辛酸事啊！

2011

四十七　启功说译

西安碑林中，藏有唐代僧人怀仁集王羲之字刻成的《圣教序》碑。碑上内容包括：唐太宗李世民和唐高宗李治(时为太子)替玄奘所译佛经写的两篇序文，以及他们对玄奘感谢状的两则答书，此外，便是玄奘翻译的《般若波罗蜜多心经》以及替译经润色文字的大臣姓名。有人统计，全碑共计2 251个字。

一千多年来，由于书法家们的无比厚爱，此碑被捶拓得遍体鳞伤，几近面目全非。所幸到了1972年，居然在碑林某处的石缝中发现了质量上乘的《圣教序》整幅拓本，几经考证，乃宋人所为。随后，坊间竞相印制，追星族们苦苦的需求随时可以如愿以偿。原碑从此便免却了不少折磨。

启功先生无疑也是此碑的爱慕者之一。他将宋拓本阅读一过，不禁喟然叹曰：怀仁首先精心从原帖中描摹王字，诸葛神力继而耐心在石上勾勒王字，朱静藏最后细心在石上镌刻王字，“这块千载驰名的碑刻，除了开凿石材的人以外，便是这三位艺术家合作而成的”。真不愧为书法史、美术史、手工艺史上的一桩绝活啊！

不过，作为书法家兼历史学家的启功，当然不会止于对是碑的匆匆一览，而是一而再、再而三，抑或说是翻过来覆过去地将其左右察看，上下摩挲。读着读着，老人家到底读出它的几分破绽来了。问题主要出在《般若波罗蜜多心经》译本的集字上。

首先是字误。众所周知，唐人翻译经咒，为了便于诵唱，对音用字，极为讲究。举凡“般若”的“般”，不用“波”替换；“波罗”的“波”，不用“般”取代。理由是“般若”二字的发音衔接体现了梵音连绵的特色，“波罗”二字的情形庶几近之。可是，怀仁的集字居然将“波罗揭谛”和“波罗僧揭谛”错成了“般罗揭谛”和“般罗僧揭谛”。

其次是题误。人所共知，《般若波罗蜜多心经》中的“般若”意为“智慧”，“波罗蜜多”意为“到达彼岸”。玄奘以音译法(transliteration)处理，未尝不是一种睿智之举，至少可以令佛法平添出一种神秘的意境。此经题通常可以简称为《心经》，但集字碑中，其尾题竟被怀仁信手易为《般若多心经》。这个题目，若从全称，缺少了“波罗蜜”三字；若从简称，又增添了一个“多”字。“可见怀仁这个和尚对于佛教所谓‘外学’之一的书法虽那么精通，而对于佛教所谓‘内学’的经典，却如此疏忽，恰可说是外学内行而内学外行了。”

启老一生很少议及翻译，偶尔涉猎，便能一语中的，足见其治学之宽泛，功力之深厚。老人家的这番议论，倘若怀仁能九泉有知，一定会羞愧难言，懊悔不迭。至于玄奘呢，逖闻之下，肯定会笑得合不拢嘴，而且很可能会说：想不到笃信佛教的顺治爷居然会有这样一位贤达的后裔，令我免却了一桩可能遭受的不白之冤，真是阿弥陀佛，善哉善哉！

2009

四十八　任继愈和翻译

任继愈教授素以哲学家、历史学家、宗教学家著称，曾被毛泽东誉为“凤毛麟角，人才难得”。然则任继愈于翻译一道，亦多有真知灼见。私心以为，任继愈对翻译的真知灼见主要有三：一曰对译者学养的看法，二曰对少数民族文字译本和少数民族著述汉译的重视，三曰对古代某些译界人物的臧否。

1987 年，任继愈为《印度佛教史》汉译本写有一序。他在序中提出，作为一名出色的翻译工作者，务求做到三点：第一，翻译一种专业书，译者既“要通晓译出和被翻译的两种文字”，同时又要“通晓这门学问的基本内容”。换言之，即“译者一方面要知道原著的意思，还要力求译文所包含的意思是原来的，而不是附加的”。譬如同样一个名词，在佛经中有特定的含义，如不了解其思想体系的大致规模，单凭查字典是不能译好的。

第二，译者应当具有渊博的学识且对所译专业造诣很深，在翻译中“能随时发现原著中的失误和不妥的地方”，并能以“译者注”的形式如实向读者指出原著的这些问题和缺失。这样一来，“细心的读者将会从中得到必要的知识，这些知识恰恰又是读原著所得不到的”。

第三，译文在忠实于原著的基础上，应力求“文字简明”。所谓“简”，是指“要言不烦”；所谓“明”，是指“晓畅通顺”。如果译者肯下苦功，这两条是完全能够做得到的，而且很有可能使“译文简明不下于原文，其清晰条畅，举重若轻，或为原文所不及”。

1981 年，任继愈在其撰写的《〈中国佛教史〉第一卷序》中指出：“唐以后，还有大量的佛经译为西藏文字被保存下来，这也是我国佛典文献中的一大财富。藏文佛经中，大部分是译自梵文，也有一小部分是由汉译转译成藏文的。可见，西藏地区自古与中原地区文化交流频繁。”这种说法不仅体现了任氏对少数民族文字佛经译本的高度重视，而且亦彰显出他对汉藏两个民族相互交往的渊源早已成竹在胸，故能放笔张扬。

1986 年，任继愈在《评马学良等彝文〈劝善经〉译注》一文中，对马学良教授两度与彝族经师共同汉译《劝善经》一事给予了高度的评价。第一次是在 20 世纪 40 年代，其时，“马君深入彝区，与彝族同胞结下深厚友谊。寒夜荒村，一灯如豆，与几位彝文经师逐字逐句翻译此书”。孰料“文革”中译稿荡然无存。1981 年，马教授和其助手再度奔赴云南禄劝地区，与彝族经师一道重译此书，历时一年有余，终于克竟其成。是书于 1986 年 1 月由中央民族大学出版社公开出版，汉族学人争相阅读，竟一时洛阳纸贵。任继愈不无感慨地说：“全国解放后，党的民族政策得到贯彻，对兄弟民族文化、民族文献的整理工作，也与国运更始，彝族文化的发展已成为中华民族发展的组成部分。”任继愈对少数民族著作汉译的高度评价由此可见一斑。

除此之外，任继愈对唐代著名佛经翻译家玄奘亦曾作过深入且全面的评价。

在一般人眼中，玄奘既是腹笥宽广的学者，又是慧思迭出的译经大师。殊不料任氏却以大量的史料，揭示出这位大师同时亦具有非同一般的政治活动能力。如玄奘能不遗余力地说动太宗皇帝和皇太子为他的《西域记》或他的译经作序，由是“自二圣序文出后，王公百辟，法俗黎庶，手舞足蹈，叹咏德音，内外俞扬”。玄奘除了能经常出入宫廷，结交皇族、达官贵人，以利扩大自己的影响外，还常常采用打击别人、抬高自己一类的手段，来达到扩充地盘的目的。任氏以为，玄奘所有的“这些行动，都不是一般不懂政治的僧人能做得到的”。不以人之智而隐其瑕，不以人之愚而晦其瑜，任继愈这种评骘人物的辩证方法无疑又从另一个侧面为我们树立了一种典范。由是观之，任继愈头顶上的“哲学家”光环绝非虚妄之物！

2009

四十九　唐弢说译

一辈子都在文坛上行走的唐弢先生，曾拥有四顶桂冠：作家、文学理论家、鲁迅研究专家、文学史家。而今我还要向驾鹤西去经年的老人家再添上一顶，曰文学翻译批评家。理由是他曾撰有《关于文艺翻译》一文，内中居然涉及了文学翻译的五个方面。

一曰文学翻译的作用。先生指出，一篇文学作品的翻译岂止是让读者愉悦？更重要的是它“能够帮助人们在广博的文学宝藏里学习，扩大创作的视野，增加比较的材料，使人们免于拘泥”。

二曰文学翻译的历史。先生认为，中国的文学翻译滥觞于清末。其特点有四。首先是原作者多为“三四流作家的小说”，如柯南道尔、哈葛德等人“大走鸿运”；其次是突出维新，明明是小说，却偏偏喜欢“加上一个标题，或曰科学，或曰军事，或曰侦探”等；再次是“偶尔也有香艳和滑稽”，但都是“才子佳人的老套头”；最后是出现了世界一流作家的小说译本，译者中以林纾最负盛名。到了民初，便有了有两种趋向。一是翻译水平“并不见得比林氏出色”。二是翻译过于归化，一些译名“非常古怪”的小说，如《古室鬼影》、《绣榻艳乘》等充斥坊间，令人望而生畏；再就是将小说改编为戏剧，内中有些人物竟然变作中国的“太监”、“小生”，显得“十分可笑”。“五四”以后，文学翻译一度“非常兴盛”，但不久便坠入十年之久的沉寂期。直到20世纪30年代末才有所转机，但也出现了抢译、误译、乱译，导致译作良莠不齐，甚至“译品渐滥”。以上种种无疑是先生为我们描绘的一幅中国近代文学翻译历史缩影图。

三曰文学翻译批评的重要性。先生分析，“五四”以后存在两种极端。首先是译作被批评为“天书”，译者被指责是“媒婆”、“西崽”，结果导致译书积压，厂家赔本，进而使翻译事业萧条。此后，又走到另一个极端，即对译界的种种不良倾向不能开口批评，只能“闭紧两片嘴唇”。前一种做法纯粹是“死路一条”，后一种做法更非“文坛之福”。所幸其时尚有人能“拨开乌云见青天”，坚持正确的翻译批评，方使林纾式的文言译本日有所减，《古室鬼影》式的才子译本自行退出，胡适式的“这里删一段，那里削一节”的短篇小说译法渐趋式微。至于“曲译无害论”更是遭到了否定。

四曰文学翻译的原则。先生主张译文应该以忠实即信“为第一义”，然后才是流利即顺或达。他以西班牙人嘉奈多(Enrigue Diez Canedo)的说法为理论依据，说明译者的任务是引导译语读者认识外国作者，故“改译”(Adaptation)的方法不足取。译者不能以“语言天才”自居，不能以这种“假面具”来保护、掩饰自己的“任性与偷懒”。虽说译语读者喜欢那种“不忠实的美女”，但实际上“忠实才是美丽的初阶”，唯有突出忠实，方可产生“又美丽又完全的译品”。

五曰文学翻译的方法。先生一口气标举了五种：一是直译非死译，“必须正确地，一点也不遗漏地传达出原文意义，保住原文的风格”；二是如实传达原文美妙处，如诗意的比喻或象征，倘若读者不易理解，“不妨多加注解”；三是避免对原文的误解，译者务必对“原作者的思想，生活，环境，尤须有充分的明了”；四是慎选原文，力求内容有益于读者，且自己一定能够译好；五是勤查辞典，勤读他人译作和虚心听取别人对自己译作的批评，万不可“自以为大”。

岁月虽然一晃便进入21世纪的第二个十年，但重温先生上个世纪上半叶所阐发的这些文学翻译理念，仍可令我们获取许多新的启迪，恰如孔圣人所言：“温故而知新”是也，或曰：

美文一篇数十年，历尽沧桑味犹鲜。
辗转细读益不浅，妙译迭出俏争妍。

2010

五十 周汝昌的翻译理念

周汝昌先生早岁就读于燕京大学西语系，随之又执教翻译课于“天府之国”的高校，历时五载。尔后长期从事《红楼梦》研究，成了驰名中外的红学家。这样一来，他与外语，特别是翻译的缘分看似一刀两断。孰料藕断依旧丝连，老人家到了晚年居然亮出了许多独到的翻译理念。笔者将这些理念细细揣摩，认为可以概括为三点：一是翻译是个大难题；二是译者必须为双语精通者；三是信达雅与真善美可相为对应。

在论及翻译大难题时，周先生指出：翻译的“任务是解决语文‘矛盾’，而这种矛盾貌视语文‘互换’，实则处处涉及不同民族历史文化的最深层的差异，精神活动的不同感受与表达。乐观者以为有了翻译万事大吉；悲观者则十分‘痛苦’——甚至怀有根本否定可译的主张，有点儿‘泼冷水’的味道”。

先生复取佛经翻译大师鸠摩罗什的说法加以印证。鸠氏云：梵文之美，本无法移译，一经转成华文，便俨如“嚼饭哺人，不惟失味，且令人呕哕”。显而易见，鸠摩罗什是一位不折不扣的翻译悲观论者，“笔下不能不译，心里却彻底消极：翻译本是不可能的事！”然则一旦取消，人类便无法沟通，故翻译依然是不可或缺的一种手段。其中“日常生活、一般文字、简单事实，可靠翻译传达沟通了解。至于文采、智慧、高层哲理、微词妙绪，那靠翻译是无能为力的”。由是观之，翻译的的确确是一个大难题。不仅周先生作如是说，就连一向自以为科技顶尖而傲视亚非拉诸邦的西方人也不得不承认“翻译很可能是宇宙进化过程中产生的人类最复杂的一类活动”(the most complex type of event produced in the evolution of the cosmos)。

其次是翻译者的素质。周先生提出：“说到根儿上，真够个翻译者，必须做到精通所译双方语文，‘知己知彼’才行，不然靠查词典找‘对应字’，生造一些不伦不类、不三不四的‘文句’，便胆敢译‘世界名著’，结果不但糟蹋了名著，也污染了纯正美好的中华语文。”

先生仍以鸠摩罗什为例，认为这位大师梵文造诣之高自然无可怀疑；而华文水平恐难与马班韩柳欧苏诸公比肩。其所译佛典仅粗达大意而已，实无文采可言。先生的用意十分明了，即译者掌握原文务求上乘，同时对译语的驾驭亦应出类拔萃。

在论及信达雅与真善美的关系时，周先生指出：“信，信实，不走样，不扭曲，不变味”即是真；“达，传译表出了原文原义，而不浮光掠影，不隔靴搔痒，不似是实非”即是善；“雅，就是文辞功夫，有修养造诣，不仅‘可读’，而且令人有审美享受，不粗陋，不庸俗，不鄙野，不市井味，不流氓味”即是美。

先生尤进一步说明：信是老子的主张，正所谓“信言不美，美言不信”(语中的美是指“粉饰造作的假象”)；达则是孔子的主张，即所谓“辞，达而已矣”是也。最后，先生斩钉截铁般地强调“这都是翻译的核心要害”。

人所共知，从20世纪70年代以来，名目繁多的西方翻译理念争先恐后地向中国涌来。初闻之下，确实令人感奋不已，颇有“海外陡闻更九州”之慨。久而久之，便有些使人迷茫乃至疑惑了。今反观汝昌老的这些翻译理念，虽不离孔、老之说和信达雅、真善美一类熟词，但却能予人以温故而知新的启迪，犹如金针度人一般，可助译者在具体的翻译运作中提升技艺，炼出精品，正如宋人戴复古所云“意匠如神变化生，笔端有力任纵横”是也。

2010

五十一　王元化和朱生豪

著名文艺理论家王元化少年时代的老师任铭善(1912—1967)与朱生豪(1912—1944)是杭州之江大学的同学，二人十分友善，且一同组建诗社，相互唱和。如果套用习俗的说法，朱生豪无疑堪称王元化的“师叔”了。

令人感到诧异的是，王元化对这位未曾谋面的“师叔”显得格外敬重。这种敬重主要体现为他对朱生豪翻译莎士比亚的高度肯定。20世纪50年代中期，身居斗室的王元化曾全神贯注地读了三个人的书，即马克思、黑格尔和莎士比亚。其中莎士比亚的书为1954年人民文学出版社的十二卷本，译者乃朱生豪。王元化认为朱译“在传神达旨上可以说是首屈一指的”，译文“不仅优美流畅，而且在韵味、语调、气势、节奏种种行文微妙处，莫不令人击节赞赏”。他甚至于1997年不容置疑地指出：朱译“是我读到的莎剧中译得最好的译文，迄今尚无出其右者”。

1954年以后，人民文学出版社曾改出莎译新版本，对朱译作了不同程度的校改。王元化对这种做法很不以为然。他觉得原著的精神面貌必须予以考虑，如果仅仅“拘泥原著每个字的准确性，不一定就更能传达原著的总体精神面貌。相反，有时甚至可能会损害原著的整体精神”。

20世纪50年代末，王元化曾和夫人张可翻译过西方研究莎士比亚的论著，这些论著中有不少莎剧的原文引文。他们对这些原文引文没有自行翻译，而是“毫不迟疑地选择了朱生豪的译本”。

朱译莎剧为什么会取得瞩目的成就？王元化以为其源盖出于朱生豪大学就读的是中文系，其业师都是诸如夏承焘这样的腹笥宽广的大学问家，从而“受过古代诗词的严格训练，否则难以臻此境界”。

王元化曾写道：朱生豪“翻译此书时，年仅三十多岁，他不顾当时环境艰苦，条件简陋，以极大的毅力和热忱，完成了这项难度极高的巨大工程，真是令人可敬”。其字里行间无不充满着他对朱或曰他的“师叔”的深情厚谊。

王元化所读莎剧中，印象最深的是《奥赛罗》一剧。当年他初读莎译时，该剧曾深深吸引住了他，使他“全身心都投入到奥赛罗的命运中去”。特别是第四场的一段道白，令他“产生了共鸣”，乃至“激动不已”。

这段道白的英文原文为：

> Had it pleas'd heaven/To try me with affliction, had he rain'd/All kinds of sores and shames on my bare head, /Steep'd me in poverty to the very lips, /Given to captivity me and my utmost hopes, /I should have found in some part of my soul/A drop of patience; but, alas! to make me/The fixed figure for the time of scorn/To point his slow and moving finger at; /Yet could I bear that too; well, very well: /But there, where I have garner'd up my heart, /Where either I must live or bear no life, /The

fountain from the which my current runs/Or else dries up；to be discarded thence！/or keep it as a cistern foul toads/To knot and gender in！…

朱生豪的译文则为：

要是上天的意思，要让我受尽精神的折磨；要是他用诸般的痛苦和耻辱降在我的毫无防卫的头上，把我浸没在贫困的泥沼里，剥夺我的一切自由和希望，我也可以在我灵魂的一隅之中，找到一滴忍耐的甘露。可是唉！在这尖酸刻薄的世上，做一个被人戳指笑骂的目标，我还可以容忍，可是我的心灵失去了归宿，我的生命失去了寄托，我的活力的源泉变成了蛤蟆繁育生息的污地！……

将莎文与朱译细细对照，人们不难发现，王元化对朱生豪翻译莎士比亚所作的种种评价绝非妄语。

2008

五十二　吴小如和翻译

老一辈学人，不仅中国学问做得出色，而且往往能涉足译事。吴小如便是如此。先生与翻译的瓜葛有两个亮点。一是青年时期的做翻译，二是耄耋之年的说翻译。

先生在20世纪40年代与50年代初期，曾译过英美作家的散文、小说、文艺理论，虽然篇幅短小，但翻译质量却是沉甸甸的。其翻译目的十分明朗，首先是为了“学好英文”，其次是“旨在对原作有准确而较深入的理解”。此外，他也译过一部近五百页的《巴尔扎克传》，是书系奥地利作家茨威格苦心经营十余年的一部力作，先生从英译本转译。翻译的原因“也只是为了纪念几位亡友”。他毫不讳言地称自己“遵奉的翻译原则就是当年严几道先生提出的‘信达雅’三条标准”。

步入中年之后，先生潜心于中国文史研究，与翻译渐行渐远，竟至不复问津。孰料到了逾七望八之年，先生居然又以古书今译为切入点，对翻译三原则即信达雅进行了一番通明透亮的解说。先生认为，“信”是“对原作负责”，即“忠实于原作，准确无误地把原文内容翻译过来给基本上不懂原作的读者来读，使读者不打折扣地理解原意”，换言之，即是“译文可靠”。而“达”则是“对读者负责”，即“译文须让读者无障碍、少吃力地读懂”，但不能为了求懂，而与原作内容有所出入，换言之，即不能为了“达”而牺牲“信”。

至于“雅”的标准，先生认为可以从两个方面进行理解。一是译文能够尽其所能地体现“原作者的文章风格”，二是译文能够不遗余力地再现“原作者的精神面貌”。为了充分说明这两点，先生使用了两个比方。比方译者如果以完全相同的笔墨翻译莎士比亚剧本和萧伯纳剧本，从而令读者分辨不出莎剧与萧剧的不同风格以及不同神貌，“那便是译者在‘雅’字上下的功夫远远不够”。又比方，读者读同一译者的译文，不看原作者的姓名，便能立马分辨出“此为罗曼·罗兰而彼为巴尔扎克，此为托尔斯泰而彼为屠格涅夫”，那便是译者“真功力之所在”，亦即译者“做到了对‘雅’字原则的要求”。显而易见，翻译中的这种“雅”功夫要比“信”、“达”难多了。

先生犹回忆自己年轻时做翻译，往往在译文前或译文后用“吴小如译意”替代“吴小如译”，理由是“把西人原作从内容到风格都一丝不差地译成中文，是不可能的。只能译其大意而已”。毋庸置疑，无论是做翻译，还是说翻译，先生都能赋人以榜样的力量，予人以深刻的启迪。

吴小如长期以教授的身份供职于北京大学，且以历史学家、戏剧评论家、教育家、书法家、诗人而著称海内外。日前溘然谢世，寿高九十有二。作为先生的一名忠实粉丝，遂闻之下，不觉凄然，由是草成此文，寄托不尽的哀思。

2014

五十三　莎译园地一名家

年逾九旬的屠岸先生翻译《莎士比亚十四行诗集》几近七十个春秋。是译初版于 1950 年，此后连连再版。仅 1981 年至 1986 年间，便印行四次，发行量达三十二万册。其影响之大，可见一斑。先生曾将《莎士比亚十四行诗集》译稿作过三次修改。第一次在 1955 年，“改动较大”；第二次在 1963 年至 1964 年间，“全面修改”；第三次在 1987 年，“修改了近五百处”。真可谓精益求精矣！

窃以为，先生对诗歌翻译有三大贡献。贡献之一表现在伦理层面上。他提出：诗歌翻译是对缪斯的崇拜，是对诗歌的奉献，是译者生命中的一种崇高事业。译者决不能将其视为谋生的手段或者是玩玩而已的游戏。译者应将王佐良、袁可嘉、查良铮、卞之琳等人引以为楷模，不论在什么艰难困苦的情形下，都要坚持诗歌翻译，正所谓“春蚕到死丝方尽，蜡炬成灰泪始干”。

贡献之二表现在理论层面上。他认为诗歌翻译有“六难”，即：译诗难，译文义难，译风格韵味难，译艺术魅力难，译莎士比亚难，最后便是修改难。先生称：“好诗有一种在字面上捉摸不到然而能够动人心魄的魔力。几个平淡无奇的字，在大手笔的安排下，‘神通显威灵’般地攫取了读者的心灵’”，要将这种魔力传达出来谈何容易？先生还称：“诗歌翻译的改进是无止境的”，这“也许是自己一辈子的工作”。

贡献之三则表现在表达层面上。他认为英词分轻重读，汉字有四声调，两者泾渭分明，几不可译。基如此，他创造出一种名曰“音组”的汉字发音单位。两个或三个字为“合格音组”，一个或四个字为“破格音组”。如：“我们要/美丽的/生命/不断繁滋。”又如：“它/就会/显得/更美/更美/多少倍!”如此译法，无疑“听上去似乎比较协调，有一种既整齐又参差有致的效果”。

不妨以先生所译《莎士比亚十四行诗集》第 55 首前八行为例，一睹其翻译风采。原诗为：

> Not marble, not the gilded monuments / Of princes, shall outlive this powerful rhyme; / But you shall shine more bright in these contents / Than unswept stone besmeared with sluttish time, / When wasteful war shall statues overturn, / And broils root out the work of masonry, / Nor Mars his sword nor war's quick fire shall burn / The living record of your memory.

先生的译文为：

> 白石，或者帝王们镀金的纪念碑/都不能比这强有力的诗句更长寿；/你留在诗句里将放出永恒的光辉，/你留在碑石上就不免尘封而腐朽。/毁灭的战争是会把铜像推倒，/火并也会把巨厦连根儿烧光，/但是战神的利剑或烈火毁不掉/你刻在人们心中的鲜明印象。

八句译诗的实践堪称将先生的三大贡献凸显得淋漓尽致。私心认为，无论是谁，读了这样的译诗，都一定会从内心深处发出感叹：先生的译诗“将放出永恒的光辉”，先生的大名将“刻在人们心中”。

笔者在感叹之后，亦不免技痒，斗胆将此八行诗翻译如是：“石勒金镂帝王碑，不及诗行驻心扉。碑石蒙垢常遭蚀，诗载君名日月辉。恶战摧毁高铜像，动乱夷城厦成灰。烈火利刃虽顽狠，难敌君名芳菲菲。”这种将原诗文意与形式切割开来的转换，可乎否乎，是耶非耶？恳请名家一正也。

2014

五十四　杨振宁和文学翻译

长期沉浸于汉英两种语言中的物理学家杨振宁，如果仅仅只是涉足自然科学方面的翻译，那便是一桩司空见惯的事儿，完全无须笔者摇唇鼓舌。但大师偏偏涉及了文学翻译，这似乎就有必要来一番传播张扬了。杨先生与文学翻译的瓜葛窃以为有三个亮点，一是中国古体诗英译该如何把握，二是中国人无缘诺贝尔文学奖的瓶颈何在，三是先生本人的一次牛刀小试。

且看亮点之一。杨先生称，中文是最好写诗的语言，因为诗不需要精确，太精确的诗不是好诗。中国古体诗极少用介词，如果在移译的运作中介词频添，便会改变原诗的意境。杨先生格外赞赏美国诗人安格尔、聂华苓伉俪翻译的毛泽东诗词，因为他们意识到了中国古体诗罕用介词这一特色，所以译诗保持了中国味道，取得了极大的成功。

试以《沁园春·雪》上片为例，原文为：

北国风光，千里冰封，万里雪飘。望长城内外，惟余莽莽；大河上下，顿失滔滔。山舞银蛇，原驰蜡象，欲与天公试比高。须晴日，看红装素裹，分外妖娆。

安格尔、聂华苓的译文为：

Landscape of the north / Hundreds of miles ice frozen / Thousands of miles snow flying / Look at the Great Wall, this side, other side / Only white working / Up and down the yellow river / Suddenly deep waves disappear / Mountains silvery snakes dance / Wax white elephants running / Trying to be higher than heaven / Some fine day / You'll see the land dressed in red / Roughly white changing。

细读原文和译文，可知杨先生的评价一言中的。

再看亮点之二。杨先生称，中国作家与诺贝尔文学奖之所以形同参商，其中有两个重要原因。一是此奖的评委们奉西方文学创作技巧为圭臬，合者，可入围，不合者，弃之如同敝屣；二是翻译本领不到位，中国文学的精髓，译者无法准确、生动地表达，以致难以令评委们怦然心动。比如巴金先生的《家》、《春》、《秋》堪称伟大著作，在当时的知识分子中影响很大，先生的全集已经译成法文，而且被多次提名，可总是不能如愿以偿，“我猜想评委会老是不给他的原因是觉得他的小说的结构、所用的技巧还不够现代化”。这中间，译者们自然也脱不了一定的干系。

亮点之三是杨先生曾经将英国18世纪诗人亚历山大·蒲柏的名句“Nature and nature's law lay hid in night: / God said, let Newton be! And all was light”译为中文：“自然与自然规律为黑暗隐蔽：/上帝说，让牛顿来！一切即臻光明。”先生到底不愧为科学大师，原文的所有信息在译文中竟能全部体现，而且丝丝入扣，自然流畅。先生亦不愧为家学渊源的书香子弟，请看这“即臻”二字用得何等贴切雅致！读先生的佳译，如饮醇醪，醰醰的酒味不免令人生出几分醉意，于是放着胆子亦将蒲柏的这两行诗舞弄成了中文：造化隐神秀，运行冥冥中。上苍一声令，牛顿显本领：万物理皆明。如此译法，如果碰巧让杨先生读到了的话，不知他老人家将作何评价？

2011

五十五　蓝墨水书写中的金秋岁月

曾以一首《乡愁》享誉海内外的“文化大树”余光中，在翻译上亦多有建树，十三种皇皇译制便是极好的佐证。其中译作《梵高传》影响最著。传主梵高为荷兰大画家。原作者则是美国传记小说家伊尔文·史东(Irving Stone)。是书乃其第一部传记小说，亦为其成功之作，于1934年出版。此前，他曾向十七家出版社投寄，均遭退稿。后幸遇专事秘书工作的琴·法克陀女士(Jean Factor)。琴女士含情脉脉地帮助其对原稿进行删削修改，遂得出版发行。不久，两人因此而结为连理。

余光中译此书的经历与原作者似有几分相似。1954年11月，刚刚从台湾大学外文系毕业两年的余光中始利用公余译这本传记。他将译文先写在无格白纸上并进行修改，然后将修改得也许一塌糊涂的初稿寄给女友范我存，范女士则以一手秀丽的恭楷加以誊正，再寄还给他。他则将誊正的译稿亲送《大华晚报》连载。如此往返周折，费时几近一稔。

1955年10月，《梵高传》译毕，译文也连载一过。就在这一年，余光中和范我存缔结了美满的婚姻。如此相映成趣的故事，居然在区区二十年间，先后发生于中美大地之上，实乃世界文苑译坛的两段佳话矣！

余光中翻译此书时，正在“国防部”担任编译工作。这一段岁月是其一生中最苦闷的时期之一。身多病，心常乱，昕宵不安宁。只有在万籁俱寂，把卷吟诵原文，握管进行翻译之时，他方能求得暂时的解脱。后来回忆这段岁月时，他不无感慨地说：

> 随着译事的进展，我整个投入了梵高的世界，朝夕和一个伟大的心灵相对，真成了“像忧亦忧，像喜亦喜”。在一个元气淋漓的生命里，在那个生命的苦难中，我忘了自己小小的烦忧。李白说，“举杯消愁愁更愁”，但是借他人之大愁却可消自家之小愁。如果梵高在大苦大难之中竟能完成那么多灿烂的杰作，则我为什么不能在次级的压力下完成一件次级——不过是翻译罢了——的工作？就这样，经过了十一个月的净化作用，书译好了，译者也渡过了难关。

1957年3月，余光中翻译的《梵高传》分上下两册付梓，译本“成了爱好艺术的读者搜求的‘珍本’”。著名女作家三毛生前对这套译书爱不释手，竟至归道山之后，成为其入土的陪伴物。如此做法，大概与当年名帖《兰亭序》真迹陪葬唐太宗的情形不相上下。

二十年后，即1976年，在朋友的建议下，余光中着手“细细改正”《梵高传》。此时，他手头仅留有一套存书。为了便于他修改，一位友人将自藏的一套慨然相赠。余光中把两套书拆成散页，贴在一张张的大白纸上，对照原文细加修改。每页修改的时间，少则十五分钟，多则半个小时以上。修改场所或在家中，或在办公室，有时陪夫人开车外出买菜，则靠在汽车后座，一边等夫人采购，一边修改译稿。经过一年的努力，修改工作得以完成，修改的地方竟有一万多处。如此精益求精的翻译态度实在令人感佩。是译于 1978 年由大地出版社公开发行。

对于翻译，余光中曾有过如此妙喻：

> 译者的目的，是把一本书，不，一位作家，带到另外一种语文里去。这一带，是出境也是入境，把整个人都带走了样，不仅改装易容，而且脱胎换骨。幸运的话，是变成了原来那位作家子女，神气和举止立可指认，或者退一步，成了他的侄女、外甥，虽非酷肖，却乃依稀。若是不幸呢，就连同乡、同宗都不像了，不然就是遗传了坏的基因，成为对母体的讽刺漫画。

基于此，余氏要求译者一是要相当饱学，其学问之博不能输于学者；二是要通晓两种以上的语文，既能对原文尽窥其妙，又能对译文运用自如，做到文笔之美足可以与作家比肩。纵观余光中兼事翻译的一生，人们不难发现，他恰恰是在这两个方面成了所有译者的典范。谓予不信，何妨读读下面《梵高传》中的两段译文。

> 宽阔而急流的尼罗河，在阿罗镇所依傍的山脚转了一个急弯，便俯冲流入了地中海。两边的河岸都筑有石堤。对岸的特兰克戴叶闪闪发亮，像一座彩绘的都市。文生的背后横着群山，庞然的巨岭，昂首于透明的白光之中。展开在他面前的全景，有田，有开花的果园，有蒙马茹的耸立的山丘，还有肥沃的谷地，被犁成千万条深畦，都向远方交汇于无穷的一点。
>
> 可是使他伸手翼蔽自己愕视的双眼的，却是四野的色彩。天空蓝得如此强烈；蓝得硬朗、苛刻、深湛，简直不是蓝色，完全没有色彩了。展开在他脚下的这一片绿田，可谓绿色之精，且中了魔。燃烧的柠檬黄的阳光，血红的土地，蒙马茹山

头那朵白得夺目的孤云，永远是一片鲜玫瑰红的果园……这种种彩色都令人难以置信。他怎么画得出来呢？就算他能把这些移植到调色板上去，又怎能使人相信世上真有这些色彩呢？

译文天然流利，于汪洋恣肆中保持着应有的法度，译界领军人物驾驭语言的风采灿然可睹。读了这样的译文，又有谁会不心悦诚服、叹为观止呢？

今年农历九月初九是余光中八十大寿，谨以此文遥祝海峡彼岸的老人家健康长寿，同时亦盼老人家能为中西文化的进一步交流，为中华民族文化的不断发扬光大继续作出瞩目的贡献。

2008

五十六　此生精力尽于诗

第五届鲁迅文学奖翻译奖，由于翻译质量的原因，竟然出现了空缺。遥闻之下，不胜惋惜。同时亦想起了首届获奖者之一的绿原先生。

绿原(1922—2009)之所以能获奖，窃以为，原因有三。第一，他是诗人。第二，他是翻译家。第三，他有许多与众不同的翻译理念。也许正是这些翻译理念的导向，他方才在众多的对手中胜出，一举夺冠。笔者将其理念细细品味，以为有三处最为可取，即：三种要求，三种译法，三种忌讳。

先说三种要求。一是要求译诗能在一定程度上保持原诗的形美；二是要求译诗对于原诗的神似胜过形似；三是要求译者本人即是诗人或者近乎诗人。实话实说，绿氏标榜的三种要求中，当以第三种最为重要。试想译者若非诗人或全无诗人气质，他怎么可能真正感受原诗的内涵或曰神韵？既然连原诗的内涵或神韵都是一头雾水，他又怎么可能以神似为主的方法来表达原诗的外在美？人们只要稍稍回眸一下百余年来的诗歌翻译轨迹，即能发现，那些翻译诗歌的高手，无一不是驰骋诗坛的翘楚。

次说三种译法。绿氏认为原诗分有三类。第一类以格律和音韵突出，第二类以情调和意境醒目，第三类则以联想和意象见长。面向这三类各有千秋的原诗，译者无疑应以不同的炉锤进行锻造。第一类诗，恰似一种“诱人的陷阱”，理由是原诗与译诗很难在形式上做到铢两悉称。尽管如此，译者仍可凭借自己的胆识以及聪明才智予以移译。第二类诗的翻译，“关键在于译者的感受力和表现力”。译者必须深切感受原诗的意境，然后再以重新创造的方式在译诗中再现这种意境，如果仅仅“照字面译出来，那是很难让异国读者领略其原味的”。第三类诗的特点在于词义、词感、形象、形变、暗示以及“它们在读者心灵中的辐射性、弥漫性和渗透性”。译诗的人“如能‘忠实地’(即在字面上与原文没有太大的歧义)译成外国语，往往会比前两类更接近原作”。

再说三种忌讳。首先，忌讳“机械迁就原作结构”，其目的是为了避免译语的规律遭到破坏；其次，忌讳“生造格律”，旨在使读者的注意力集中，使原作固有的诗意不被掩饰；第三，忌讳“套用中国旧诗词的格律和词汇”。如果译者坚持这样做的话，势必导致原作完全本土化，而原作中的那种异国情调则将消磨殆尽。此处说的是外国诗中译，反过来，中国诗译为外文时，若一味套用外国诗的格律，似乎亦难免此弊。于是绿氏倡议译者能够创造出一种“既适应‘新’内容，又适应本国鉴赏习惯的新形式”，这种新形式或曰新统一体，“既不是用本国的酒瓶装外国酒，更不是给外国酒里掺兑本国的水”。

“此生精力尽于诗”(宋人陈师道诗句)的绿原，一辈子都在实践自己的这些理念，故在译诗中一再取得卓越的成就。其所译歌德巨制《浮士德》便是一例。且看其中的译句：

有如巨人/把山高举，/忙碌蚁群，/快快上去！/进出敏捷！/缝隙当中/每粒碎屑/都很管用。/极小东西/都得搜索，/最快速度/每个角落！/务必勤奋，/你们蚁群；/扔掉废石，/只捡黄金！

再请看：

悲哉！悲哉！/你用粗拳/摧毁了/这美丽的世界；/它倾覆，/它瓦解！/一位半神将它砸坏！/我们把废墟/打扫干净/并为失去的美/而伤怀。/强有力的/地之子啊，/快把它/在你的胸中/重建得更气派！/光明磊落地/开始/新的人生历程吧，/让新的歌曲/响彻世界！

译者的气质、胆识、聪明和才智，译者的深切感受力、高超表现力和崭新创造力；译诗的语言美和形式美，译诗的意境美和神韵美，无不渗透在这些诗句的字里行间。1998 年，绿氏所译《浮士德》荣获第一届鲁迅文学奖翻译奖，真乃实至名归也！

2011

五十七　长把尊译难释手

1987年，北京三联书店推出了一部译著，曰《伊利亚随笔选》，作者查尔斯·兰姆，译者刘炳善。想不到这部23万字的译作居然“一石激起千层浪”，在翻译界引起了不小的轰动。首先是推出此书的三联书店总经理沈昌文豪气干云地宣称：“刘炳善能翻译多少，我沈某就能出版多少！”接下来，萧乾称赞是译“十分流畅，很有随笔味道”；冯亦代评说是译“为选译英国散文开辟了一条新路”；王佐良夸奖是译有如行云流水，深得个中况味；谷林评价是译“颇能传达出那么一股韵味，足见译者不同等闲的功力”。到后来连国际友人也插进来凑热闹，如英国伦敦大学卜拉德教授表态说刘译“恰如其分”，不愧为一种“爱的劳动”。事隔不久，刘先生又相继翻译了《伦敦的叫卖声》、《书和画像》。由是译名大振，从此在翻译家的行列中稳稳地占住了一席。

曾有人向刘先生请教翻译的“诀窍”，先生毫无保留地作了回答。从先生的回答中人们至少可以悟出三点。一是用鲁迅的“含泪幽默”作借鉴，重构兰姆的“幽默情调”；二是以严复的“一名之立，旬月踟蹰”做榜样，对译文一改再改，乃至五改六改；三是奉欧阳修的“勤读书多为之”为圭臬，不断提高表达能力。如《伊利亚随笔选》中的《退休者》一文首句，原文当头一词便是 Reader。这个词如何译？译成“读者”，太不够味。此时，译者想起了平日所读《水浒传》中的“看官”一语，于是恰到好处地用在了这儿。又比如《随笔选》末文的英文标题是“That Home is Home though it is never so Homely”。其中“Homely”一词属音意双关，若译为“寒碜”，显然不妥。此时，译者又记起了李白的诗句：“一为迁客去长沙，西望长安不见家。黄鹤楼中吹玉笛，江城五月落梅花。”于是立马套用诗中的第二句，将原文题目译作“家虽不佳仍是家”。“佳”、“家”二字，“正好两边都挂住”。

刘炳善一向认为文学翻译是一桩难度极大的艺术性劳动，译者唯有将自己的全部精力、才思乃至情感倾注于这种劳动，方可能令译作成为世人瞩目的艺术精品，而译者本人则可以从这种艰辛的劳动中充分享受到“艺术创作的快乐”。这无疑是一位长期耕耘于译坛的劳动者的肺腑之言与切肤之慨。

2010 年 12 月，这位著名的翻译家悄然去世。闻讯之后，不免震惊。记得 20 世纪的 1980 年，为了购买先生编写的《英国文学简史》，我曾在田野纵横的农村师范学校向地处大都市的河南师范大学去函询问。先生迅即复我一信，指点迷津，由是令我如愿以偿。而今，我将先生的墨宝、先生的大作以及先生的译著置于案头，一遍又一遍地轻轻抚摸，轻轻吟诵，片片哀思不禁涌上心头。当年先生在其墨宝中称“来信收到，并尊诗。谢谢您的鼓励、支持”。岁月倥偬，我实在记不起那时向先生写了一首什么样的诗。眼下倒是思如泉涌，由不得口占八句，以寄托遥远的追念。诗曰：

砚边挥毫昕夕勤，纵横东西别有春。
巧织丽句师严老，智绣华章效鲁翁。

鸳鸯振翅惊天下，金针耀眼惠后人。
长把尊译难释手，犹盼雏凤出清声。

2011

五十八　女子而今不效颦

赵萝蕤年少时，她的父亲赵紫宸填有《沁园春》词相赠。内中有句云“史续班门，经传伏女，女子而今不效颦”。短短一十五个字，洋溢着老父对幼女的一份拳拳之心。即愿自己的女儿不学东施效颦，而是能像西汉经学家伏女、东汉历史学家班昭一样，做出一番卓越的事业。赵萝蕤不负父望，一路走过来，成绩果然斐然：燕大高才生，清华女才子，留美洋博士，北大名教授。不过最引人注目的是她成为了一名杰出的翻译家，在中国当代翻译史上留下了格外亮丽的一章。

赵萝蕤于求学、从教之余事翻译，五十多年风风雨雨，虽未译著等身，却也是硕果累累。先后译有艾略特《荒原》、朗弗罗《哈依瓦萨之歌》、詹姆斯《黛西·密勒》、惠特曼《草叶集》等，受到了中外学人甚至原作者本人的褒奖。《荒原》译本 1937 年梓行后，国人邢光祖撰文称：“艾略特这首长诗是近代诗的‘荒原’上的灵芝，而赵女士的这册译本则是我国翻译界的‘荒原’上的奇葩。”《草叶集》1991 年甫一问世，《纽约时报》即发文评论，云：“大洋彼岸的一位中国学者，年逼八旬，壮心不已，居然将主张人人平等的美利坚民族诗人作品移译为华文，真令人震惊而感佩!”赵先生的母校芝加哥大学为此而专门向她颁发了“专业成就奖”。《荒原》作者艾略特亦曾于1946年邀请赵萝蕤陈梦家伉俪在哈佛大学俱乐部共进晚餐。席间，艾略特以自己的新作相赠，且在扉页上写道：“十分感谢赵女士翻译拙作《荒原》。”

赵萝蕤何以能在翻译上取得如此卓越的成就？窃以为，其源盖出于其独特的翻译理念和翻译方法。以翻译理念而论，赵先生主张：首先应特别注重一个“信”字，即信于原作者的创作意图、思想内容、感情力度、艺术风格、表达手法等；其次要正确处理一个“雅”字，即奉原作者之雅为雅，而不节外生枝，追求译者自己的雅，“否则便是对原作的背叛甚至侮蔑”；再次，不能忽视原作形式，因为形式是内容的重要部分，译者无权进行改造，“内容与形式脱节只能是匠师而不可能是真正而严肃的艺术家”。以翻译方法而论，赵先生主张采用“无我”法。即译者必须持有“谦虚谨慎的工作态度，处处把原著的作家置于自己之上”，或曰“‘我’只能体现在智慧、才学、理解力上，而不能作为意志强加于原著”。基于此，赵先生在具体运作中总是采用直译的手段，让译文最大限度地“接近原作的内容与形式”，以求达到“使读者尝到较多原作风格”的目的。

且以《荒原》(*The Waste Land*)中的一节为例。原文为：

> If there were water / And no rock / If there were rock / And also water / And water / A spring / A pool among the rock / If there the sound of water only / Not the cicada / And dry grass sensing / But sound of water over a rock / Where the hermit—thrush sings in the pine trees / Drip drop drip drop drop drop drop / But there is no water

赵先生的译文是：

只要有水/而没有岩石/若是有岩石/也有水/有水/有泉/岩石间有小水潭/若是只有水的响声/不是知了/和枯草同唱/而是水的声音在岩石上/那里有蜂雀类的画眉在松树里歌唱/点滴点滴滴滴滴/可是没有水

原文为十四行短句，词简练而意深沉，译文亦为十四行短句，字朴实而味隽远，堪称珠联璧合。有心的读者若能将译文细细品味，自可领会原文的艺术风格和思想内涵而不致辜负赵先生的一片良苦用心。

2012

五十九　唐德刚说赛珍珠

以擅长撰写口述传记的历史学家唐德刚(1920—2009)，曾经口没遮拦地议论过诺贝尔文学奖得主赛珍珠(1892—1973)。首先是说她将自己的英文名 Pearl S. Buck 译成“赛珍珠”就不太雅，仿佛成了中国名妓赛金花(1870—1936)的妹妹似的。

其次是说她中文水平不高，却偏要去翻译中国四大名著之一的《水浒传》，以致在中国“被人开了一辈子玩笑而不自觉”。唐先生的说法虽然有些刻薄，但也并非全是空穴来风。比如赛女士将《水浒传》这一书名译作“All Men Are Brothers”就很值得商榷。鲁迅知道这一译名后，曾立马发话：“山泊中人，并不将一切人们都作兄弟看的。”胡适知道这一译名后，则批评得更具体。他说：“《水浒传》很像英国的‘罗宾汉’(Robin Hood)那样传奇英雄的故事。”其“原意是‘湖畔强人’或‘水边盗贼’。那是一部谈一百单八条好汉的故事，他们被苛政所迫，不得已违反本意，落草为寇”，因此赛珍珠的译法“实在很差劲”，不如译作“The Bandits of the Marshes”。

唐德刚亦毫不例外地称赛氏完全“译走了样”。不过他认为胡先生的译法似亦不妥，故建议其译为“The Waterfront Gugs”，因为“Waterfront”也是西方豪杰啸聚之所，虽是俚语，却含“光棍、泼皮”之意，与不少梁山好汉的身份庶几近之。为了验证自己的这种译法妥不妥，唐先生利用上课的机会，将这一译名示以美国学生，要他们猜一猜这书说的是怎么回事。学生们异口同声地答曰：牛仔的故事(a western story)。唐先生由是不无惬意地叹曰：吾译虽欠雅，本意尽在其中矣！

唐德刚在评说赛珍珠的同时，也旁及了相关的译者。他说，一位留美的剧作家翻译“宋江坐楼杀惜”，将其中的“乌龙院”译作“The Black Dragon Residence”，这就“没有把宋三郎‘金屋藏娇’的神韵译出来”，如果译为“Black Dragon Den”，可能要好得多，因为“den 这个字多少有点神秘和浪漫的气味”。才气过人的唐历史学家由是借题发挥，毫不客气地称：严复标榜的“译事三难信达雅”用于《天演论》、《穆勒名学》一类的理论书籍翻译还勉勉强强说得过去，“如果是翻译文学著作，还要加上一个‘神’字”。惜乎唐先生不是严先生的同时代人，否则的话，这翻译三难就很可能会被翻译四难取而代之而享誉百年了。

唐先生十分佩服林语堂。20 世纪 50 年代初，他曾请教林，《红楼梦》第三十三回中有一段话：宝玉对一个老妈妈说“老爷要打我了……要紧，要紧！”老妈妈是个聋子，听成了“跳井，跳井！”其中的“要紧，要紧”与“跳井，跳井”该如何翻译是好？林想了想说：“宝玉的话可译作 Very important！ Very important！老妈妈的话可译作 Very innocent！ Very innocent！”唐先生回忆及此，不由得又将赛氏数落起来。他说：“赛珍珠如何能比得林语堂呢？所以她翻起水浒来，就嫌差劲了。这是个语言水平的问题。”不过唐先生还算手下留情，未将赛珍珠一棍子打死。他不无宽容地称：比起哥大某位连浅近的文言都看不懂却敢向学生讲授唐宋八大家的教授来，赛氏将《水浒传》译为“All Men Are Brothers”，“也就不算是坏的翻译了”。

其实，比不上林语堂的又何尝只有赛珍珠。杨宪益、戴乃迭伉俪与霍克斯、闵福德翁婿翻译《红楼梦》，将“要紧，要紧”分别译为“urgent”和“go and tell”，将“跳井，跳井”各自译作“drowning”和“in the well”。曹雪芹苦心经营的“谐音双关”在译语中可谓流失殆尽。窃以为，至少在这两个词语的翻译上，四位行家的译术比起林先生来就要逊色得多。难怪唐德刚在对赛珍珠说三道四的同时，也不得不承认“翻译本身又是件天大的难事”！

2009

六十　历史学家眼中的翻译

余英时先生虽然以历史学家著称，但对学术著作的翻译却有许多独到的见解。概括起来，大约有三。第一，摆脱“格义”的樊篱；第二，突破语言和文化的瓶颈；第三，具备足够的专业知识和母语修养。

余氏认为，以“格义”的方法即“以中国固有观念与佛教思想相比拟的方法”对东来的佛经进行移译，可以说贯穿着这项活动的始终。支谦按照这种潜规则进行运作，鸠摩罗什亦复如此，玄奘、义净和不空同样跃不出此种樊篱。于是在不少人看来，被划分为若干个历史阶段的佛经翻译其实都处在同一个“格义时代”之中。

输入西方学术与思想的率先者严复，贡献巨大，影响深远。其译书的目的“不是单纯地介绍西方的学术与思想，而是要唤醒国人怎样才能追求国家的富强”。故其所译多为节译、选译，且在译书中“颇多中西观念的比附”，其译法“正近于汉末到魏晋的‘格义’”。林纾的文学翻译，“虽自有其历史的与文学的价值”，但同样摆脱不了“初期‘格义’的色彩”。

尽管“格义”一法在佛经翻译的历史长河中发挥了重要的作用，但“毕竟不是翻译的正途”。近五六十年来，情形虽然有所改观，却尚未尽如人意。所译西方学术著作多是“个人的偶然兴到之笔”，且往往是“以西方一度流行的作品为主，未必都具有较永久的价值”。余氏由是呼吁学人以独立翻译莎士比亚的梁实秋为楷模，彻底摆脱“格义”的束缚，系统而大规模地移译西方学术经典作品，使西学在中国的传播迅速进入超出“格义”的“第二个历史阶段”。

余氏尤揭示，有些人认为以中文翻译外国学术思想往往遭遇两种瓶颈制约，一是语言，二是文化。所谓语言制约，首先是指中文单词含义太广，“其象征意义远非印欧语系中的任何单音节所能比拟”；其次是指中文“不易表达抽象和一般类别与通性的观念”，不仅名词对译常受歪曲，就连单纯译音亦会引发不必要的误解与联想。所谓文化制约，则是指中国人固有的家庭制度、道德观念乃至一般礼俗无不影响着其“对外国观念的了解与接受”。

余氏对这些说法颇不以为然，且从理论与实践的视角进行了批驳。以理论而言，这些说法实际上是源于某些现代语言学家和哲学家的影响。如沃尔夫(B. L. Whorf)与萨匹尔(Edward Sapir)认为语言的功能之一是表现其所属社会的共同世界观，由是不同语言之间几不能互译。奎宁(W. V. O. Quine)甚至提出了“翻译不定原则”(principle of indeterminacy of translation)，称“最极端情况下两种语言的所谓‘同义字’只是起于相同刺激(stimulus—synonymous)，至于这两个字的意指是否‘完全相同’，不但无法确定，而且也无法发现”。由此可见，翻译中语言与文化的制约是“所有自然语言无法避免的‘胎里病’，并非中文所独有”。即便如此，这些语言学家与哲学家并未“得出一个荒谬结论即翻译活动必须完全停止”。

以实践而言，从佛经到近代西方典籍的翻译无不表明，中文所遭遇的瓶颈完全可以通过努力予以克服。如隋唐时期中文与梵文已臻自由沟通思想便是一例。尤有甚者，在西方文化的影响之下，中文发展得更为丰富或曰面目一新，原来不大可能表达的观念亦逐渐可以清楚地呈现出来。毋庸置疑，中文完全能够承担翻译的任务。

翻译外国学术经典著作是一项十分艰巨的任务，因此译者务必具备足够的专业知识和母语修养。译者要译好这些经典著作，首先必须透彻了解这些著作及其文化背景，把握其中的精髓，方可进行准确的移译。换言之，译者必须在所属学科内受到一定的专业训练，才能做到“得心应手，出色当行”。当年的佛经翻译，情形正是如此，那些译经名家无一不是精通佛学的大师。恰如汤用彤先生所言：“古昔中国译经巨子，必须先即为佛学之大师：如罗什之于般若、三论，真谛之于唯识，玄奘之于性相二宗，不空之于密教，均既深通其义，乃行传译。而考之史册，译人明了于其所译之理，则亦自非只此四师也。”

其次，译者还必须克服这样一种偏见，即以为在翻译的过程中，只需注重内容，“至于文字的表现则属于形式的问题，不必过分注意”。其实不然，内容与形式乃不可分割的统一体。如果译者连普通的意思都难以用语言表达清楚，又怎么能传译高深复杂的学说呢？有鉴如此，译者务必切实加强中文修养，不仅使译文做到信和达，而且还应使译文“曲达原作自然风格”的最高境界即“雅”的水平。

古人云：当局者迷，旁观者清(those closely involved cannot see as clearly as those outside)。余英时先生站在历史学家的位置上，品评佛经翻译以及西方学术著作的翻译，故其所说有如洞若观火，良有以也！

2010

六十一　何兆武慧眼识译

历史学家何兆武先生，因为研究的需要，常常阅读他人翻译的经典文献。何先生凭着自己的一副金睛火眼，往往能在译文中发现这样那样的问题，而且毫不容情地予以披露。

比如他曾读过康德《历史理性批评文集》的三种英译本，一种是狄·昆赛译本，另一种是阿斯吉译本，再一种是贝克译本。惜乎，这些译本竟然“没有一种可以称得上比较忠实；狄·昆赛以名家见称，他的译本却最不忠实，最不可靠”。又比如他曾读过两名中国人于新中国成立前后分别翻译的康德《纯粹理性批判》，结果发现“这两部译文，中国读者读起来简直有如天书，比康德的原文还难懂”。

当然亦有与之相反的例子。如波·泰勒、拉瑟姆、考夫曼三人曾各自推出过《浮士德》的英译本。何先生一一细读之后，不胜欣喜地评价道：“泰勒的译文步用原韵，读来清新可喜；拉瑟姆的译本厚重有力，似更能传达原文的雄深气势；而考夫曼的译文出自哲人手笔，更能传达哲理的深度。”

对于译文中某些段落、句子乃至词语的译法，何先生同样予以细致地追究。如他在阅读《世界文明史》这一翻译巨制时，将一段译文“和讥其同类复复顿挫之的酸楚斯威夫特同属的一类，成就了莎士比亚的戏剧，巴特农神殿因其耸立，西斯丁教堂堂顶为之藻饰，即使它钉以十字架，却仍理想且珍爱基督，人类已成就以上种种，且莫去辜负他”反复读了好几遍，全然“不知是什么意思”。于是他毫不客气地批评道：这样的译文“怕是译者自己也不知所云。这不仅是译者的责任，主编和编辑怕也不得辞其咎”。

该书的译者还将书中引用歌德《浮士德》内的两行诗句“Das ewige Weibliche / Zieht unshenan”译作“上苍有好生之德 / 辅我助我永无尽期”。何先生指出，这两行诗句忠实的译文应该是“永恒的女性 / 引我们上升”，其中“‘永恒的女性’一词已是家喻户晓的口头禅”，译者将其倒腾成“上苍有好生之德”，真是“不伦不类，不知所云”。

康德论著中有一词“immer neuer”，有人将其译为“天天在翻新”，何先生认为“‘翻新’一词在中文中似往往带有贬义，如旧货翻新，花样翻新之类”；又有人将其译为“新鲜不断增长”，何先生建议“不如借用中国古语的‘日日新，又日新’，译作‘日新又新’”。

何兆武先生，1921年生人，祖籍湖南岳阳，西南联大历史系毕业，中国社会科学院历史所研究员，致力于中西思想史、历史哲学研究。先生曾翻译过三十余种西方经典著作，积累了十分丰富的翻译经验，由是能随时对译文辨误指讹，分出优劣，恰如杜工部所云“熟能通其窍，精能尽其妙”是也！

2013

六十二　徐迟和翻译

20 世纪 70 年代末，诗人徐迟曾以一篇报告文学《哥德巴赫猜想》震撼华夏大地，令举国上下都成了数学家陈景润的粉丝，几乎人人皆摩拳擦掌，欲以陈景润做榜样，为百废待兴、振兴中华作出一番贡献。徐迟本人更是被誉为杰出的文学家，一时走红大江南北。殊不料徐先生除作诗写报告文学之外，手中另有一门绝活，即翻译外国文学作品。

徐迟从事文学翻译始于 1933 年，其时先生刚刚步入一十九岁。先生翻译的第一篇作品是美国诗人维琪·林德赛的 150 行长诗《圣达菲之旅程》。同一年，他还翻译了赛珍珠的小说《二妇人》。两译均公开发表，由是一发不可收拾。在随后的几十年里，先生一直对翻译保持着一份浓浓的情意，先后翻译过海明威的《永别了战争》、荷马史诗《伊利亚特》、司汤达的《巴尔玛修道院》、梭罗的《瓦尔登湖》、泰戈尔的《艺术之意义》以及托尔斯泰的散文、雪莱的诗等。他甚至还将艾青的《雪落在中国的土地上》翻译成了英文。

徐迟曾绘声绘色地描述过自己翻译司汤达《巴尔玛修道院》的

情景：

> 我每天一清早进入大餐间，一直译到吃中饭。饭后稍稍休息一下，再接着译下去。头顶转着一个大的电风扇，就不怕天热了，一直又译到吃晚饭。有时晚饭后也译两三个小时。这部四十万字的长篇小说，我一个暑假里一口气译了出来。在中午感到困倦时，就把头放到自来水管子底下，用冷水哗哗地冲它两三分钟，好不痛快。然后，擦干了脑壳，回到餐厅里，继续翻译。实在也是原作太精彩、太迷人，我译得也就带劲。

长期的翻译实践，令徐迟渐渐形成了自己独到的翻译理念。如“好书要译好，只有好译本，才能风行天下，极一时之盛”。他举例说，“五四”以来，最好的译本首推周扬译的《安娜·卡列尼娜》前半部。译得极好，风靡一时。后来许多翻译家纷纷译出了这部书的后半部，但一直到现在，没有一种后半部译文在影响上能赶得上周译的前半部。文学翻译“是很奇怪的事情，有些确实是神来之笔，是不同凡响的”。

又如“翻译工作真是太难太难了。越是精彩的作品，越是难译”。他甚至认为“优秀的文学作品是绝不可能翻译过来的”。他言辞凿凿地指出：美国诗人惠特·别纳和中国学者江亢虎合译《唐诗三百首》，“仔细一检查，几乎没有一首诗是译成功了的，多数译错了，少数还错得很厉害”。

再比如，他主张“严复所提出的‘信、达、雅’三个字也可以颠倒过来，改为‘雅、达、信’，更好一些”。理由是“文学，本来就是一件‘风流雅趣’的事儿。社会科学的论文和译文，一定是要求严格的准确性，即‘信’。自然科学的论文及其译文更必须是精确得如同数学一样。而文学却首先要求传神，不光是要求形似而已，还要求神似。文学译文不光要‘信’，要‘达’，尤贵乎要‘雅’”。

作为一名文学家，徐迟深深感到自己在翻译实践中获益匪浅。他曾不无感慨地说：我在翻译海明威的《永别了战争》时，感到这位诺贝尔文学奖得主的语言风格实在是太独特了，可以说是开了一代文风。译完这部书后，“我自己的文风也受到启发，我力求用最少的文字来表达最多的感情”。

2013

六十三 《海上花》三遇知音

光绪十八至二十年(即1892至1894年)，江苏松江即今之上海，有一位名叫韩子云的人，以吴方言写了一部六十四回的小说《海上花》。是书梓行以来，前后引起了不少学人的关注，如孙玉声、雷君曜、鲁迅、胡适、刘半农、郑振铎、汪原放、张爱玲、阿英(钱杏邨)、王德威等。但若以"知音"二字论之，私心以为，以上多人中仅三人耳。

这第一位知音，毋庸置疑，当属鲁迅。先生20世纪20年代初执教于北大，讲授中国小说史，在讲义第二十六篇清之狭邪小说中，以两千余字的篇幅论及《海上花》，对是书作者生平、成书经历、写作特色等一一进行点评，称赞作者"记载如实，绝少夸张，则固能自践其'写照传神，属辞比事，点缀渲染，跃跃如生'之约者矣"。并从是书第二回、第四十四回中各择取一节，以为佐证。先生尤云上海此类小说虽多，但"终未有如《海上花列传》之平淡而近自然者"。1924年，先生将讲义以《中国小说史略》书名公开出版之际，甚至还在"后记"中自责"缘他事相牵"，未能对韩子云进行广泛深入的调查和研究。区区一语，足见鲁迅先生的拳拳之心。

能够坐上知音第二把交椅的则是胡适。1926 年，《海上花》以新版形式由亚东图书馆刊行。时任北大教授的胡适先生，笔酣墨饱，思绪万千，写了一篇长序，从四个方面对书和作者进行了全面的评价，终篇洋洋一万五千言，不失为中国现代书评史上的一朵奇葩。先生在序中无比热情地赞扬是书为“吴语文学的第一部杰作”、“第一流文学作品”。其“长处在于语言的传神，描写的细致”，“读时耐人仔细玩味，读过之后，令人感觉深刻的印象与悠然不尽的余韵”。先生尤感喟“鲁迅先生称赞《海上花》‘平淡而近自然’。这是文学上很不易做到的境界”。在序的末尾，先生更以其如椽大笔写道：“韩子云与他的《海上花》真可以说是给中国文学开一个新局面了。”如此绝伦的评价，焉能不说胡公乃韩君及其小说的肺腑知音？

《海上花》的第三位知音则非张爱玲莫属。张女士十三四岁时即是该书的至诚粉丝，及至成年，依然乐此不疲。尝谓中国的小说“发展到《红楼梦》是个高峰，而高峰成了断崖，但是一百年后倒居然又出了个《海上花》”。1955 年她致函胡适，称自己“一直有一个心愿”即将《海上花》“译成英文”，尽管这本小说“里面对白的语气非常难译，但是也并不是绝对不能译的”。20 世纪 60 年代，旅居美国的张爱玲获雷克德里芙资助，开始执笔英译《海上花》。二十年后，她又着手以国语即现代汉语翻译是书。无论是英译还是国语译，她都竭尽全力斟词酌句，力求准确传达原文神韵。国语译本完成之后，曾两度椠行。1983 年，是译三度面世，张爱玲撰有万余字的译后记，对小说进行了淋漓尽致的评说。末了，生性活泼的张女士尤不忘幽上一默，谓“这是第三次出版。就怕此书的故事还没完，还缺一回，回目是：张爱玲五详《红楼梦》 看官们三弃《海上花》”。至于她耗费了十余载心血的英译本，则遭遇厄运，不幸丢失，一直石沉大海。直到她撒手人寰两年之后，才由热心人士，踏破铁鞋，罄竭搜觅，方令译本失而复得。2005 年美国哥伦比亚大学出版社正式将英译本推出，终于了却了张女士的一桩“心愿”。从亭亭玉立的少女到白发苍苍的老媪，张爱玲对《海上花》始终不弃不离，如此善待一本书的情形，中外读书界能有几人乎？

区区一部《海上花》，鲁迅将其列入文学史册，胡适为其撰写万言巨序，张爱玲对其进行双语翻译，不仅仅表明他们是此书不折不扣的知音，更重要的是彰显出他们对中国文化遗产的无比钟情与高度重视。正是由于他们及其追随者的赓续努力，包括《海上花》在内的诸多中国文学作品，才能越出方言或文言的门槛，走向长城内外、大河上下的更多国人；才能转换为多种外语，东渡扶桑，西至欧美，南下澳洲，北达俄邦，令更多的外国友人广开眼界，使他们心悦诚服地认知：中华文明古国绝非一种虚构，而且这个古国未来的发展将会更加灿烂，更加辉煌！

2013

六十四　皖西二周翻译情

安徽西南的东至县出了两位名人，一位是长兄周一良，一位是二弟周珏良。兄是北京大学教授，以治历史见长；弟是北京外国语大学教授，以治比较文学著称。兄弟俩曾分别就读于美国哈佛大学、芝加哥大学。也许是这个原因，两人与翻译都有了情缘。一良先生亦善日语。为了纪念少时的启蒙老师张璐雪，曾将日本作家秋田雨雀的名作《大岛君》译为中文。信达雅兼而有之的译语，情深意笃，令读者无不为之动容甚至潸然泪下。先生不独擅长翻译实践，尤不乏翻译理念，曾毫不含糊地宣称“严格说起来，当然没有一部翻译作品能代替原文”。除此之外，先生还从纯文学、通俗文学以及语言史的视角对中国佛经翻译进行过精彩的点评，使人获益匪浅。

至于珏良先生，其对翻译的爱好，丝毫不让其兄。先生建树有三，一曰翻译实践丰厚，二曰翻译批评精确，三曰翻译理念独到。首先，以实践为例，先生不仅参与过《毛泽东选集》、《毛泽东诗词》、《周恩来选集》的英译，而且还将不少脍炙人口的英美文学名篇移译为中文，令热爱英美文学的国人读得如痴如醉。尤其是《贝多芬百年祭》（“Beethoven’s Centenary”）一文，译笔已臻化境，俨如原文作者萧伯纳在用中文写作一般。故是译足可与中国现代散文中的任何一篇美文比肩。

其次，以译评为例，先生对吴宓、穆旦、卞之琳、赵萝蕤以及霍克斯等人的诸多译本进行过评论，这些评论莫不鞭辟入里，一语中的。如他评价吴宓翻译罗塞蒂《愿君常忆我》“其实是再创造，黄山谷所说‘夺胎’、‘换骨’两法都用上了”。又如他评价穆旦的翻译“既严谨又流畅，诗意盎然，往往使人读来几乎不觉得是翻译作品”。他尤进一步分析出穆旦其所以翻译出色的三个原因，一是他的“文字功夫很深”，二是他具有“诗才”，三是他对所译作品“有很深的了解”。再如他对卞之琳以“顿”的方法翻译莎士比亚戏剧给予了高度评价，指出这种方法“把英语素诗体移植到汉语中来是成功的，译文中诗的部分是能让读者感到一种节奏感的”，因此不失为翻译的“一条新途径”。

北京大学教授赵萝蕤，曾以十载之力翻译美国诗人惠特曼《草叶集》中的长诗《我自己的歌》，是译于1987年公开椠行。珏良先生读后，无限感慨地评论道：赵教授“是学者兼诗人，十年辛苦，为译惠特曼的《草叶集》倾注了全部精力。她结合翻译与研究，并与国际上惠特曼专家切磋，在‘信、达、雅’上都下了大功夫，译本是少见的翻译杰作”。深信这个译本“不但对读诗的人而且对写诗的人也会是十分有益的”。先生对译者的关切和支持可谓溢于言表。

珏良先生对霍克斯翻译的《红楼梦》颇有一种浓浓的情意，常常将其置于案头，时时把卷吟诵。先生以为“霍译最大的好处在于它能传原书之神，读来往往使读者不觉它是翻译作品”，且称赞译者“多注重精神而不拘泥字面”，即不死译、不硬译，一心一意追求能够完全表达原著内涵的“足译”。先生以第39、40回为例，指出译者“译得笔酣墨畅”，将“原文的生动的描写，活泼幽默的散文风格”转换得十分“传神”，甚至“连原文的节奏都很能表达出来”，足见“译者对《红楼梦》原书理解之深”。先生尤其看好译者翻译的《好了歌》，认为“译文在总体效果上很近原文，在细节上也照顾周到”，不少地方译得“可谓巧极”。

最后，先生的翻译理念亦十分独到，特别是对文学翻译的看法堪称别树一帜。比如他将文学翻译分为两类文本。一类文本是帮助读者读懂原文的，这类译文“要一字一句紧贴原文，译文生硬一点倒不甚要紧”。另一类文本则是向不懂原文的读者提供的，这类翻译“整体的效果最重要，对细节准确的要求倒可以灵活一点”，只需“读者读后基本上能得到如读原文的效果或乐趣，也就是所谓‘效果对等’(equivalency of effect)”即可。先生称这类文本为“代替原文的译文”，翻译的方法有三：一是直译；二是“以原文为出发点，进行重写或再创造以适合读者的口味”，如不懂英法文的林纾翻译西方文学名著，不懂中文的庞德翻译李白诗歌，所用的便是这种方法；三是“既能紧贴原文，又有原著的总体效果”，如霍克斯翻译《红楼梦》，萧乾翻译《大伟人江耐生威尔德传》可称运用此法的典型。先生也许对这种方法情有独钟，竟至一次又一次亲自垂范，如他将庞德那首脍炙人口的小诗《巴黎某地铁站》译为：“梦幻众中面貌；黝湿枝上疏花。”并说“这个译文照顾到了原诗的短，意象的重叠和东方的情调(类乎俳句，也有中国旧诗风味)，离原文尚不甚远，方法似乎可行”。窃以为，译者若无原文的丰厚涵养，若无国学的坚实功底，焉能译得出如此“绝妙好辞”？

二周的父亲原为著名实业家，新中国成立后，曾官至全国政协副主席。换个角度说话，二周也算是地地道道的“官二代”了。可他们却一头栽进书堆，总日价与古书、洋书为伍，昕夕攻读，乐此不疲，为时人、后人留下了一篇又一篇、一本又一本的精神财富。单凭这一点，就令人对他们平添了几分敬意。

笔者握管之际，恰逢细雨纷飞的清明时节，凭窗纵目北眺，犹忆自己当年曾在未名湖畔、魏公村里流连忘返的种种，此后便一直躬耕于屈子流放过的汨罗江畔而无缘一睹二周的尊颜，遑论亲聆謦欬了。如今半个世纪过去，湖村依旧，人物全非，竟只能以此区区两千字的小文对久逝的他们表示遥远的追思，实在是歉歉然，又凄凄然矣！

2013

六十五　牌戏人生

以九十一岁高龄辞世的翻译家傅惟慈，生前特别欣赏剑桥大学高材生即印度前总理尼赫鲁的一句名言："人生如牌戏，发给你的牌代表决定论，你如何玩手中的牌却是自由意志。"到手的牌好，玩得差，便成了输家；到手的牌差，玩得好，转危为安，反倒成了赢家。傅惟慈手中的牌差的多，诸如出身非红五类、读过旧大学、名列臭老九等，每逢政治运动来袭，他总是处于劣势，后来居然被赶下大学讲坛，发配到资料室打杂。不过他手中毕竟还有两张好牌，一张是懂德语，另一张是懂英语。依靠这两张好牌，他翻译了德语名著《布登勃洛克一家》和英语名著《月亮与六便士》，及至晚岁，他更是成为了翻译英国当代文学家格林的专家。从此他步入著名翻译家的行列，成了牌戏人生中不折不扣的赢家。

与傅惟慈命运庶几近之的 1928 年生人王智量，三十岁那年被发了一张差得要命的牌："右派分子"！由是成为地地道道的专政对象，"从此妻离子散家破人亡二十年"。有一天，他在一条大河边上坐了足足一个小时，打量着波涛汹涌的河水，心想，只要往下一跳，便一了百了。但转念一想，那岂不成了彻头彻尾的输家！打那以后，无论是在西北高原当农民，还是在上海码头当搬运工，他一直悄悄地玩转着手掌里那张精通俄语的好牌。豆油灯下，他不忘打造普希金；烟盒纸上，他随时锤炼托尔斯泰；黄浦江畔，他抽空思索屠格涅夫。就这样一天一天地拼搏，一点一点地积累，他译出了《上尉的女儿》、《叶甫盖尼·奥涅金》、《安娜·卡列尼娜》、《贵族之家》、《前夜》等。待到乌云扫除，红日高照，年届半百的王先生终于熬成了一名堂堂正正的赢家。

年长王智量一岁的吴钧陶手中握有两张足可夺人前程的差牌：少年时患骨结核病，从此行走不便；中年划右，从此厄运不止。可他也有两张能够进行垂死挣扎的好牌：精湛的中国古诗修养；娴熟的英语运用能力。凭借这两张好牌，他在艰难困苦的环境中，先后翻译了狄更斯的《圣诞故事集》、马克·吐温的《十九卷集》、史蒂文森的《错箱记》、狄更生的《诗选》、富勒的《十四行诗》以及《艾丽斯奇境历险记》等，尤有甚者，他还英译了杜甫的诗歌、鲁迅的诗作和唐诗三百首等。经过二十余年的奋力拼搏，最后终于转败为胜，赢得了中国资深翻译家的桂冠，攀上了帕尔纳索斯山上的圣地。1990 年岁末，笔者曾忝列北京召开的中国首届中译英学术研讨会，有幸与吴钧陶同住一间套房。先生举止谦虚有礼，说话和蔼可亲，没有半点名士的派头。他甚至还将自己的大会发言稿塞给我，嘱我无论如何要提几点意见。我把他那书写工整的发言稿从头看到尾，又从尾看到头，以我当时的水平，除了连连称好之外，实在提不出丝毫意见。会议结束的前一夜，他赠我一册他创作的诗集《剪影》作为留念。日前，我从自己的书架上抽出这部书香浓浓的诗集，轻轻地将它一页页翻阅，那一行行动人的诗句顿时令我深深地感悟到：牌戏中，善牌者，尽管为劣势所困，照样能够突破重围，稳操胜券；人生中，意志坚强者，即便跌至最低谷，也完全可以化险为夷，竟至“会当凌绝顶，一览众山小”！

2014

六十六　日夜江声下洞庭

南岳衡山山脉七十二峰。第七十二峰便是长沙岳麓山，山上一宫，宫中一联，曰：西南云气来衡岳，日夜江声下洞庭。想不到这副对联居然和著名诗歌翻译家杨德豫有着深深的瓜葛。

1949年，百万雄师过大江，身着解放军戎装的杨德豫与两位战友商定，从此以“江”为姓。由是杨德豫变成了“江声”，这两个字即是源于岳麓山上的那副对联。打那以后，作为长沙人的杨先生，其翻译的诗歌，果然如滔滔的江水从他的笔端不断流出，英伦三岛和美利坚的诸多诗人，如莎士比亚、华兹华斯、拜伦、柯尔律治、朗费罗，一个接一个地展示在中国诗歌爱好者的眼前，令他们看得流连忘返，如痴如醉。

杨德豫翻译的诗的确出色，竟至连当代诗歌翻译的头号人物卞之琳都不得不承认：杨的译著代表了“中国译诗艺术的成年”。老人家甚至还不无感慨地宣称：有些英诗汉译“我不如杨德豫”。1998年，杨公以《华兹华斯诗选》译本拔得第一届鲁迅文学奖文学翻译彩虹奖的头筹，业内人士无不为之叹服。

杨德豫何以如此会译诗？答案是他能奉雪莱的主张为圭臬。雪莱称："译诗一定要用与原诗同样的形式来译。"杨公认为，以中文翻译英文格律诗必须坚持两点。一是以顿代步，即每行译诗顿数与原诗步数一致；二是译诗脚韵安排，即韵式完全依照原诗。如果这两点做到了，原诗的音美即"整齐匀称的、疾徐有致的鲜明节奏，适应于思想内容需要的多样化的优美韵律"便可以"尽可能相似地"在译诗中再现。一向实事求是的杨公也不得不承认，诗歌翻译要完完全全做到如此两点，往往"存在着客观的困难"，有时候出于无奈，也只好"运用'灵活性'来搞一些例外"。

这里不妨以杨公翻译的拜伦《哀希腊》第一、二节为例，来领略一番他的译诗艺术。先看原文：

The isles of Greece! the isles of Greece
　Where burning Sappho loved and sung,
Where grew the arts of war and peace,
　Where Delos rose, and Phoebus sprung!
Eternal summer gilds them yet,
But all, expect their sun, is set.

The Scian and the Teian muse,
　The hero's harp, the lover's lute,
Have found the fame your shores refuse:
　Their place of birth alone is mute
To sounds which echo further west
Than your sires' "Islands of the Blest"

再看杨公的译文：

希腊群岛啊，希腊群岛！
　　你有过萨福歌唱爱情，
你有过隆盛的武功文教，
　　太阳神从你的提洛岛诞生！
长夏的阳光还灿烂如金——
除了太阳，一切都沉沦！

开俄斯歌手，忒俄斯诗人，
　　美丽的竖琴，恋人的琵琶，
在你的境内默默无闻，
　　诗人的故土悄然喑哑——
他们在西方却名声远扬，
远过你祖先的乐岛仙乡。

杨公译诗果然出手不凡。以押韵而言，译诗堪称对原诗亦步亦趋。第一节中一、三行“岛”和“教”押韵，二、四行“情”和“生”押韵，五、六行“金”和“沦”押韵；第二节中一、三行“人”和“闻”押韵，二、四行“琶”和“哑”押韵，五、六行“扬”和“乡”押韵。以音步而言，原诗全为四步，可谓步步为营，译诗则全为四顿，堪称顿顿相扣。不懂原文的读者，读了这样的译诗，一定会赞不绝口：拜伦真不愧为天底下了不起的诗人！懂原文的读者，将原诗与译诗细细比照，也一定会从内心深处发出感叹：出入皆成化境，仿佛是拜伦在用中文写诗！真好比刚刚饮了一杯白兰地，沁人心脾；而今又一壶龙井在手，清新隽永。

日前，我曾站在七十二峰上极目北眺，仿佛看到这位乡前贤，正驾着黄鹤从汇有湘水波涛的长江腾空而起，朝西缓缓遨游。一路走好啊，敬爱的家乡人！你留下的译诗将是中国学人的文化遗产，你留下的译艺将是中国译人学习的典范。译人的故土不会喑哑，译人的名声像长夏的阳光，灿烂如金，四处远扬！

2013

六十七　汤一介和一本译著

1950年春天的一个黄昏，北京大学沙滩红楼前，时为北大中文系二年级学生的乐黛云，将一本薄薄的小书郑重地递给时为北大哲学系三年级学生的汤一介，并深情地说：这是一本好书，可得认真地读一读啊！

这本好书乃是一本译著，书名为《绞索套着脖子时的报告》，作者系捷克人伏契克，译者为刘辽逸，三联书店出版。汤一介回忆说："当天晚上我就一口气把这本书读完了，书中表现的对人类的爱，对理想的忠诚，使我大为感动。我把这本书读了好几遍，其中一段话我几乎可以一字不漏地默诵出来。"汤先生所指的这段话源于该书第二章，内容为：

> 我爱生活，且为之奋斗。亲人们，我爱你们，如果你们能以同样的爱回报我，我将倍感荣幸；如果你们不能理解我，我将格外难过。如果我曾得罪过谁，请你们予以谅解；如果我曾安慰过谁，请你们渐渐淡忘。千万不要将我的名字与悲伤连在

一起！这便是我和我的妻子给所有亲人们的告别遗言。如果哭泣能够减轻你们的哀思，不妨赠我一掬泪水。亲人们，一定不要难过。我为欢乐而降生，我为欢乐而离去。当我化作一抔黄土之时，希望缭绕四周的不是悲伤，而是无尽的欢乐。

汤先生曾动情地表白："我每次读到这里时，禁不住热泪盈眶"，"似乎精神境界有一个升华，可以说我有了一个信念，我应作一个热爱生活、热爱人类的人"，拥有自己的理想和抱负。然而内地由于长期的折腾与动荡，他的这些想法仅仅只是一厢情愿而已。直到20世纪70年代末，历史发生根本转折之后，汤先生方才将自己的信念和理想化作现实，创造出了一片耀人耳目的辉煌。

细细盘点，这些辉煌似可一分为四。一曰从事研究，二曰撰写论文，三曰创建书院，四曰编纂儒藏。汤先生的研究涵盖魏晋玄学、传统哲学、中国文化以及弘扬国学。他提出的以"天人合一"、"知行合一"、"情景合一"三个基本命题来表达真善美的观点，赢得了哲学界的一片赞誉。他主张的"一方面要弘扬自己的传统文化，另一方面也要不断吸收其他的优秀文化"的说法，恰似暮鼓晨钟，令国人时时警醒。汤先生的著述则有如汗牛充栋，论文百余篇，专著十一本，其中一本系先生以英文撰出。所有著述全是"在认真掌握材料的基础上，经过自己的思考和认识水平"写出来的，完全不是"违心的、应景的和教条式的"文章。

创建中国文化书院更是一桩盛举。1988年，汤先生和冯友兰、季羡林诸前贤携手合作，令书院拔地而起。汤先生尤被推举为首任院长。二十余年来，书院举办过讲习班、进修班、讲演会和国际学术会议，取得了良好的效果。书院还编辑了《中国文化书院文库》，其中《中国文化研究年鉴》、《中国文化与文化中国丛书》、《港台海外中国文化论丛》等已正式出版，产生了极大的影响。2010年，书院又成立了文化发展研究院，旨在深入研究中国文化，探讨后改革开放三十年的中国文化走向，力争为中华民族全面崛起作出更大的贡献。

编纂儒藏，无疑是中国文化史上的一枝独秀。2002 年，汤先生提出建议，次年被任命为总编纂，第三年衔命举锹破土动工。十年间，《儒藏》“精华编”由北大出版社正式推出一百册，篇幅六千余万字，收录中国经典儒学文献五百余种。2014 年初夏，汤先生在一次公开场合宣称：“只要一息尚存，便要为儒藏编纂竭尽全力！”三个月后，汤先生以八十八岁高龄辞世，依依不舍地告别了这项巨大的文化工程，实在是“春蚕到死丝方尽，蜡炬成灰泪始干”啊！

一本薄薄的译著，不仅是汤乐伉俪的一件信物，更重要的是它居然成了汤先生直面人生的一种精神力量。由是观之，此书的作者和译者，真是功莫大焉。如今伏契克、刘辽逸、汤一介在九泉之下相聚了，他们也许在相互赞赏，也许在相互感激，也许在相互研讨。毋庸置疑，三者滔滔不绝的话语中，一定充满了久别重逢的喜悦和无穷无尽的欢乐。

2014

六十八　劫后辉煌

“文化大革命”的熊熊烈火曾燃烧达十年之久。期间，不知有多少历经千百年的文物古迹毁于一旦，不知有多少值得永久保存的文书笔札付之一炬。前者往往是造反者所为，后者有时也难免是蒙难人的一种自保。但亦有不少人，在“最后一分钟”，果断地将一些文物，特别是将那些珍贵的书札加以保藏，使它们免受了火焚的劫难。罗新璋保藏傅雷信函便是一例。

1967年冬天，罗新璋、高慧勤伉俪被好心人告知，他们可能会有抄家之灾，原因是高老师的父亲有所谓“历史问题”。罗、高二人环顾空空落落的斗室，坦然地说：我们两个穷书生，生在旧社会，长在红旗下，有什么东西值得一抄？不过细心的高老师还是想到了傅雷的几封书信和经他修改的译稿。倘若被翻了出来，无疑是一桩“罪证”。于是二人忍痛将其火焚。当一页页的纸笺投入火中化为飞灰湮灭时，罗新璋将傅雷1963年1月6日的那封信函，看了又看，抚了又抚，刚要掷于火中，又慌忙缩了回来，如是者再三。最后，勇敢战胜了怯懦，他将此信迅速地塞进了棉裤口袋……

十年之后，邪恶的罪火终于为圣洁的甘霖浇熄，免于焚毁的宝物很快又重见天日。罗新璋保存的傅雷书信于1979年全文刊布在《读书》杂志上。傅雷那些别具识见的翻译理念终于得到了充分的张扬。随后，罗新璋写出了一篇又一篇的妙文，令译坛受到了一次又一次的感动，如《读傅雷译品随感》、《我国自成体系的翻译理论》等。

由是商务印书馆决定请罗新璋编辑一部翻译论文集。正值盛年的他欣然应诺。从此寝馈于斯，昕夕劳作，遂于1982年岁末完成，1984年5月椠行，印数整整一万册，书名为《翻译论集》。辑录的文章上起汉朝，下迄20世纪80年代，跨越的时空几近两千年。

这本被许国璋誉为“同类书中编得最好的一本”论集，霎时间变得洛阳纸贵，很快便销售一空。如今虽匆匆二十余年过去，翻译界同仁，尤其是攻读翻译方向的硕士生、博士生，仍然视其为“译坛圣经”。

去年，我参与某高校英语硕士毕业论文答辩。某生文中多处援引《翻译论集》内的文章。我问她：你果真见过此书？她答道：我从图书馆借出，将它全部复印了。答辩结束后，我告诉她，这本书可能会重印。她听后，欣然一笑，接着毫不犹豫地说：我一定会设法买一本珍藏。

2009

六十九　走进罗新璋书房

终于如愿以偿，进到了罗兄的书房，时在2011年5月23日上午八点多一点。书房有两间，面积都不很宽敞。每间书房朝北都有排墙的玻璃书柜，书桌旁又有小书柜。罗兄本来占南书房，旁有两只三格齐腰小书柜，装的全是中外文字典。台湾翻译家黄文范说，搞翻译至少要备一百本字典，想必罗兄信之。靠里一柜，是外文字典，主要是英文牛津袖珍本Peter Robert词典、《法汉大词典》之类工具书；靠外一柜，几乎全为台湾编《中文大词典》四十册所占。大陆后出的《汉语大词典》卷帙浩繁，因空间有限，只好割爱。罗兄的藏书虽然堆积如山，却没有什么宋版元椠，全是与学习、工作、兴趣有关的实用书。罗兄不抽烟、不喝茶，就喜欢跑书店。如今即使年逾古稀，依然乐此不疲。凡去建国门社科院外文所办事，他总要抽空到王府井书店或商务涵芬楼，再远就是美术馆北的三联书店看上一看。除书店以外，便好像没有更好的去处。罗兄说"文革"前，唱片门市部与书店分开，每月省点钱，四元一张的密纹唱片偶尔也买上一二张。现在书店也卖音像制品，王府井书店地下一层，外文书店三楼，中外CD、琳琅满目。罗兄的藏书中，CD亦占一隅，以西方古典音乐为主，尤其是肖邦，第一第二钢琴协奏曲，名家演奏，不怕重复。为纪念肖邦二百年诞辰，著名钢琴演奏家邓泰新推出《肖邦全集》，不算贵，但不买，因为没空听全集。至于中文书，他也几乎不买全集。曾经很想备齐四史，估计没时间全读，仅备一二选本而已。也曾有过通读太史公的设想，恨无时间，仅仅限于翻翻王利器的《史记选注》、黄祖谦的《史记节译》以及《选评〈史记菁华录〉》而已。中华版《苏轼文集》六册、《苏轼诗集》八册倒是很齐全，因罗兄的夫人高慧勤老师生前特尊仰东坡学士。只要有可能，她总是要看自己的书，干净！这样一来，书就买得多了。罗兄带我看高老师的书房，说藏有最具价值的一套书——《森鸥外全集》，日本岩波书店于20世纪六七十年代出齐，全三十八卷。每卷都很厚，一本本叠起来，足有一米七以上。森鸥外(1862—1922)是日本浪漫派文学先驱，曾赴德学医，1890年返日，业医之余，将自己旅德经历写成《舞姬》、《泡沫记》、《信使》三部曲，一举成名。后来还写有中篇小说《雁》及历史小说《山椒大夫》、《鱼玄机》等。这套全集不仅收有森鸥外的小说、评论、翻译、日记，连军医报告、医学文章，片言只字，收了个全，可谓巨细靡遗。高老师翻译《舞姬》时，发现原作出现了一个错字。日本学人知道后，不无钦佩地评论道：这个笔误，日本学界百年来一直没有发现，却让一个中国人指了出来，了不起！日本一藏书家藏有此全帙，觉得对高老师或许更有用处，遂分四箱寄赠过来。这位藏书家很谦虚，书上没留下名字，只在第三十八卷卷末，写上了“75、7、12、神保町　信山社、Tokyo”等字样，估计是最后一卷置办的时日。全集卷帙浩繁，印制精良，当年印数不会太多，对森鸥外作精深研究的人，或许能从中发现点新材料。罗兄说，如今高老师走了，自己也用不上，只求能找到好归宿，愿无偿出让。其他的日文书，弃之亦可惜，只好任它们静静地占着书柜。这样也好，可以拒绝新书的源源进驻。

罗兄书房中所有的书柜、书桌、书架都十分普通甚至有点陈旧，与时下的豪华气派全无瓜葛。除了堆得满满的书之外，书房中再无其他装饰物。兄尝云自己藏书多达八千册，虽处理掉了一些，现存的数量估摸仍然不在其下。我将两间书房反复打量，觉得情形的确如此。

罗兄指着书柜说“想要什么书随意拿走好了”，但我却不敢有半点造次。他也许猜到了我的心思，便从书架上取下两本厚厚的《诗书画》送到我手中，说：“这是今年出的两本杂志书，里面有不少书法精品，旧的如黄宾虹傅雷之间的函牍往来，近的如陈振濂的小楷等。”兄说他是第一次看到陈的名字和书法，深感其小楷自具笔意，以秀逸胜，十分难得。为看字，兄将两本刊物中所刊书法作品，特别是黄宾虹、傅雷、陈振濂三人的作品指读一过。兄对傅雷的书法似有一种特殊的感情。他认为傅雷早期的字比较张扬，字体长长的。20 世纪 50 年代中期以后，因为受到压抑，韬光养晦，低调，字体变成扁扁的。由此可见，书法与心情有着密切的关联。罗兄的这种说法，不失为一种高见。

说话间，罗兄从厨房沏来一杯柠檬茶。我喝了两口后，问道：你年轻时曾花费很长一段时间将傅雷译文抄录在法文原版书上，可否将这些实迹供我一观。罗兄立马从小书柜中搬出两函书来，我数了一数，一共有十九册，每册书都用浅黄色的包书纸包着封面。罗兄说，内中缺一册《于絮尔·弥罗埃》，给上海南汇文化馆傅雷展室要去了。

我轻轻地翻开发黄的书页，只见一行行细小的钢笔字抄在法文的行距之间。其时罗兄刚刚从北大毕业不久，阴错阳差，分配到国际书店工作。白天和一沓沓的订书单为伍，唯有下班之后，方能就着高悬的电灯，将傅译一字一句地抄在自购的法文原著上。罗兄说，自己法译中的一点小本领，就是用这种笨办法学来的。罗兄苦读苦抄之日，正是国家三年困难之时，身高一米七几的他，兴许就靠专心抄读来打发饥肠辘辘、心情不展的岁月的。可以想象：他一边默默地细读着优雅的法文，一边津津有味地欣赏着传神的译文，又一边手不停挥地急速抄写出一个个的蝇头小字。其情其景，恰似一头负重的骆驼，在漫漫的译途上，辛勤而坚忍地跋涉着。谁又曾料到，就在这一吟一抄的运作流程中，一位精熟傅译笔法、前景看好的青年翻译家正在呼之欲出呢！四年读一经，终于"满师"。孰料这位有志于法译中的习艺者，却因工作需要，被派往外文局参与编辑《中国文学》法文版，专搞中译法。又是学非所用，用非所学！罗兄由是自叹，书未译得几本，成了没有翻译作品的翻译家。

我将这十九册法文原版著作随意翻阅着，蓦地在一本书的扉页上看到几行钢笔题词：

成功的花，
人们只惊慕她现时的明艳！
然而当初她的芽儿，
浸透了奋斗的泪泉，
洒遍了牺牲的血雨。

60、4、30

这是冰心《繁星》里的小诗。罗兄将其抄录于此，可以看出他刚毅的决心："奋斗的泪泉"、"牺牲的血雨"必定会开出"明艳"的"成功的花"。果然，二十五年后的1985年1月24日，他又将是诗在同一扉页上重写了一遍。其时，兄已经译有《巴黎公社公告选》、编有《翻译论集》、撰有《我国自成体系的翻译理论》行世，成功之花已经在望。

罗兄于20世纪90年代末从劲松搬到西坝河。正是这一次搬迁，才使工作了四十年的他和高老师真正拥有了自己的书房。2008

年初，高老师驾鹤西去之后，兄便独自一人在两间书房中轮流穿行。从20世纪90年代末到现在的十多年当中，他在书房里操觚弄翰，伏案耕耘，青灯黄卷，赓续不断，不仅译出了“特罗亚传记文学精品珍藏本”之一的《不朽作家福楼拜》(2001年由世界知识出版社出版)，而且还完成了《特利斯当与伊瑟》、《列那狐的故事》两译本的校正(2000年由人民文学出版社再版)。2009年，《列那狐的故事》被列入“30年最具影响力的500种提名书目”，受到了世人的充分肯定。那本被人誉为“艺冠群译”的《红与黑》，1994年由浙江文艺出版社初版之后，又在书房中几度推敲校改，且先后为北京燕山出版社(2003年)、中国对外翻译出版公司(2009年)再版，同时被教育部(2003年)选定为中学生课外读物之一。此外，他所编纂的《翻译论集》修订本也是在书房中增删竣稿的。是集曾被翻译界的人士称作“译坛圣经”，2009年以修订本的形式再度梓行时，和1984年初版的情形一样，书刚上架，即刻告罄。此外，罗兄在台湾编的《古文大略》亦是在这间书房里最后杀青的。这部为“外语学人备览”的精选之作，2006年由长江文艺出版社椠行之后，便受到外语学人的青睐，而且在网上也有好评。可惜如今人们读书的时间少了，看古文的人更是日有所减。但愿这种现象能随着此书的再版而有所改观。

我还发现罗兄书柜的玻璃门页上贴有“古文大略”四个行书大字，笔法遒健，儒雅端秀，这兴许是他对是书格外垂青的一种表示吧。罗兄告诉我，他少时曾临赵孟頫，中年以后改写文征明。眼前的四个大字当是衡山老人的集字。

时间过得真快，一眨眼工夫便到了中午时分，罗兄邀我和随访的山荆外出就餐，并顺手递给我一个印有人民文学出版社字样的纸袋，我接过来，将罗兄赠送的两大本《诗书画》装进袋内，随后又拿出相机在书房中快拍了几张照，这才依依不舍地离开。从照片上看，罗兄书桌乱成如许乃尔，用时只需推出一张A4纸大的空间便可。我真有些怀疑，在这一小块豆腐干里，罗兄是怎么做出大学问来的？但这是最自然状态的书桌，也是我所看到的最乱书桌。一眼望去，觉得真不失为罗兄书房中的一道亮丽风景线！

2011

七十　电话那端的罗新璋

近年来，经常和罗新璋先生通电话。有时候是我打过去，有时候是他打过来。电话那端的罗兄能不时向我传递许多新信息。或者是学人逸事，或者是他自己的思辨理念，往往使我视野开阔，获益匪浅。现不妨选取若干公之于众，以示资源共享。

2008 年 6 月 25 日

编《翻译论集》纯属偶然，写《我国自成系统的翻译理论》一文亦纯属偶然。《翻译论集》编就之后，出版社要求有一篇序。于是将自己多年所写的有关我国翻译理论的读书笔记和心得，按古代、汉唐、清末民初、现当代几个时期加以梳理，并将道安的“案本而传”、严复的“求其信已大难矣”、傅雷的“应当象临画一样，所求的不在形似而在神似”、钱锺书的“不因语文习惯的差异而露出生硬牵强的痕迹，又能完全保存原有的风味，那就算得入于‘化境’”简化为“案本、求信、神似、化境”八个字，作为中国近两千年翻译理论史的核心，由是形成一篇万余字的长文。

傅雷故乡的南汇中学更名为“傅雷中学”，邀敝人参加挂牌典礼暨读傅雷家书演讲比赛，可谓盛况空前。回京后，请柳鸣九等人一同小酌。此前，柳曾与敝人有过南汇一行，此番旧事重提，不免又是一番感慨。钱锺书的故乡无锡亦有“钱锺书纪念馆”，无锡方面有意造势，杨绛遵照钱先生的意思，一直低调应付。有一次敝人拜访杨，老人家将钱先生从未穿过的一件羊毛背心相赠。一直收藏着，难得的纪念物啊。

7 月 5 日

《翻译论集》修订本仍在校订中。西方翻译理论对中国其实并未产生真正的影响。如“等值论”，简直就是不可能的事。阁下不妨写上一文印证一番。

吴添岳撰文，议论北京放鞭炮，难以煞尾，敝人建议借鉴法国的狂欢理论，由是成就一篇美文发表在文汇报上，得了一笔不菲的稿费。吴表示感谢，敝人开玩笑说，请餐便饭最好。

8 月 15 日

外文局编辑出版的刊物只剩下《今日中国》，原名《中国建设》。《中国文学》已停刊多年，译文质量是其中的一个重要原因。当年敝人在此间工作时，将中译法的初稿交法国专家修改润色。结果发现，不懂中文的法国专家修改得比懂中文的法国专家好得多。懂中文的法国专家往往将初稿修改得更中国化，简直不可思议。

施康强的中译法很不错，超过法译中。

9 月 24 日

柳鸣九北大毕业后分至中国科学院社会科学部，在这里受到过严格的训练，由是善思辨、擅笔墨。一件事，普通人至多只能写上三五千字便已经十分了得。可到了柳的笔下，常常写到三五万字犹欲罢不能。

又吴匡复系北大同届同学，学的是德语专业，毕业后就职于上海外国语学院。此公以治德国文学见长，著有两部专著，不独大陆椠行，台湾亦同时推出繁体字本。

2009 年 1 月 22 日

世界上好多事情的成败常常取决于最后一分钟的决断。“文革”中，敝人在关键的最后一分钟，果断地使傅雷 1963 年 1 月 6 日谈翻译一信免遭火焚。从而让傅雷晚岁精彩的翻译理念得以流播。如果仅凭回忆，而无文字证据，说服力就大打折扣了。可见当时那一分钟是何等关键。

夫人高慧勤，北大日语专业毕业，口语纯正娴熟，本来有可能分配至中央人民广播电台工作，也是因为父亲的所谓历史问题而改派到其他单位。后调中国社会科学院担任东方文学室主任。译有不少日本文学作品行世。

又张广达《史家史学与现代学术》一书甚好，值得一读。

5 月 19 日

寄给阁下三本书：杨宪益《银翘集》、汪荣祖《史学九章》、葛兆光《思想史研究课堂讲录》。另光盘两张：肖邦钢琴经典、当代京剧名家唱片系列李佩红专辑。

汪著第九章“槐聚说史阐论五篇”专讲钱锺书，值得好好一读。葛著引言“近年来文史研究领域的新变”颇有深度，亦值得一读。演奏肖邦者名叫 Dang Thai Son，越南人，其母为法国人。李佩红是北京京剧界当红的旦角，唱腔甜美，很有个性。阁下茶余饭后，不妨将两张光盘看一看，听一听。

6 月 3 日

中国对外翻译出版公司拟椠行敝人翻译的《红与黑》。正在对译文进行修改，将其中的“本份”一词改为“本色”，且加注：“译者后于作者：籍后知之明（此五字系借用汪荣祖的话）求超越之胜；译而优则存，译而劣则亡。”烦阁下能对注中的用词代为推敲。

6 月 28 日

北京天气热得不行，最高达 42 度。有一晚连醒三次，汗衫湿透，换了三回。

还在继续修改《红与黑》，其中一处“脆弱的女人”改成了“女人不强”。

友人中有一君系中译法高手，曾将一部中文名著译为法语，获得了法国的一项大奖。虽然所得仅是一纸证书，可这薄薄一纸却是价值连城啊。人世间许多事情是无法用金钱来衡量的。

7 月 23 日

北京气温维持在 35 度以上。昨日多云，大大地影响了观日食。今天又下起雨来了。

翻译《红与黑》，浙江本是初译，燕山本重在解决理解中的问题，故作了较大的修改。这次的中国对外本，重在解决表达问题，因此改动亦不少，如对“的”字的处理等。1991 年应浙江文艺出版社之邀，始译此书，一路走来，整整一十八年了，从来谈不上很满意。

8 月 15 日

《红与黑》浙江版没有赠给钱锺书先生。钱先生一般情况下总是直接读原文。他的法语好得很，语音语调，字正腔圆，我们这些法语专业出身的人都自叹不如。钱的德语也很好，在清华时和季羡林同学，一起学过德语。

8 月 26 日

《红与黑》修改完毕，已交稿，估计今年 11 月份可出书，届时一定奉赠一册。

南京师范大学邀讲学，时间一学期，每周二学时。本周日动身前往。

11 月 27 日

杨宪益先生走了。他父亲曾在天津任银行行长，家境富有。小时候家里专门请了家庭教师教他学古文。翻译《红楼梦》，是作为任务派给他的，实际上非其所好。他一般只译出初稿，由戴乃迭加工润色。杨的工具书不多，好像只依靠一部小型牛津词典。

"文革"中，杨戴两人各以间谍罪被捕，但均不知对方在坐牢。杨蹲的是大牢房，即二三十个人关在一间牢房中。杨完全凭记忆背诵出许多古典诗词，然后将这些诗词教给牢友。

杨本可以参与毛选英译，由于诸如此类的原因而未能加入。夫妻二人好酒，可空口喝上许久而无须任何其他食物相佐。杨似乎不很用功，全凭天赋。2007 年曾去探视过一次，杨以一词典相赠。问杨是否记得名字，杨立马在词典的扉页处写上"新璋先生惠存"等字样。杨的女儿很孝顺，替年迈的父亲购置了一处宽敞的住所并雇男女保姆各一人。女保姆负责饮食，男保姆负责起居和晚间小解等。

2010 年 1 月 1 日

在南师大一晃就是半年，过得很愉快。打算元月九号返京。

一边讲学，一边读书，感到中西学问各有特色。西学讲究一个"新"字，中学讲究一个"国"字。

2 月 8 日

将按要求的册数奉寄《翻译论集》修订本四本，一本赠阁下，另请告以其他三人的大名，以便题签。此书初初一读，便发现五处错误，真是奈何不得。

上海世界书店出《傅雷文集》，邀请参与审定，明日将去参加在京举行的讨论会。

3 月 3 日

《翻译论集》已经寄出一周，不知收到否。

社科院领导向杨绛先生拜年。顺便谈及如何组织钱锺书先生百年诞辰纪念。杨说钱先生生前一贯主张低调。院领导决定出一本纪念文集，杨表示同意。不久杨先生打来电话，邀请敝人写一篇纪念文字并代表钱先生先行感谢。

钱锺书与解构主义似有瓜葛，据说解构主义一词系由钱先生译为中文，请阁下在网上代为搜集相关资料。

3 月 20 日

搜集的钱锺书与解构主义的资料收到了，非常感谢。

这几天一直忙于审阅冯世则先生的科研课题结题论文，全文长达一万余字。冯先生，1924 年生人，今年八十有六了。老当益壮，令人感佩。

此外便是校译北大一位老同学的《福楼拜通讯集》译稿。老同学北大毕业后供职于外交部，极善言辞，有“常有理”之绰号，惜乎仕途不畅，不然又一乔冠华矣。此公现患有老年退化症，记忆力大减，出版社只好请人代劳。先是请定居广州的一位北大老同学帮忙。这位老同学看了两三页，便觉头疼，认为译文不达，难以卒读，遂坚辞。出版社无奈，只好找敝人帮忙了。其初稿与改稿均在同一页纸上，字小纸薄，看起来的确很吃力。二十余万字的译稿，重达两斤有半。每次从出版社携出十来页，带回家中校改。与其说是校改，不如说是重译。此事还不能让译者知道，以免其不悦。

老伴走后，一日三餐，十分简单，早餐面包牛奶，中晚餐有时就一块饼打发。每晚仍十一时左右就寝。

5 月 29 日

前不久，在新华书店看到一本书，书名为《译文观止》，黄忠廉等人编著，2009 年语文出版社出版，翻开一看，序文作者居然是敝人。这才记起是当年黄君拜托写的。于是去信讨书，总算寄来一本。作序时，替序安了个题目，曰“汉语的华茂与技法的精工”。序中提出了“理论翻译学”与“应用翻译学”这样两个概念，且以为后者是前者的凭借与基底。王夫之云“有形而后有形而上”。有有形的翻译之后，方可能使翻译由实践的层面提升至理论的层面，进入到形而上的境界，真正成为一门学问。不知阁下看法如何。

打算往欧洲旅游，同行者有傅敏伉俪。路线是从北京坐飞机到意大利的威尼斯，然后坐大客轮游希腊、土耳其。往返约两周。

6月27日

上周四旅游归来。人生一大快事也。船大如泰坦尼克，在风平浪静的海面上缓缓行驶，真所谓“巨轮远影碧空净，惟见地中海天际流”了。船上有一自助餐厅，二十四小时开放，能吃上世界各地的美味佳肴。有一次，吃了四十九种美味，每种仅尝一点点。拍了不少照片，整理以后再奉寄。

旅途中和傅敏谈及了他的父亲，自然而然地想到了自己当年的经历。北大毕业后，分在国际书店，工余发愤读傅雷的译作，读到能背诵的程度。天下读傅译的人何其多也，能读到敝人这种地步的，恐无第二人。唯有非凡的努力才能作出非凡的成绩，可惜自己的努力还不够。当时与冯至先生联系，冯委托郭麟阁先生与国际书店斡旋，费了好大的周折，才从国际书店调到外文局。

8月1日

北京高温久达十日，现在稍有好转，但一直未下雨。纪念钱锺书百年诞辰的文章已经撰毕且已交了出去。

七月中旬和施康强一起去武汉大学与会。会后去襄樊参观了诸葛亮青年时期的旧居古隆中。此处有牌坊一座，横额刻有“三代下一人”，据说即指诸葛孔明，两旁的石柱上刻有杜甫赞扬武侯的诗句：“伯仲之间见伊吕，指挥若定失萧曹。”赶忙拍下一照留作纪念。在这里还遇到了许钧的两名博士生，想必也是会后来参观的。

又去了一趟武当山，可惜大雨滂沱，上不了山，只好在山脚下和施康强一道品茶。虽然不能登山，能够体验一下山麓的景色亦不失为一种乐趣。拍了好几张照片，不日奉寄。

8月6日

刚才看了中央电视台音乐频道介绍郎朗成功的经过，感触不少。一个人成名，除了自身功力之外，还有一个机遇问题。世间有不少人功力深厚，但由于没有机遇，便一辈子默默无闻。号称中国第四男高音的戴玉强，其成名的情形与郎朗相仿，完全是功力加上机遇。也有一种人，机遇倒是不少，但由于缺乏功力，也就终身一事无成。社会上还有一种人，学问虽然平平，但善于利用各种关系，也往往可以成为这个家那个家，神气得了不得。

敝人忝列中国作协，能经常收到作协的一种动态小刊，里面有不少作家的墨宝，其中不乏佳作，足可以与书法家比美。但也有胆大妄为者，毫无毛笔字基础，居然亦敢胡乱涂鸦，真乃咄咄怪事。

10月2日

杨宪益译书百种，也许传世之作仅《译余偶拾》与诗作《银翘集》而已。

正在读《黄景仁诗选》。黄系前清中叶诗人，诗学李白、韩愈、李商隐，《诗选》中颇多佳作名篇，值得一读。

潘光旦称20世纪读书最多的只有两人。一个是梁启超，一个是钱锺书。1984年敝人曾专程拜访钱。告别时，瞥见先生的书房中放有一套中华书局出版的《饮冰室全集》。先生说自己正在读此书。又说20世纪60年代初收集了许多严复的著作和相关资料，并通览一过，准备撰写严复的翻译一文，只是尚未动笔，"文革"便兴起，从此不复此事。

10月9日

国庆节期间和女儿一道在日本北海道旅游，往返六日。老伴高慧勤生前在日本讲学时，曾有北海道一游的愿望，由于讲学繁忙，一直未能成行。此次和女儿前往，算是替老伴还愿。还到了京都、札幌等地。交通状况极好，环境状况更佳。开旅游大巴的司机尤其敬业。公共厕所格外干净，即便没有放松的要求，也想进去享受享受。阁下如有出国旅游的想法，日本可作为首选，游日本只需游北海道即可。

11 月 11 日

北京开始冷起来了。阁下的信收到，看了两遍，拟过一段时间再复。

柳鸣九打电话过来，说他收到了与钱锺书百年诞辰纪念会的通知，9 日去开了半天会，获赠纪念文集一本，他写的《钱锺书先生的精神遗产》一文被收入集内。敝人的文章《钱锺书与傅雷之谊侧记》落选了。柳要敝人将文章给他看一看。他看了之后认为很好，旋与新京报联系，新京报编辑看了也觉得不错，决定刊登，可能要等到下个星期。

《钱锺书先生百年诞辰纪念文集》有两种版本，一种是内地的三联简体本，一种是香港繁体字本。书上市后一定会到书店买一本给阁下寄过来。

12 月 3 日

《钱锺书先生百年诞辰纪念文集》至今尚未上市，请阁下耐心等待。北京一年两度书市。书市上，几十块钱一本的书只卖四五块钱。如《本草纲目》原价四十九块多，书市上仅卖五块钱。

马克思、弗洛伊德学说中一些繁复的表述，陈寅恪往往只需一、二短句便能概而论之。非大师级人物不能为也。

2011 年 1 月 15 日

《钱锺书先生百年诞辰纪念文集》已替阁下网购。收到后再给阁下寄过来。

何新写了一本《孔子年谱》，内容不错，值得一读。欧阳中石的字基本上是赵孟頫的功底。郭宏安等人认为翻译“信”、“达”占八分，“雅”只能占二分。其实“雅”很重要，傅雷力主“神似”，即是十分看重这个“雅”字。

2 月 2 日

明天就是兔年了，谢谢阁下打来电话贺年。北京已经百来天未下雨。替老同学校改《福楼拜通讯集》译稿已近尾声，打算月底交稿。

《钱锺书先生百年诞辰纪念文集》已经通过邮局挂号寄出，在邮局排了五十多分钟的队才轮上。愈是年关，愈是人多。研究钱锺书的派别很多。社科院近代史所的李洪岩对钱锺书、杨绛的无锡家史研究得很深，超过钱杨本人。李常常对钱杨的有关表述纠讹。范旭仑最早运用电脑研究钱锺书，对钱著熟悉得了不得，往往能对钱著辨误。两位老人比较喜欢陆文虎。

杨绛译一本书，译了七八万字，未完，薛鸿时接着译，译毕署二人名交出版社出版。吴宓的女儿吴学昭说薛是年轻人，怎么能与杨绛这样的高龄老人比肩署名，于是译稿便搁在了出版社。其实薛也不年轻了，今年已经七十五岁。

贾庆林看望杨绛，其住所仍是水泥地板，老人家脖子上围着一条毛巾，因为北京的暖气并不很暖。看来老人家的身体的确不错。

三联版《钱锺书集》中的《谈艺录》、《管锥编》排版不如中华版，三联版对钱的补订排得不合理。

《王国维全集》二十卷已出版，说是“存真求全”。王的女儿认为，“存真”一定要做到，“求全”则未必做得到。

李泽厚不是学部委员，但学问丝毫不让委员。柳鸣九不是博导，而他的许多学生反倒当上了博导。甚至有些博士的毕业论文专写柳鸣九。可见一个人的真才实学不是靠“桂冠”来支撑的。

阁下也算得上是一名“钱迷”，何不将钱先生的著作反反复复地研读，编出一本《钱学菁华》来，可借鉴汪荣祖研钱的方法。虽然已经退休，但总还得寻点事做，可不能让岁月白白流逝啊。

3月18日

校改《福楼拜通讯集》译稿总算告一段落，二十余万字，实际上是重译。译者姓名只署那位老同学一个人，敝人完全是为人作嫁。编《钱学菁华》当然不是一件容易的事情，不妨先试着做一做。

5月2日

应西安外国语大学邀请，四月底去了一趟西安，为该校西方语言文化学院法语专业的师生作了一次讲座，题目叫“翻译中的苦和乐”。主要讲了翻译注重的是神似而不是形似，在翻译中，中文句子一定要精练，要“朴实无华”。

抽空探视了张承柱先生，他也是研究和翻译法国文学的。退休后在长春某大学继续任教，一次上课时突然中风，幸亏及时送往医院治疗才免于大难。如今在家中休养，病情已有所好转。

参观了大雁塔以及其他名胜，市容很不错，不失为一座名城。此间的烤饼好吃，远胜北京，带回了好几个，女儿也爱吃。

5月初，会有沪上一行。上海傅雷住所将办成傅雷纪念馆，月初正式开馆，有关方面邀请敝人出席。期间将应复旦大学之邀，为该校法国研究中心的师生讲学，题目为《超以像外　得其环中——傅雷先生的翻译艺术》。准备在讲座中张扬一下傅雷的翻译理念，即翻译是艺术，艺术是目的，技巧是手段。在翻译中老是注意手段的人，就必然会忘了目的，因此做翻译的人，第一要事便是提高艺术修养。中旬即返回北京，阁下来访，热烈欢迎。届时再把盏畅述。石头城一别，忽忽三年过去，真该见见面了。

6月14日

奉寄的《人物周刊》收到。敝人所编《古文大略》修订本将由复旦大学出版社出版，已将该书的序和跋清样复印件寄你，若有不当之处，盼能修改。修订本封面“古文大略”四字系集文征明字。文与唐伯虎齐名，可惜唐只活了五十多岁。

文征明小楷代表《离骚经》写于八十多岁，一般人到了这个年龄，写毛笔字恐怕手要发抖，可文先生居然能做到笔锋刚利，骨力劲健，既老辣沉着又恬淡冲和，真不简单！这件书法作品“文革”前印行过，曾买了一本。夫人高老师非常喜欢，常常手不释卷。有人说《离骚经》并非文征明作品，似不可信。还有人说《离骚经》超过《灵飞经》，不失为一家之言。

7月2日

去了一趟青岛，动车往返，快得很。返京时，邻座为祖孙三代。孙两岁，话讲不太好，但认得所看图书中各式各样的车。图书系贵州出版，由其母网购而得。你的小孙女好像三岁多了，能背儿歌，又学画画，又学跳舞，很好。不能只会普通话，也要能讲方言。如今上海的小孩，好多不会讲上海话，不好。记得有一次看节目，扮演毛泽东的演员讲了几句湖南方言，给人印象很深。

7月13日

阁下寄赠的《长沙晚报》和文征明手稿复印件均收到。晚报中关于李季的报道令人对其有深入的了解，将来《翻译论集》再版，注释中可将其生平介绍得更准确些。

曾以两百多元的高价买过一套文征明的书法作品集，上海古籍出版社出版，一直守着这套字集临抄，不敢越雷池半步。寄过来的文征明书法复印件有的还是第一次看到。对评价文征明的周道振，不熟悉。

日前，《文汇报》有采访杨绛的文章，已复印寄你。前不久，薛鸿时、董衡巽等四人邀我一道去看望杨绛，刚好我去青岛了。他们与杨绛交谈时，杨还特意问及了我。我便邀曾是外文所的美女谭立德一起去看望杨。电话联系时，杨的小保姆说，天气太热了，不方便，候凉爽时再说。杨的身体是真正的好，居住条件除房间大一点之外，其他都很普通，仍旧是水泥地板，完全过着普通人的生活。《文汇报》对她进行笔头采访，老人家的回答朴实敏捷，真不简单！她曾将钱锺书的《槐聚诗存》抄写一过，肯定用的是毛笔。

8月29日

俄罗斯一邦与芬兰、挪威、丹麦、瑞典四国游，往返十天。先游莫斯科，次游彼得堡。然后从彼得堡坐汽车到芬兰，继而挪威，再而丹麦，最后从瑞典乘飞机返京。总的印象是两多一少。森林多，林荫道多，行走在绿荫荫的树底下，令人有无路的感觉，凉风习习，叶声沙沙，实在是心旷神怡，流连忘返。人口少，俄罗斯全国仅一亿四千万人，四国首都人口加起来才两千万。

9月30日

本月中旬英伦三岛十日游，同行者有薛鸿时等。游了丘吉尔庄园、莎士比亚故居、剑桥大学。庄园大，占地两千多顷；故居小，才两间平常小屋，不能进去，只能在外面转一转；剑桥大学环境很不错，学生一般都是到名师家里去上课。记得当年就读北大，也有燕东园、燕南园，风光不亚剑桥。

游伴中有一房地产商，偕妻子、女儿同游。女儿在加拿大留学已四年，每年光生活费就二十万元人民币，儿子今年起在都柏林留学，已经好几个月了，每年的生活费也是二十万元。这次旅游，顺便看看儿子。一女一子，留学的生活费加起来就是四十万元，若不是房地产商，谁能撑得起？

《古文大略》中换了十几篇文章，估计年底可出书。

11月7日

读书度日。钱穆的《国史大纲》了不得！许纪霖转引许倬云的话说，《国史大纲》可提供几十个博士论文题目。仿佛20世纪90年代末曾寄赠阁下此书，何不来一篇非博士的博士论文？

又新出的钱锺书手稿集售价为九千多元。

11月30日

北京天气晴好，但很冷。晚上睡觉垫上电热毯，效果挺好。

在地坛书市买了好几本书。一本是清人编的《古文笔法百篇》，介绍了二十种笔法。原价十一元，打三折，仅卖三元三角。还有一本袁行霈谈做学问，原价四十五元，结果以十三元五角成交。袁主张做学问眼光要开阔，要有开山之功，如梁启超、陈寅恪，此外要道德文章并重。又以五元购得一本西方哲学史，虽无作者、译者姓名，但内容丰富，文字简洁。最后以十元买了三本明人字帖，其中

《千字文》的书写水平不让祝枝山。

12 月 11 日

阁下电脑功夫了不得，居然从网上搜索到了清季的《古文笔法百篇》石印本。阁下赠送的复印件，觉得远远胜过敝人买的铅印本。

忙忙碌碌几十年，总觉得自己书读得太少。“文革”中批孔，将《论语》通读一过，还做了笔记。庄子、老子也读了，惜乎未涉足孟子。

当年就读北大，班上个个同学无不雄心勃勃，不是想做诗人，就是想当小说家。结果只有一人写诗，其余的都与翻译结下了不解之缘。

钱锺书对中国文学的爱好超过西方文学，成就很大，研究中国文学的佩服他，研究西方文学的也佩服他，实在是了不得。想想自己，年纪大了，想读书也读不动了，奈何!

2012 年 1 月 18 日

上海京剧晚会，各个派别纷纷登场，有唱梅兰芳、程砚秋的，也有唱荀慧生、张君秋的，好不热闹。

明天妹妹中的两个要来北京，一个从昆明来，一个从上海来，都当过知青。几天前便开始整理内务。

除夕之夜，电视即将敲响新年钟声时，踩上椅子调整墙上的挂钟，椅子只踩了三分之一，结果摔了一跤，从地上爬起来，感觉还算好。谁知就寝时，发现小腿上伤了一小块，于是贴了三张创可贴。第二天又发现三张创可贴有两张还在渗血，便到附近的药店买了瓶紫药水涂在伤口上，现在已经没有问题了。北大一位教授，刚过七十，一天晚上起来小解，摔了一跤，至今还躺在床上，比起他来，自己算是万幸了。

现在晚上户外打拳锻炼没有以前那么勤了，零下五度不出去，比这个温度高，便坚持出去练一练。待会儿就得出去练一下，因为今天的气温刚好在零下五度与二度之间。

《古文大略》，复旦社原来答应年底出书，可至今没有消息，不催了。现在全国每年出书三十三万种，多出一种少出一种，实在无所谓。

《人民文学》杂志出英文版，可能赶不上当年的《中国文学》。后者坚持三三制，即每期内容为三分之一古典文学，三分之一“五四”时期作品，三分之一当代文学。外国人对沈从文、孙犁都是蛮感兴趣的。当年外文局外国专家不少，分配来的外语专业大学生也多，可以面对面地就译文进行讨论。

替北大老同学改译的《福楼拜书信集》已出版，收到一本样书，装帧很不错。下次上街如能看到此书，一定买一本寄给你。

一个时代能够真正产生影响的翻译家就那么几个人，如傅雷等。《翻译论集》将来出三版，一定将二版中删去林纾的那几篇文章补上，因为一般人很难找到。据说，有位译者译法国人写的一篇文章，将文中提到的毛泽东《念奴娇》词题《昆仑》译成了作者名，有人批评他，他不服气，竟然反驳说：“哪能知道得那么多？”真是咄咄怪事。

早几天，柳鸣九的夫人朱虹打电话过来问，刚刚从法国飞过来的沈志明现在在哪里，大概有什么事情要找他。沈志明是我和柳的北大同学，后来赴法经商。1999 年沈做了一首诗，要我修改，我又要你用毛笔书写一过，寄给了他，他高兴得不得了，回赠了法国香水和巧克力糖给我和你，还记得这回事吗？从那以后，沈经常往来于法中两地之间。

3 月 15 日

法国大使馆于 3 月 5 日至 9 日举办中法互译训练班，以讲座的形式进行。第一个讲座者是一位在法国生活了二十一年的华人，再一个就是在中国专门从事中译法的法国人，他在中国生活了十五年。所译作品均在法国出版。训练班规模初定三十五岁以下共十五人，结果来了二十多人，其中来自北大的不少。我也被邀请作了三个小时的讲座，反映尚好，一位中年女士甚至走到我跟前说我讲得很好，令她受益颇多。匆忙间，不曾打听她的姓名。9 日训练班结束，招待晚饭，就餐者仅九人。讲座期间，大家忙着签名题词，不曾拍照留念，未免可惜。有一位讲座者，名叫李玉民，译过《悲惨世界》，他说一个名叫谢银根的人写了一篇文章，文中提及了他译的《悲惨世界》，此文发表在长沙师范大学的校刊上。李先生要我帮他找一找，我只好委托你了。

3 月 19 日

想不到你这么快就把谢银根的文章找到了，非常感谢。谢文中不仅提及了李先生，而且还提及了我译的《红与黑》以及老伴高慧勤所译日本文学名著，不胜荣光之至。

阁下的毛笔小字不错，只是将杜子美“侧身天地长怀古，独立苍茫自咏诗”中的“苍茫”误写成了“千载”。

4 月 30 日

社科院组织离退休人员去了一趟面粉生产大省河南，参观了洛阳龙门石窟，又去了开封，参观了上河、包公府，往返三天。

6 月 13 日

复旦社负责《古文大略》的编辑换了一个人。此人对我提出的要求均能欣然接受，并表示，书将尽快出版。看来要做成一件事，真还不容易。

当年老舍译的书不知经朱光潜先生改了多少遍才出版。我译《红与黑》，前前后后将译稿对照原文看了二十多遍，虽然出了好几版，但总觉得还有需要改进的地方。

7 月 6 日

有人评论当今中学教育，说问题不少。如某高校自主招生，教师问中学生一个问题：黑色近于灰色，灰色近于白色，所以黑色近于白色。这个结论对吗？中学生回答：对！看来中学生的逻辑推理能力出了毛病，完全是缺乏哲学教育的结果。

海外华人如何秉棣、汪荣祖都很有思想。

先秦诸子思想的发展往往是由宽松到苛严，如从儒家发展到法家便是如此。美国有一对夫妇研究先秦诸子思想长达二十年，见解不凡。解放军外国语学院王炎博士的研究也很不错。清人读《论语》，就有自己的看法。今人钱勇甚至重新排定了《论语》的顺序。

7 月 26 日

应湛江师范学院邀请，与吴添岳等三人赴该校参加法国文学研讨会，13 日去，20 日返，共八天。北京买不到飞机票，火车的卧铺票也买不到，只好买坐票，坐了整整三十八个小时才到。返程拜托会务组总算买到了卧铺。车上尽量少吃少喝。这一次也算是对自己的身体条件考验了一回。往返均经过长沙，可惜下不了车，不然可以见上一见了。

在湛江参观了当年的法租界旧址，泡了温泉，到海边游了泳。还到了一处叫广州湾商会的地方，有一幢二层楼房，里面有人教书法，书桌很大，所教内容为张迁碑。教者邀我们写字，由于很久没有用过毛笔，捏在手中的笔居然不听使唤了。回到北京后，开始在水写纸上写毛笔字，以后遇到这样的场面，多少能应付一番。

《古文大略》仅收到两本样书，待收到大宗书后再奉寄。

外出开会时，暴雨袭击了北京，家里的阳台、厨房都进了水，用两寸厚的报纸擦了好一阵才擦干净。湛江气候潮湿，现在已发展为二百万人口的城市，交通状况较好。

9 月 7 日

《古文大略》从上海运到北京，用了两个星期，打算奉赠你和你的好友共四本，可报上那三位的姓名，以便写上奉赠等字样。

《文汇报》载一老年人建议，电视台可否开通一个老年频道，以便提高收视率，因为老年人是最真实不过的观众。他不知道电视台要靠播广告获取经济效益，而老年人既少消费能力，又乏消费欲望，故设立老年频道纯属一厢情愿而已。

10月18日

寄来的民国人士书法作品复印件收到了，因为弟弟从上海来北京做客，忙得不可开交，今天趁他们外出，才能抽空向你打电话。阎锡山的字值得欣赏，甚至可以说超过了何绍基。民国人物由于经常用毛笔写字，所以一般都能写出一手好字，但缺乏个人风采，唯独阎锡山是一个例外。毛泽东是共产党里面真正有文化也是最有文化的一个，无论是写字还是做诗，都是第一流的。

11月30日

打算写篇小文，谈谈朱生豪是如何翻译《哈姆雷特》中的一句话的。先请人查了查法文译者是怎么翻译这句话的，再对照朱的译文，一看，好像不是那么回事。觉得朱的译文好，而且胆子挺大。

有人写字，不循常规，直接临摹苏东坡，居然写得新奇可观。

12月9日

不久前，外文所召开老翻译家座谈会，搞德文翻译的高中甫发言，说歌德的翻译标准是忠实和美。他对信达雅表示怀疑，说在翻译实践中这三条标准的比例如何确定。我于是发言，说信占五分，达占三分，雅占两分。其实这个比例是周作人说的。会议记录人没听清，当成了我的说法。我在发言中还以傅雷的译例进行了说明。说句实在话，中国人很难将汉语译成上乘的英语。

莫言能获诺贝尔文学奖，从一个侧面证明了全球化和普世价值。莫言喜欢写毛笔字，多少有些特色。

北京今年很冷，室外温度要么零下十度，要么零下两三度，室内的暖气片起不了多大作用。

12月18日

惠寄的三位红学家即俞平伯、周汝昌、冯其庸书法作品复印件收到，颇有意思。周汝昌写的是瘦金体。冯其庸为无锡人，那里办了个很气派的纪念馆。梁启超每天打麻将。杨宪益在中国文学编辑部时，作过一次如何写旧体诗的讲座，没有讲稿，就像聊天一样，讲得有板有眼。郭宏安和北大中文系的陈平原一样，未生子女，一心一意做学问，搞翻译。

2013 年 1 月 4 日

中央电视台前天播放意大利人爱好中国文化的不少，其中不乏汉字书写高手。日本人中会写汉字的，下的苦功可能更多。眼下用毛笔书写简体字、阿拉伯数字不能不说是一个问题。

1 月 13 日

敝人《学译自叙》一文感谢阁下阅读一过，且作了点改动。“负笈北大”中的“负笈”二字添得好。

12 月 31 日上了一趟街，买了几本书和几张光盘，花了五百元。其中一本是唐伯虎的字帖。从元旦那天开始，每天早上头件事就是用钢笔临写唐伯虎的字。唐的字比文征明的好，因为有个性。

上周五，两位女士请吃饭，敝人以《古文大略》相赠。其中一位，五十五岁，宁波人，恢复高考后，考取北外，后又留学剑桥。此人十分健谈，知识面广，交际亦广，与王蒙、张中行、金克木等均有过交往。如今她正在举办一种高级培训班，学员中不乏博士学历者。称一天之中必须讲究衣着，早上穿什么，中午穿什么，晚上穿什么，都有讲究，马虎不得。说自己受益最大的是在剑桥那几年。这位淑女真不愧是徐志摩的校友。徐是剑桥培养出来的，他称剑桥为康桥。看来读不读大学和读什么样的大学，对一个人的影响很大。不过扩招以后，像北大这样的学校就大不如从前了。北大本来就不及牛津剑桥，如今更甚。

敝人为家中长子，经常随父亲外出，与母亲的接触相对要少一些，当时家中有奶娘，有些事情都是直接与奶娘打交道，所以无形中父亲的影响大于母亲的影响。

想想自己，从上海走进北大，从北大走进国际书店，从国际书店走进外文局，从外文局走进社科院，一路走来，一晃就是半个多世纪，历尽人间冷暖，遍尝世上甘辛，而今不谋外物，但求心静。

1 月 24 日

阁下寄赠的《潇湘子译话》打印本收到四五天了，看了一部分，讲了王元化，讲了朱生豪，挺有意思。但有些地方重复了，有些地方还可以改进，反正是未定稿，好好打磨，提高质量。你说你是一个指头敲键盘，其实还有一个大人物也是一个指头打字，此人便是杨宪益。只要熟练，就能生巧。

北京天气比往年冷，雾霾厚，晴天看不到太阳。现在已是晚上九点多，打算到楼底下去活动活动。

2 月 15 日

大年初一至初四在大连。初一这天由女儿开车，从北京出发，直奔大连。女儿姥姥家在大连郊区，如今也属市区了。姥姥是高老师的继母，今年八十六岁。高老师的五个弟弟都还健在。全程 830 多公里，开了整整十个半小时。距大连还有三个半小时路程时，电话姥姥家，姥姥立马派人在大连入口处迎接。纯朴的农村人硬是冒着严寒等了足足三个多小时。姥姥准备了一桌丰盛的菜等待我们，怎么吃也吃不完。在大连游了星海广场，不必牧童遥指，便能找到咖啡店，二十元或三十元一杯。

初四返京，在山海关停了一下，当时已经是下午四时多，匆匆忙忙拍了几张照片便继续赶路。北京街上比往常清静了许多，除超市之外，其他店铺都没有开门。

4 月 13 日

游了一趟新西兰，3 月 27 日去，4 月 4 日返。此间山清水秀，令人顿生世外桃源之慨。有一旅居这里的中年华人称，每月有五六千元人民币收入，便可以在这个国家生活下去。可惜我年纪大了，如果年轻一些，真打算到此处冒冒险。

4月29日

今日刚刚从上海回来。上海外国语大学高级翻译学院举行成立十周年庆典，谢天振邀我与会，于是买了张高铁票去了。说是三天会，实际上只开了一天半，谢治译介学，带了三十几个博士、硕士，庆典会上，学生相继发言，多是对老师的感恩。遇到了华东师大的潘文国，他说他编了四本汉语教材，有白话文，有秦汉文，有魏晋文等，可惜拿不动，不然真想买一套读上一读。

从上海回北京，坐高铁只需五个小时，从高铁站坐地铁到西坝河北里一个小时。关于杨宪益的文章复印件今日收到。杨在外文局可能受图书资料的限制，似乎没有做什么大学问。钱锺书说他有些懒散。

5月8日

看天气预报，长沙雨水好像特别多。中央台正在播放青歌赛节目，不少青年歌手的歌唱得挺好，值得一看。眼看着就要播出了，下次再接着聊如何。

6月12日

北大法语系一博士生以译者主体论为导向，研究中国早期佛经翻译，完成了一本厚达两百九十一页的博士论文，该系请我审阅并主持答辩。旋以四日工夫将论文阅毕。昨日去北大主持答辩，耗时一整天，坐公交车回到家时，已经八点多钟了。这是从北大毕业整整五十六年后，正儿八经回母校，感觉气氛不如从前，往日法语系的洋气已经渐趋式微，倒是添了几分土气，与西安外国语学院、解放军外国语学院的法语系相去甚远。几年前，到南京大学法语系参加博士论文答辩，许钧用法文介绍博士生的情况，末了，又用法文进行小结，气氛格外庄重。

传闻冯友兰的女儿宗璞已搬离冯先生北大住宅三松堂，原因是三松堂将改建为冯友兰故居。改建的理由是韩国现任总统朴槿惠本月底访问中国时，计划参观冯先生北大故居。朴槿惠当年遭受厄运，反复阅读冯友兰的哲学著作，深受启发，渐渐走出困境。如今修成正果，知恩图报，自然要瞻仰先生的故居。朴槿惠曾留学法国，法文英文都了不得。

漓江出版社出版一套译文自选集丛书，我亦在内，篇幅三百页，出版社要求入选者每人撰一前言，6 月 5 日交稿。因参加北大博士论文答辩，与该社编辑商量，可否推迟至 15 日，不允，遂匆匆写就，于 6 日通过邮箱发出。过后一思量，总觉得未能尽如人意。过几天从邮箱发给你，费心推敲一下。

6 月 25 日

拙文费心足下推敲了一番，谢谢。《中国文学》办刊期间，中译法最出色的，施康强算一个。封底“中国文学”四个中文字是一位英国人设计的，不简单！现在的《人民文学》英文版是作协搞的，不能与当年的《中国文学》同日而语。如今一字一字读中国四大名著的人愈来愈少，至于一句一句读约翰·克利斯朵夫的人恐怕是凤毛麟角了，奈何！

以色列的一名犹太人钢琴家写了一部自传，称自己会六种语言，可惜不通汉语，来到中国，只好用英语进行交流，未免遗憾。其实这已经很了不起了。一般人顶多就会一门外语。

在新西兰旅游时，一位张姓女士帮忙拍了十来张照片，敝人以为自己在照片中的形象，这几张是有生以来拍得最好的。下次女儿回来，令其发给你欣赏欣赏。

7 月 1 日

照片拍得好，固然是照相机好，但拍照人的水平更好，就像油画一样。《论语泰伯篇第八》中有句“焕乎其有文章”，其中“文章”二字何所指？费心查一查。

7 月 2 日

“焕乎其有文章”中的“文章”，杨伯峻释为“礼仪制度”，安乐哲译成 cultural achievements 各有其理。若将此语从《论语》的语境里挪用至与写作有关的场合，“文章”或可和我们平时所说的

composition 庶几无差，如“钱锺书，大儒也，焕乎其有文章！”当年就读北大，杨伯峻是我们的语文老师，其家学渊源，古汉语造诣极深，乃著名语言文字学家杨树达嫡侄。

7 月 25 日

今日《北京青年报》C6 版载有洪光昭谈养生的文章，有“任何药物都代替不了运动”的说法，似可借鉴。

朱生豪的公子朱尚刚日前电话称，有出版社将重印其父所译莎剧 1947 年版，因此诚邀敝人为重印本作序，盛情难却，只得对照英文比读朱译。拟以《粗读朱译》为题，撰一篇三千字序文。朱公子 1943 年生人，今年七十了。朱译莎剧，数量达百分之九十五，质量也达百分之九十五，仅百分之五的不足。

如有暇，请帮忙搜集点关于“翻译”二字的释义。

7 月 30 日

“翻译”诸多释义的信件收到，费心了。真正要给这两个字下一番准确的定义，真还不是一件容易的事。

北京 35 度的高温已经持续四五天。每晚室外散步一个多小时，回来喝一杯加一勺冰牛奶或冰豆浆的饮料，别有一番滋味。京剧唱腔以程派最耐听。一外国人称，儿童电视看多了，会缺乏想象力，足下暑假带小孙女，不可不注意啊！

8 月 10 日

人民文学出版社外文编辑马爱农，翻译了英国作家罗琳的魔幻文学系列小说《哈利·波特》。近日她向北京朝阳区人民法院状告两家出版社仿冒姓名出版其所译小说。李景端就此写有一文，“绑架”百名翻译家支持马爱农。如今有些出版社为了追求经济效益，确实忽视了名著的质量，甚至不惜损害译者的权益。

今晚中央台戏剧频道播放京剧《文姬归汉》，程派唱腔，值得一看。

9 月 14 日

今日收到拙作《译艺发端》样书一本和稿费4 680元。是书系湖南人民出版社《通天塔丛书》之一，由香港浸会大学张佩瑶教授担任主编。全书收集了自己多年来所撰旧稿三十余篇，凡二十八万字，滥竽充数而已。出版社日内将再寄二百册，届时向你奉赠四本。

惊悉张佩瑶四天前去世，年仅六旬，未免可惜。《论语颜渊篇第十二》中有句称“死生有命，富贵在天”，非人力可以挽回，真是奈何不得也！

10月13日

二百册书寄来了，由于一日三餐都得自己动手，占去了不少时间，一时还不能将赠书一一送出。邮局规定机械得很，书里面一个字都不能写。

京剧梅派清亮，程派深沉，显得更有韵味。北京天气渐渐凉了起来，衣服也慢慢穿得多些了。

11月11日

两件事。一是《译艺发端》四册、音乐光盘两张、巧克力一盒，通过邮政快递向你寄出，巧克力是给你小孙女吃的。二是《粗读朱译》一文已发至你邮箱，烦你看看，是否有需要改动的地方。原来只打算写三千字，结果写出了一万多字，真是：读剧卅一部，下笔一万言！

11月12日

发过来的《粗读朱译》收到。“翰墨凌云”添得好，尤其是“书香犹在”，更佳！谢谢啊！

2014年1月1日

又是新的一年，祝万事如意，阖家欢乐！

在书店看到刚出版的《毛泽东手迹》，好几大册。毛的字写得好，形成了自己独特的字体。如“向雷锋同志学习”，五十多年前写的，直到现在，仍然耐看，这就是真功夫！

中国青年出版社拟出版朱生豪莎译全集，印一千册。我建议他们出单行本，如《哈姆雷特》等，以英汉对照的方式，发行量还可大一点。

现在的书太贵，尤其是线装书，动辄几百，甚至上千，个人一般不会买。现在书也出得多，一年出书多达四十万种。

2 月 3 日

春节和女儿去了一趟北京西郊的八大处庙宇，不能烧香，因为风太大，怕起火。

雷海宗、罗大冈、陈寅恪、钱锺书这辈人不是求学于牛津、剑桥，就是供职于燕京、北大，学问大得很。司徒雷登当过燕京大学的校长，对中国有很深的感情，去世后，骨灰安放在杭州。徐中玉、钱谷融都是华东师大的名教授，一个治中国古代文学，一个治美学。徐今年九十九，钱今年九十五。

3 月 14 日

去兰州待了一个星期，看望了老同学。当年北大副校长江隆基带了一批人，其中包括北大的一些右派学生，到了兰州，江任兰州大学校长。现在回想起来，他确实做了件好事，不幸惨死于“文革”。一个人应当以行善为上，能够“日行一善”最好。

社科院精英太多，居住条件不甚理想，像西坝河北里的房子就七十几个平米。柳鸣九为了生活上的方便，从西坝河搬回到从前住过的劲松去了，那里的面积更狭窄。

日前《中华读书报》上有一篇文章讲祖行净土，说的是佛教，人要少欲知足，要有敬慎之心，可读。

4 月 20 日

香港浸会大学邀请讲学，内容为《译艺发端》中的那些事儿。下周二抵达，周三请学生帮忙将讲稿做成 PPT，周四讲座，之后，会会金圣华。然后到从来没有去过的澳门游游。接下来，到上海探视一下小弟弟。

5 月中旬至 6 月，到美国旅游，从西海岸到东海岸，往北是多伦多一带，再折回夏威夷返京，时间半个月。同行者中年纪最大的是一位八十多岁的老大姐，身体硬朗着呢，七十九岁的两位，七十八岁的也是两位，我是其中之一。

从邮局向你寄了一本书以及为朱生豪莎译再版所作序的复印件，邮件会走得很慢，你慢慢等吧。

6月4日

旅游回来两天了。这次遍游美国的城镇和乡村，乡村原始风味特别浓，非常安静，二层矮楼，树木掩映，别有一番景致。华盛顿的建筑物呈圆形，或长方形，或五角形，给人一种十分平稳的感觉。旧金山、洛杉矶的房屋多是二层楼房，防地震。夏威夷有珍珠港博物馆，史料特别丰富，在里面转了一两个小时，才看了一小部分。沙滩上见到一中国老汉，人挺精神，以为年纪比我小，打过两次照面之后，便与他攀谈起来，原来比我还大两岁，也是江浙人氏，定居在美国大陆，经常来夏威夷走走。想想自己年龄大了，不然的话，还真打算到那里去闯荡闯荡呢。

写朱译莎的那篇文章，《中华读书报》登了，不过是节登。四川外国语大学《中国莎士比亚研究通讯》获知我有这篇文章，决定全文刊发，并想方设法跟踪追击，一直追到我在美国旅游的手机上，于是委托社科院同事家里的人，与他们取得了联系。文章已经刊出，且寄过来两本样刊，还嘱我为他们的刊物题几个字。我想了想，就八个字，“书香犹在”算四个字，另外四个字，你替我想想。

6月18日

昨天到外文所取到了川外寄来的两本《中国莎士比亚研究通讯》样刊，打算过几天寄一本给你。

今天收到了你的信，从邮戳上判断，信走了十天。据你信中的提示，拟为《莎士比亚研究通讯》题这样几个字：“译秀寰区，书香犹在。”打算将这几个字好好练练，然后题赠给他们。

2014

七十一　梅开二度格外香

中国社会科学院外国文学研究所研究员、著名翻译家罗新璋先生馈赠的《翻译论集》（修订本）成为我的案头书已经整整一年又三个月了。这部厚达1 148页的“金砖书”被我从头到尾翻阅了好几遍，虽然与“韦编三绝”的程度尚有很长的距离，但眼下至少可以进行两点浅层次的解读。

第一点，这部书的再度面世，彰显了出版界、读书界乃至翻译界对它的又一次肯定。众所周知，20 世纪 90 年代以来，不少人对西方翻译理论越来越感兴趣，可以说到了顶礼膜拜的境地，而对本土的诸多翻译理念则渐渐淡薄竟至日趋陌生。兼以《翻译论集》1984 年版仅仅发行一万册，很快便销售一空，从那以后，不要说坊间，就连许多高校的图书馆都难以见到它的踪影。因此，即便有敢于逆西方翻译理论潮流而动的年轻人，试图一展华夏译论风采，也往往苦于资料的匮乏而一筹莫展。此次《翻译论集》以修订本的形式再度付梓，无疑是春雨知时、雪中送炭了。窃以为，无论是言必称西译的激进派，还是情钟本土的回归者，只要将是书上心地读上一读，便会惊诧地发现，不少西方翻译理论的源头都隐藏在中国的译论之中。比如17世纪詹姆斯·豪威尔称“有些人把翻译作品视同土耳其挂毯的反面”。殊不料我们的老祖宗、10世纪的赞宁早就说起“翻也者，如翻锦绮，背面俱花，但其左右不同耳。由是翻、译二名行焉”(参见《翻译论集》(修订本)第88页)。又如纽马克于20世纪80年代提出的“语义翻译”、“交际翻译”，简直就是鲁迅20世纪30年代“供给甲类读者的译本”和“供给乙类读者的译本”说法的翻版(参观《翻译论集》(修订本)第345页)。

可不可以说，《翻译论集》(修订本)的发行，不仅仅只是对该书本身的肯定，而且也是对长达近两千年中国翻译理论的再一次张扬。笔者甚至认为是书首文，即罗新璋撰写的《我国自成体系的翻译理论》一文所具有的历史意义，足可与德国人本雅明的《译者的任务》比肩。惜乎国人中那些擅长中译外的斫轮高手，比如施康强、张培基等人失于将其译为法文、英文等。不然的话，亦可令蓝眼睛高鼻梁的友邦人士大长见识了。

第二点，这部书作了较大篇幅的增删，其中增文30篇，删文8则。总的感觉是增得有理，堪称锦上添花；删得可惜，难免遗珠之憾。如增添的有赞宁《译经篇总论》、徐光启《历书总目表》、魏象乾《繙清说》、王国维《论新学语之输入》、贺麟《论翻译》、老舍《谈翻译》以及陈寅恪《童受〈喻鬘论〉梵文残本跋》、周一良《论佛典翻译文学》等。这些妙文的补入，不仅能使翻译研究者拓宽视野，而且可免除他们或奔波于书肆或搜索于电脑的诸多苦恼。删削的有林纾四则、马宗融一则、丰子恺一则、曹靖华一则以及冯至等人一则。思之再三，殊觉可惜。如林纾的四则文字，不仅内容洗练可观，而且行文实属妙不可言。你瞧《〈译林〉叙》中的这几句话：“余老矣，不图十余年莫竟之志，今竟得之如此。数君者，慷侠俊爽，后来之秀，译著果成，余将掬壑雷亭下一溜清溪，洗我老眼，尽昼夜读之为快耳。”如此表述，该是何等的抑扬抗坠、淋漓尽致！

想想70后、80后乃至90后中有志于翻译的年轻人，如果有机会读到这种精彩文字，该会是如何的惬意。至于马宗融、丰子恺、曹靖华三人文章的出局，亦令人不解。冯至等人一文的被罚下场，初初一看，似在情理之中，细细一想，又觉得不必。试想一下，在1959年那种刚刚获得反击右派胜利的氛围中，有谁不把徐志摩、陈西滢们归入反动之列？更何况像冯至这样的老革命们了。若将是文保留，反倒可以折射出历史的真实，而且任何一位读者也不会误会编者是在赞同是文作者的这些说法。

除此之外，尚有两小点欲与编者商榷。一是鸠摩罗什和玄奘的《〈般若心经〉译文对照》横亘在论文之中，显得有些突兀，不知是否可以移至"研究与资料"中去。二是《法句经序》等文的右下角标有三个小小的阿拉伯数字，亦不知出于何种考虑。因脚注中未加说明，故有此一疑。

毋庸置疑，《翻译论集》(修订本)的梓行，是出版、读书、翻译三界，尤其是翻译界值得庆幸的一桩大事。已经研读过是书并深得其益的老读者们，何妨再重温一遍，兴许你会获得更多异于往昔的新启发。对于尚未读过是书的青年人，则由衷地希望你们将其一篇接一篇、一句接一句地认真通读一过。到那时，你的心灵深处一定会翻起一阵阵的巨澜或者引起一番番的震撼：祖国的译学遗产怎么会是如此丰富？简直一点儿也不亚于西方人啊！

2011

七十二　冬收斋不乏翻译情怀

钱冠连是当今外语学术界的著名语言学家，而且颇善翻译，有三十余万字的译作《语用学诠释》行世，且称自己对翻译一事，一向是“负责的、尽心的、诚实的”，由是亦被学界称之为不折不扣的译人。也许是这个原因，我这个一直在语言学门外的踌躇彷徨者，从1994年算起，居然和他交往了整整二十年。这种交往虽然与语言学本身没有很多瓜葛，但由于翻译的牵线搭桥，我们之间便有了不少共同的语言，由是我对他的了解便比一些人明显地多出几分。

1

1999年12月，我专程到广外去拜访钱冠连。他领我到云台花园走了一回，谈笑间，分明显露出他对树木花草、蓝天白云的爱好。难怪他千里迢迢地从鄂西来到了珠江三角洲的白云山下。除了是对学术环境的选择之外，不能不说也是对岭南风光的一种特殊钟情。

依依话别时，他说他正在酝酿一篇外语学人对母语进行研究的文章，希望我能搜集点资料供他参考。返湘之后，不知百度谷歌为何物的我，只好将自己变作一条虫，在图书馆的纸堆里爬了好一阵，然后将爬行所得复印给他。翌年7月，他果真在中国英汉语比较会厦门年会上宣读了这篇文章。他特地加了一条注释，称我“贡献了一些有益的建议，提供了宝贵的资料”，“表示衷心的感谢”云云。我知情后，分外感动。不因人微而掩其劳，不因事小而隐其实，冠连兄的人品由此可窥一斑。

2

在彼此的书信往来中，他对我写的毛笔字很感兴趣，甚至称我的“书法甚佳，信件可作墨宝欣赏，这也是人生一荣也”。

2001年4月，他的大作《语言全息论》已经完成了第三次修改，即将由商务印书馆出版发行，他嘱我用毛笔题写书名。我虽出身书香门第，自小便喜欢写毛笔字，且自以为略有几分基础和稍具些许个性，但真正要派上题写书名这样的用场，心中不免少了许多底气，于是犯难了。他立马鼓励说，你就像平常用毛笔写信那样写就行，不必拘谨。盛情难却，只好放开胆子涂鸦。这年10月，他到商务印书馆了解是书的发排进度，然后兴冲冲地告诉我，封面设计得挺出色，题写的书名由横排改成竖排，格外耀眼。2005年4月，他的又一部大作《语言：人类最后的家园——人类基本生存状态的哲学与语用学研究》同样由商务印书馆出版发行。书名同样由我用毛笔题写。由于他的一再信任，这次毛笔字的书写，比上回好像有了点进步。

每逢自己在图书馆当爬虫时，只要一瞥见书架上立着的这两部书，就仿佛看到两朵硕大的牡丹花在吐红怒放，封面上的毛笔字则像两朵小小的苔花在偷偷地乐着呢。

我知道，冠连兄之所以如此看重毛笔字题写书名，实际上是他对中国传统文化的张扬和敬重。正是这种理念的支配，他才有专著《汉语文化语用学》行世，让季羡林赞不绝口；他才有"语用学：中国的位置在哪里"的发问，这掷地有声的一问，无疑和"钱学森之问"具有同等的价值。

3

2006年年底，他的散文集《摘取我够得着的葡萄》由广东人民出版社推出。之前他邀我为书作序，我将这部二十五万字的书稿反复细读之后，在序中这样评论道：书中的文章，都含有深深的寓意，是作者对生活中形形色色现象的哲学思辨，包括对人生的参透、对名利的剖析、对人格的品评、对生命的感悟、对社会的建言、对学术的追求、对生态的关注、对往事的沉思、对师友的缅怀、对故乡的眷恋，等等。这些时而充满理性、时而充满激情的文字，无不展示出作者思维的敏捷、眼光的深邃、言语的犀利和行文的奇特。

这部散文集毋庸置疑地折射出作者的才华是多方位的，既能从事刚性的科研写作，又能纵横柔性的散文写作，犹如手持一把能够左右开弓的双刃剑，处处得心应手。我尝感叹：如果他专事文学创作，一定会是一位硕果累累的优秀作家；如果他专事自然科学或工程技术研究，则很有可能问鼎两院院士。理由是他勤于学习，敏于质疑，敢于思考，善于创新，勇于实践，更可贵的是他有一种要向人类作出点奉献的胆识。

另一位也是无可争议的著名语言学家胡壮麟，十分佩服钱冠连的人品和学品。胡先生非常欣赏这部书中的一句话："头上悬着的葡萄太高，实在是够不着了，我就走开，走开的时候，也不说葡萄是酸的。我的哲学是：摘取我够得着的葡萄。"并欣然叹曰："也许正是这种平常人的心怀为我们塑造了一个寓不平常于平常之中的钱冠连！"

4

2009年1月，《钱冠连语言学自选集——理论与方法》，由北京外语教学与研究出版社发行，系“中国英语教育名家自选集”之一。巨制皇皇，厚达675页，由七个部分组成。他所带的六名博士弟子参与编选。书中《西语哲：在外语界的传播与未来发展》一文令我生发出这样一种认知，即为了让更多的外语学人了解和研究西方语言哲学，以达到“走出我们自己的语言哲学之路来”的效应，有必要将是书第二部分即语言哲学从这部沉甸甸的巨制中剥离出来，冠以《语言哲学十五论》的书名，成一单行本。如此一来，就有可能引起众多外语同行的广泛关注，从而使语言哲学研究渐趋普及。

我曾三度写信给他，谈了如许想法。他在复函中称我的建议十分有益，且云：“为编辑拙著《语言哲学论》，你三次书信详细建议，多次电话问及，这种事在学术界少见。为朋友出书，墨催远问，诚督恳促之状，只有我这个当事的朋友才能感知，外人怎么也不会相信的。”

为了突出中国语言哲学的新思维、新面孔，以避翻炒西方语言哲学之嫌，他后来提出了一个新的书名与一个新的构书框架。书名为《后语言哲学之路》，全书由“西方语言哲学在中国”、“后语言哲学汉语语境化”等六个单元构成。这已是三年以前的事了，如今书稿完成，付梓在即。他那种虚怀若谷的人格魅力却令人久久不能忘怀。

说到他的虚怀若谷，我犹记起了他的另一件往事。2000年，他已六十有一，按照常规，很有可能“老而退闲”。孰料，他却被聘为刚刚成立的广外文科基地的专职教授，而且在博导资格的盲审中获得高分通过。意料不到的变化令他想将自己的书房取名为“晚成斋”。我知道后，立马用宣纸以毛笔写出这个斋名赠他。想不到他回复说，不能用这个斋名了，理由是“‘晚成’与‘大器’总是互相提示的”，倘若将这个斋名张扬出去，“岂不是以“‘大器’自诩？你写的三个大字看来只能当做书法作品珍藏了”。随后，他将书房易名为“冬收斋”。显而易见，这个书斋名的深层含义是：春种秋收是常规，春种冬收是超常规。超常规说明斋主的昕夕耕耘比别人要辛苦得多，要艰难得多。区区两个字的易动恰恰是冠连兄人品的又一次闪亮。

5

毋庸讳言，我读他的学术专著，往往是以“任凭溺水三千，我仅取一瓢饮”的方式对待之，因为我的所谓科研领域实在是太狭窄了。他那些有关语言学特别是语言哲学的深刻思考，我多是望尘莫及，难以切入，但对他的治学方法研究以及翻译理念阐发倒是情有独钟，一拍即合。

我读他的《翻译的语用观》，读到了“韦编三绝”的程度，由是撰出一文，为外语界核心刊物《上海翻译》采用。我甚至冒着夏日炎炎的酷暑，怀着格外虔诚的心态，将他的五部学术专著《美学语言学》、《汉语文化语用学》、《语言全息论》、《语言：人类最后的家园》、《语言学自选集》通读一过，把其中有关翻译的论述一字字、一行行地抄录下来，用以指导我的翻译实践和研究。

以治学方法而论，他的《研究型读书法》、《人生三宝与我的求学、教学与治学》二文便是最为醒目的实例。他在文中表述的“读别人的书，写出有自己思想的书”、“没经典式的主读，就永远别想进专业之门；没辅读，就没有了合理的知识结构，也就没有新的发现”和“把一个领域里的一些必读书，搞精、搞透、搞细，边读边在书眉书边批注自己的灵感。这样，一本书读完，自己的思想也就诞生了。此后，立即说出自己的话(写作)”等理念，常常使我耳目一新，仿佛自己在山重水复中绕来绕去时，突然看到了柳暗花明的旖旎风光一般。我曾在拙文《不动笔墨不看书》中，特地张扬了他的“眉批写作法”，称“语言学家、广东外语外贸大学钱冠连教授常以此法读书，再兼以其他方面的努力，由是成为外语界的名流，深为学人仰慕”。

治学方法研究、翻译理念阐发无非都是他科研中的“副业”或曰辅业，然而产生的成果却格外耀人眼目。

6

尊重他人劳动，敬重文化传统，写作刚柔并举，乐于接受异见，治学主辅结合，凡此种种，便是我二十年来对钱冠连的了解。当我即将为此文画上句号之际，我攀上了毗邻的南岳山脉第七十二峰岳麓山。站在山巅，我纵目南眺，仿佛看到了白云山下的冬收斋中，那位年逾从心的语言学家正迎着灿烂的朝阳，在默默耕耘，宛如其于十二年前在《语言全息论》后记中所说“一觉醒来，又该出发”那样。

2013

七十三　柳鸣九妙喻法国大师

蜚声海内外的法国文学专家兼翻译家柳鸣九，曾笔写过多位法国文学大师。善用比喻的柳先生将这些大师们及其等身巨制描写得淋漓尽致，栩栩如生。柳先生的比喻之笔大致呈两种走向。一是以物喻人，二是以人喻人。如称蒙田的《随笔集》“有如一片极目无垠、郁郁葱葱、气势宏大的大林莽”；称司汤达的两部小说《帕尔马修道院》与《红与黑》是其拿破仑情结的“并蒂莲”；称巴尔扎克“那积蓄已久的创造力，就像火山喷发一样，造成了一种耀目的奇景”；称雨果的成就，“足以构成一块块不朽的丰碑”，其高度的禀能，有如“一块容量无限大的海绵”，其“无穷无尽的创意、诗情、思绪、灵感、见解、观点”有如一股股永不枯竭的“喷泉”。不仅如此，雨果在长期反拿破仑第三专制独裁的斗争中，更是一面高高飘扬的“旗帜”。

至于左拉的巨制《卢贡·马加尔家族》，则如同规模宏大的“纪念碑”，其“广阔丰富的形象描绘”恰似一幅幅“巨型风俗画卷”。而罗曼·罗兰的“每部作品都是一个世界，一角天地”，其中的鸿篇

《约翰·克利斯朵夫》尤其“像一条浩荡的长江大河”，气势磅礴，宏伟壮观。书里面散发出来的浓浓文化艺术气息，恰似“生活的画卷”、“人物的雕塑”，总是令人驻足不前，流连忘返。说到萨特，则称其为20世纪人类思想发展道路上的“一座显著的里程碑”。显而易见，柳先生是以瞩目可见或者触手可及的物体如林、莲、山、碑、绵、泉、画、河、雕乃至世界、天地等来比喻大师及其著述的。

但在不少情形下，柳先生往往运用以人喻人的方法对大师进行描绘。比如他喻雨果为“辞藻王国之君”、法国诗歌中最精于格律声韵的“超级能手”、“人类精神文化领域里真正的伟人、文学上雄踞时空的王者”、“浪漫主义文学运动无可争辩的领袖”、“世界文学史上寥若晨星、屈指可数”的“伟大社会斗士”，喻左拉为“文学史上拥有最大创作量的少数几个巨人之一”，喻萨特为“精神文化领域里的一位巨人”、“二十世纪世界文学中的一位哲理文学巨匠”、“法国历史上那种作家兼斗士的光荣传统的当之无愧的继承者”、“欧洲哲学史上的一代宗师”、一名在精神文化领域中“挥斥方遒、闲庭阔步的王者”。十分清楚，柳先生是借助诸如国君、能手、超人、伟人、王者、领袖、巨人、巨匠、宗师、斗士、继承者这样一些令人望而生畏的桂冠来比喻大师们在文学史上的显赫地位和卓著功勋的。

不过，大师们及其作品的境况和地位并非时时春风得意，高高在上。比如罗曼·罗兰的《约翰·克利斯朵夫》，在中国就曾长期被“虐待”，以致成为众矢之的，受到过一次又一次的围攻与批斗。柳先生巧妙地运用“虐待”二字进行比喻，一方面可令华夏的外国文学爱好者们领悟出，有一段时期西方文学作品在中国的传播是何等的艰难曲折；另一方面，亦可鞭策这些爱好者们更加珍惜当今的和谐岁月，坚持夜以继日地刻苦攻读。

又比如雨果，老人家其实就是一名“辛勤的工匠”，他“不断地开拓自己感觉的范围，不断地发掘自己灵感的源泉，不断地锤炼自己的诗句”，以令雕琢出来的作品，一字一行，一章一节，都能巍巍如大山，浩浩如长河，“气象万千，势度非凡”。睿智的柳先生，以“辛勤的工匠”五个字高度地概括了雨果丰厚而深广、高超而精湛、勤劳而辛苦的一生。一切以笔耕为生涯的人们，如果能细细品味这五个字，或许可从中得到深刻的启发：唯有像匠人一样，长年累月、艰苦不断地劳作，方有可能有所收获。其中一些人一辈子的收获也许就像一颗米粒般大小的苔花。不过在这些人眼中，米粒般大小的苔花所体现出来的人生价值，一点也不亚于“极目无垠、郁郁葱葱、气势宏大”的莽莽丛林。如此感受，不知远在京华的柳先生，亦即笔者格外推崇的乡前贤以为如何？

2012

七十四　书边上的译人译事

曾以点校二百三十万字《郑孝胥日记》而蜚声学林的谷林先生，著有一册小书，曰《书边杂写》，集有文章六十则，其中笔涉翻译的文字竟多达六分之一。这些文字大致可以用三组关键词概括：对译人译著的圈点，对译人译观的张扬，对译人译事的描绘。

对译人译著的圈点有两处亮点。亮点之一是提出对原著的书名翻译可视情更易。如1980年人民文学出版社推出的《伍光建翻译遗稿》一书中收有英国作家吉辛的短篇小说《克利福生》，伍老前辈"改篇名为《买旧书》，使它能较多地表达出小说的内涵，便于有兴趣的读者的择取"。杨绛译有《小癞子》一书，是书原名《托美思河的小拉撒路传》，杨绛对原书名的改动，无疑体现了不凡的"智慧"和细腻的"心曲"，且令人"豁然启蒙，实在是意外的收获"。

亮点之二是倡导译文宜有注解。如刘炳善所译兰姆《伊利亚随笔选》，每篇译文均"有扼要的题解和简注，对阅读兰姆'古雅蕴藉'（梁遇春语）的文章大有帮助"。

对译人译观的张扬告诫人们：译人必须有自己的翻译理念。如吕叔湘称自己“是个业余翻译工作者，比专业翻译工作者有更多的挑挑拣拣的余地，因而可以给自己定下一条：译不好的不译。朋友们有时候说‘你译的东西念得下去，也听得懂，’其实没有什么别的秘密，能够借取舍以藏拙而已”；“我没有尝试翻译大家名著，一则大块文章难于割取片断以适应一时的需要，再则也怕译不好对不起作者和读者”。正是由于译者具有这样一种朴实的翻译理念，“吕先生挑挑拣拣所得的粹美和作出精熟的挑挑拣拣的吕老，自然理当一概受到这样的热爱”。

又如梁实秋尝云：文艺作品的价值，有很大一部分在其文字运用之妙，因之翻译文艺作品也要“字斟语酌，务求铢两悉称”。梁公的这些理念“自是深悉甘苦之谈。所谈虽专指两种文字之间的移译，其实，‘思风发于胸臆，言泉流于唇齿’，何尝不是一种翻译？心情宛曲而文笔流畅，它说明功力既至，于是举重若轻，运斤成风，令观者只感到恬愉舒泰，而浑忘此中有意匠经营的辛劳”。如此说法，不只是张扬了梁先生的译观，同时也亮出了谷公自己的主张。

对译人译事的描绘则向人们提供了四个方面的启示。第一，翻译当有友人的帮衬。如林纾所译《茶花女》“风行一时的盛况，可从严复《甲辰(1904)出都呈同里诸公》诗中见之。诗中咏林纾和这一译作时云：‘孤山处士音琅琅，皂袍演说常登堂。可怜一卷《茶花女》，断尽支那荡子肠！’”严复与林纾同出吴汝纶门下，他能对林译《茶花女》发出这种赞赏，无疑扩大了译本的影响。不仅如此，严复居然还收藏有林纾翻译的小说，且供人借阅，如其在宣统元年(1909)2月14日日记中的“何镜秋借《黑奴吁天录》两卷”一语，便是佐证。

第二，译人的产生有时与家境有关。如冰心能成为翻译家兼作家，其源盖出于对林译的爱好。她少年时曾先后读过林纾翻译的《茶花女遗事》、《孝女耐儿传》、《滑稽外史》、《块肉余生述》等。

冰心其所以能轻而易举地读到这些名译，乃是由于其祖父谢子修与林纾为同乡老友之故。

第三，译人的处境有时是幸运的，但同时也是艰难的甚至是凄凉的。如周作人藏书的大部分(约两万余册)于1950年"充公"，这无疑会给他的翻译带来不便，然而"没有这些藏书，对周作人此后的著译工作未必会造成很大困难"。原因是"周的大批藏书归了北京图书馆，未被分散，其子周丰一适在北图工作，因之颇得查找借取之便"。这不能不说是周作人的一种大幸。谷林披露自已曾两度去八道湾造访周作人。第一次是在1950年9月，周"时年六十六，看去没有那么老，然而颜色枯黄，身穿同我一样的灰衣裤"。当说及也是翻译家的刘半农时，他"言下若有黯然之色，颇为动情"。第二次去时，已隔十年，时维初冬，周"穿一身绸质玄色薄棉袄裤，有些伛偻……室内未安炉火，我没有久坐，接过书(《乙西文编》)就道谢告辞。几年后，文化大革命，他在劫难逃，带着他的艺术品位，文化特色，消逝了"。

第四，翻译具有普世性，既能促进人类的交流，又能维系环宇的和谐。如金克木"二战"时曾在印度居留经年，结识了一对与翻译有缘的父子。父亲乔赏弥是佛教老居士，儿子高善必是博士出身的科学家。有一次，"居士在鹿野苑为金先生讲《清静道论》的'四无量'，是一个集中了分属四个国籍的四人学习班，除老居士和金先生外，还有一个锡兰和尚和一个英国女学生。讲习是一个极妙的场面"：和尚读一段巴利语原文，老居士随口译成梵文，然后又译成英文。随后便发挥见解。说者、译者、听者无不息息相通，心心相印，由是皆大欢喜。至于高博士，则"不止一次"地称赞支谦翻译过的《法句经》是"伟大的诗篇"。他还对金克木说："应当感谢你们中国人，给我们保存了那么多古代文献。"字里行间，可谓充满了对中国佛教翻译家的深情厚谊。

谷林，原名劳祖德，浙人，长期供职于中国历史博物馆。其一生以读书写作为志趣，待人温和谦逊，处世不计名利，有“文化老人”之称。2009 年，先生以九十高龄谢世，不觉间已逾一稔，谨以此文聊表怀念。

2010

七十五　董桥话译

董桥先生曾写有一文，题目叫《从梁译莎集想起的》，里面有段话："翻译原来就是一件左右不讨好的差事。从几句诗、一个短篇、一则新闻的译文，有翻译知识的人或许可以在瞬间辨别出译者技巧的高低；可是面临一部全集的译文，读者除了要注意译文的文字，更不可忽略译者对原作者的著作背景和人生哲学的研究。"短短一百多个字，说了两桩事。一桩是对译事的看法，一桩是翻译批评的方法。在董桥看来，翻译是得罪人的苦差事，左边开罪的是原文作者，右边开罪的是译文读者。译得信，读者骂你文理不通；译得雅，作者骂你背离原著。真是"左右不讨好"！何谓翻译批评？翻译批评既要评价译者的文字表达功夫，又要评价译者的学术研究功力。两个方面，缺一不可。毋庸置疑，董先生的这一百多个字分明是当年海峡彼岸成功大学高才生的学院派表述。

对翻译，董桥先生还有另外一种表述："好的翻译，是男欢女爱，如鱼得水，一拍即合。读起来像中文，像人话，顺极了。坏的翻译，是同床异梦……读起来像鬼话，既亵渎了外文也亵渎了中文。”这中间还有四个说得更为露骨的短句，笔者羞于引用，只好用省略号替代了。将翻译说成是男女感情的纠葛，这无疑是董先生的一种创新性表述。译得好，是“男欢女爱”，情投意合；译得不好，是“同床异梦”，貌合神离。如此表述真令人拍案叫绝。

进入从心之年的董先生，对翻译似乎又有了不同的理念，称“人老了不信翻译可靠”。并举例说，一位剑桥古典文学专家读罢蒲柏翻译的荷马史诗《伊利亚特》后，叹曰：是诗甚美，乃蒲柏之诗，非荷马之诗矣！（It is a pretty poem，Mr. Pope，but you must not call it Homer.）

董先生还曾张扬过一位英国友人翻译朱自清、林徽因、徐志摩等人的散文的逸事。这位友人初译朱文，觉得译文远不如原文流畅，于是“改用稍微古奥的英文重译”，结果自然是庶几相当了。友人称，相比朱文，林徐等人的文章译起来“下笔轻便顺畅”，而且译文能令“老一辈英国人读了不难会心”。朱自清“外圆内方，文字尽管浅白，心思却很深沉，译笔只好朝深处经营”。

董先生曾译有《再见延安》一书行世，这可能是先生的得意之作，惜乎一直无缘洗手焚香拜读，至今犹以为憾，但可以推断，译笔一定不在其乡前贤严复、林纾之下。多年前，我读先生的散文集《静观的固执》，发现其将一首三行诗的英文画题“Around me I behold，/ Where'er these casual eyes are cast，/ The mighty minds of old”移译为一句七言“眼前处处圣贤书”，几经琢磨，不禁叹为观止。

2013

七十六　翻译家张佩瑶印象

张佩瑶教授是中国翻译界的一位巾帼英雄。她不仅在翻译实践上建树颇多，而且在翻译理论上灼见丰厚，深为五湖四海的学人感佩不已。我有幸与张教授有过两次谋面，每次均获益匪浅。记得第一次是在2009年1月，经罗新璋先生推介，我和柳晓辉等五位同仁前往香港浸会大学英国语言及文学系和翻译学研究中心参观学习。张教授予以热情接待，令我们对英文系与中心的办学理念、课程设置、教学方法等方面有了比较全面的了解。尤其使我感到受宠若惊的是，张教授居然邀请我给系里的同学作了一次有关翻译的讲座。正是由于这一次讲座，我和浸大的老师与同学有了相互的交流，获取了许多翻译领域的新动态，新理念。

第二次与张教授谋面，是在2011年4月。其时，张教授应中国语言教育研究会的邀请，来长沙参加第二届全国语言教育研讨会暨国际汉语教育专题研讨会。张教授在大会上作了“Think Global, Act Global, Speak Global: A Case Study Approach to Translation Studies in an Age of Globalization”的专题报告，深受与会者欢迎。会议期间，我和同仁熊丽君等受委托，陪同张教授前往湖南省博物馆参观。张教授对展出的文物看得非常仔细，不时问这问那，体现了一位翻译家对中国文化的无比热爱。展厅内设有购书柜，张教授饶有兴致地将陈设的书典细细过目，并从中挑选了两本有关书法的专著。会议结束后，我用毛笔写了两幅字送给她，其中一幅是唐诗“远上寒山石径斜，白云深处有人家。停车坐爱枫林晚，霜叶红于二月花”。张教授显得很高兴，连连称谢。

张佩瑶教授曾就读于英国肯特大学，获英国及美国文学博士，之后长期执教于香港浸会大学。基于“选择好的文学作品向西方介绍，尽一份力”的志向，张教授于舌耕之余，坚持翻译实践，先后译有中国作家刘索拉的《蓝天绿海及其他》(*Blue Sky*, *Green Sea and Other Stories*)、韩少功的《归去来：韩少功短篇小说代表作》(*Home Coming and Other Stories*)等行世，在译界影响极大。她于翻译，总是“用心分析文本”，致力于将原文的“特色、主题通过理解带出来”，以求“忠实于对原文的 interpretation”。尤有甚者，她对原文的文化内涵亦十分关注，尝谓“翻译就是两种文化的碰撞、冲突、交流、对话。我一般都会把翻译放在这样一个大的文化背景里面来看”。她曾举例说，自己读余国藩的《西游记》译本时，对诸如天干地支这样一些文化内涵浓郁的词语译法格外留意，称：“翻译为我打开了一个新的世界，加深了我对中国文化的理解。”

前不久，张教授又对学术著作的翻译亮出了自己观点。她认为学术著作的翻译迥异于包括文学作品在内的其他类型的翻译。操刀者，不仅应具备功力深厚的语言表达水平，而且还应具备独特的学术素养。“一是要掌握关键词。”因为这些关键词往往是“作者思想的凝聚点，不容有失”。“二是要掌握专业知识、学术话语及其修辞法。”唯如此，译者方能“选择恰当的翻译策略”。“三是要对译入语的文化情境、学术氛围、各思想流派的对立互动、话语势力的消长有起码的认识。”因为这些因素对关键概念词及原著的修辞表述方法翻译有着“决定性的影响”。张教授这种言简意赅的表述足以胜过某些理论家的万语千言。可令人得其要领而能敏于思，会其用心而能善于行。

张教授犹有另一种美德使人对其顿生敬意，即她能时怀师训且常张扬之。其师云：“Make sure your translation conveys the image from the original work, and read your translation aloud to feel the power of its words and the rhythm of its sentences。”张教授之所以能在翻译一域取得夺目成就，我想，除了她自身的天资与用功之外，亦端赖其师之教诲矣！如今作为人师的张教授，其授业弟子又有谁不对其谆谆教诲牢记于心而永不忘怀呢？真可谓师业代代相传，师德代代相传，薪尽火传，不绝如缕。

凡此种种，便是翻译家张佩瑶给我留下的深刻印象。惜乎，两年以后，她居然乘鹤西去。原本期待能与她再一次握手的念想，顷刻间便化作了灰飞烟灭。霏霏秋雨中，我纵目南望，不禁潸然泪下。

2013

七十七　翻译临时工

50后的作家中，鲜有操刀翻译者。倒是韩少功脱颖而出，堂而皇之地译了两部书。一部是捷克人昆德拉的小说《生命中不能承受之轻》，一部是葡萄牙人佩索阿的散文《惶然录》，底本均为英文本。想不到大陆与台湾居然将这两部译作竞相推出，真可谓“这边唱罢那边和”了。好事者闻之，立马向韩先生送上一顶“翻译家”的桂冠。至今仍一年当中有半载时光居住在农村的韩先生却不改“知青”本色，憨厚地回应道：我充其量就是个翻译临时工！

韩少功何以愿当一名翻译临时工？目的有二：一曰学习，二曰替翻译家“帮上一手”。韩先生视翻译的过程为学习的过程。首先，通过两种不同语言的精细比较，可以“了解到语言的另一面，即它的文化性、专适性、主观性”，从而改变了自己心目中的语言地图，知道语言“是一些有生有死、有长有短、有肥有瘦、有冷有热的活物”。其次，通过细读外文本，可以一个字一个字地挖掘出“一些意想不到的文化和历史”以及隐藏其间的“人物故事”。第三，通过“带着镣铐跳舞”的“写作训练”，能够在句式、节奏、语感、词义的反复推敲中将语言驾驭水平提升到“更加立体化和深度化”的程度。韩少功坦言，他创作的《马桥词典》，其中一些有关语言的体会便是源于这种学习般的翻译。

韩先生之所以愿意“帮上一手”，理由一大一小。大而言之，是对梁实秋倡议的一种回应。梁先生提倡有能力的作家不妨“染指”一下翻译，倘若一个作家译一本，聚沙成塔，集腋成裘，无疑将“对介绍外国文学功莫大焉”。韩少功曾兼读英语于爱晚亭，专攻英语于珞珈山，自然有能力进行翻译。小而言之，则是对翻译家们的一种同情。韩先生曾问专门翻译葡萄牙语的北大教授赵德明，何以与佩索阿擦肩而过？赵教授双手一摊，无可奈何地说：“忙，实在是太忙，偏偏没顾上。”由是韩郎慷慨地伸出一只手，将“翻译家们一时顾不上的事情”，适当地帮上一帮。

韩少功在为期不短的翻译实践中，对翻译这档子事，渐渐有了自己的想法或曰认知。首先，从严格的意义上讲，译文几乎不可能再现原作。充其量只能“给出一个汉语语境中”的原作者，理由是译本里肯定有汉文化的“气血充盈其中”。捷克的昆德拉译成英语的昆德拉，无疑衍变成了欧式混血，再倒腾为汉语的昆德拉，更是二度混血，根本不可能达到“月亮还是那个月亮”的境界。

其次，翻译必须忠实，“力求字字有所据，字字有所本”。原作好比土豆，译作也应是土豆，只是“大小优劣”不同而已。如果译作变成了南瓜，那就一点也不忠实了。再次，译者应当努力将原作中的“精气神”挖掘出来，尽可能在不伤原意的情况下，将译文译得“好看一些”，因为“这也是原作者的愿望所在”。

涉水者方知河海之深浅，攀山者方晓峰峦之高下。译过两部巨制的临时工韩少功总结出来的这三项认知，是焉非焉，无疑能给专职翻译家们留下许许多多的思考与掂量。

四十年前，我与韩少功同饮汨罗江水长达十个春秋。惜乎，他居江之头，我居江之尾，竟缘悭一面。时至今日，也仍然只能通过照片睹其尊颜。1977年，他参加“文革”后的首次高考，我则充任高考评卷，说不定他的英语试卷上还曾有过我的红笔留痕呢。驹光如驶，如今他已是举世瞩目的文豪，我则依然操粉笔生涯如旧。正所谓：

文坛高手密如林，最羡韩郎出群雄。
手挥写译双刃剑，勇掣鲸鱼碧海中。

2012

七十八　作家话译新意多

纵观浩浩汤汤的中国当代作家队伍，似可发现其中不乏对翻译饶有兴致的“粉丝”。比如刘心武、梁晓声、毕飞宇三位就对翻译有过不少热切的议论，而且颇具新意。

刘心武说：“读外国作家作品，翻译家给了我中文的语感。读译著，可以吸收的营养是很多的，却不大可能吸收到原著在语言上的精华。”显而易见，刘先生的意思是：翻译作品虽然能向不懂外文的读者输送各种各样的营养，诸如新鲜的思想、奇特的内容、动人的情感、美妙的景色等，但原文作者那种原汁原味的语言表达方式却是无法窥见的。聪慧的刘心武心知肚明，所谓译文完全是在翻译家动了这样那样的手脚之后才形成的，因此这些译文只能“给我中文的语感”。这一高见堪称一语道破翻译的玄机。

梁晓声这位与共和国同龄的东北人，童心不泯，他以形象的比喻道出了自己对翻译的见解。他说：“一部上乘的翻译作品，如同两类美果成功杂交后的果子。”梁先生这个比喻的深层含义分明就是：身手不凡的翻译家恰如生物学家一般，左手托着一种美果即典雅的母语，右手托着另一种美果即华丽的原文，然后通过一番运作，巧妙地将它们结合于一体，形成第三种美果即一流的译文。

从郑板桥、施耐庵故乡江苏兴化走出来的毕飞宇，可以说丝毫不让他的这两位乡前贤，其创作的小说《玉米》、《青衣》一次又一次地获奖，由是走红文坛。也许是与西方翻译家时有交往的缘故，他对翻译尤多灼见。其中最突出有这样五点。首先，作家和翻译家来自不同文明的国家，而翻译要处理的正是文明与文明的关系，这既是“翻译责任与义务”，也是“翻译的价值与意义”。其次，文学翻译不同于“文件翻译”，后者是一加一等于二的翻译，前者则是一加一大于二的翻译。换言之，文学翻译“骨子里是写作，一种很特殊的写作”。再次，文学作品中文字的气息、作者的气质能否翻译得出来，“一切取决于译者的语言修养、美学趣味和写作能力”。复次，译者与原作发生冲突或碰撞时，译者应当具有“想象的翅膀”，“知道往哪儿飞”，以求“最终促成理解”。最后，文学翻译家恩德无量，理由是“没有文学翻译，便没有我们这一批五〇、六〇后的当代作家”。

窃以为，上述三位作家的说法至少能给从事翻译的人们带来四点启示。第一，肩上责任重大。须知，译者们大笔一挥，无论是外译中，还是中译外，便是在传播原语国家的文明，岂能容得半点马虎？第二，译语务求上乘。译者们笔底汩汩流出的汉字或外文，普通读者也许不会挑剔，但到了作家的眼皮底下，他们就会有所思量。一方面，他们会仲裁译语的表达是否合乎母语的“语感”，另一方面，他们亦期冀获取原语新鲜的说法。第三，译技必须娴熟。译者一定要善于操控外语和母语，将两种语言的特色再现于译语之中，化作一种别有滋味的“美果”。第四，译者必须具备相当的应对能力，善于处理翻译中的冲突与碰撞，做到化险为夷，握手言欢。

所幸翻译界真还有不少这样的译者。比如，翻译“One stone

kills two birds”的译者，煞费苦心地将“一箭双雕”的形美与“One stone kills two birds”的意美杂合在一起，形成“一石二鸟”的译语，便毫无争议地扩大了中国作家们的语料库。

又比如不少诗歌翻译家将唐代诗人王勃的名句“海内存知己，天涯若比邻”锤炼成“If you’ve on earth a bosom friend, / He’s near to you though at world’s end”，或者“Close friends remain close friends wherever they roam; / Even at the earth’s end, you would seem next door”，由是为异邦文人争相引用，以示情谊深厚。

从事翻译的人们经过惨淡经营而嫁接出来的译语，对思如泉涌、笔走龙蛇的作家们的帮助，由此可见一斑。看来，给他们以“恩德无量”的高度评价，实在是一件顺理成章的事儿啊！

2012

七十九　莫言的“军功章”有葛浩文一份功劳

世界文豪们梦寐以求的诺贝尔文学奖，今年终于让中国山东大汉莫言一举夺得。从此，中国当代文学史便掀开了崭新的一页。由是想到，这枚沉甸甸的“军功章”里面，也应该包含有众多翻译家们的一份功劳，其中尤以英译者葛浩文(Howard Goldblatt)最为显著。

这位1939年出生、长莫言一十六岁的美国人，和莫先生一样，也曾有过从军的经历。戎装在身的葛先生先是被派往台湾学习中文，继而又以复员军人的身份在美国印第安纳大学摘取了中国文学博士的桂冠。1976年，年届三十七岁的葛博士开始了汉译英的笔墨生涯，首选作品为中国著名作家萧红的《呼兰河传》。打那以后，他便被中外媒体誉之为英译中国当代文学作品的“唯一首席接生婆”，而且“令中国文学披上了当代英美文学的色彩”(戴乃迭语)。

在恒河沙数般的中国作家群里，葛先生与莫言的合作最默契、最愉快。在不太长的时间内，老葛先后将小莫的六部小说译为英文，令它们流向美洲、流向澳洲、流向欧洲，直至摆上诺贝尔文学奖评委马悦然们的案头。葛先生甚至在《红高粱家族》的英译本序言中称莫言善于运用民间的信仰、奇异的动物意象、不同的想象性叙事技巧以及诸如国家和地方的、官方和民间的历史与现实，并将它们融为一体，创造出一种奇特的、令人感奋的文学。这些作品的主题，足以吸引世界的目光，其所采用的意象更是感人肺腑。故其作品能轻轻松松地跨越国界。

作为一名具有个性的翻译家，葛浩文的翻译生涯体现了这样三种风采。第一，视翻译为自己的生命。他曾格外动情地向世人表白：翻译于我，有如空气，没有翻译，我便不能生活。正所谓，我译故我在。第二，翻译必须忠实于原著。译者应当将原著本身视为“指南针”。译者一定要恪守翻译伦理，决不能越俎代庖，误把自己当作者。他曾在莫言《酒国》英译本序中称：莫言的这部小说，前后不一，翻译时，我尽量忠实原文，以求译文读者能通过译文尽情领略和品尝原文的美味。虽说译文有所流失，却丝毫无伤大雅。第三，翻译务求“信达雅”。众所周知，美国是一方盛产翻译理论的风水宝地，某些国人谈起这些理论来，往往如数家珍，以致奉为圭臬。可是作为土生土长的美国人，葛浩文居然宣称：翻译无理论，亦无直译意译之分，甚至可以说翻译无技巧。他认为翻译“就是一边当读者，一边当译者”，“在翻译过程中，通过一个字一个词的语言转换来求得对整部作品的深入了解”以及在信达雅之间进行平衡。老葛这番直率的宣示，无疑凸显了他对中国译人的情有独钟，尽管他没有指名道姓地说出信达雅的创始人是谁。

而今现在眼目下，咱们中国的第一位诺贝尔文学奖得主莫言先生，兴许正陶醉在一种无以言比的兴奋之中。当他举起酒杯和一位又一位的道贺者们开怀酣饮之际，他一定不会忘记葛浩文以及许许多多其他语种的翻译家，而且他一定也会像往常一样，继续感喟：翻译家们辛勤的劳动实在是功德无量啊！

2012

八十　莫言的翻译认知

凭仗自己坚实而独特的写作内功，莫言破天荒地成为 2012 年诺贝尔文学奖得主，不知几多中国人追求了几多年的梦想终于化为现实。在一片颂赞声中，谦谦君子莫大哥格外清醒地说道：此番若无诸多异邦译者的鼎力相助，我焉能获得如此荣耀！

记得本世纪初即 2001 年，莫言曾调侃自己对外语简直就是一头雾水，根本不能直接阅读外文原著，更不用说操刀翻译了，故成为人生一憾。如此一来，人或曰，此公除了能对从事翻译的人表示感激之外，恐怕对翻译一事亦是雾水一头。孰料情形恰恰相反，莫言不仅对翻译有自己的认知，而且这些认知还深刻得很，非一般人所能企及。这位睿智的作家从评议翻译家入手，一语破的地道出了翻译对文学的影响。概括起来，大约有这样五个方面。

首先，翻译能加深世界范围内的文学交往。比如像俄罗斯的托尔斯泰、法兰西的巴尔扎克、英伦三岛的福克纳、西班牙的马尔克斯这样一些重量级文豪的作品，如果没有翻译的襄助，简直就不能走出各自国门，遑论与五湖四海交往，产生世界影响了。

其次，翻译能使各个国家的写作高手对外国文学有所借鉴。以中国为例，现代作家排行榜前六名的鲁郭茅巴老曹，谁没借鉴过外国文学？甚至连乡土派作家的老大赵树理对外国文学也有过参照。即便像天才作家曹雪芹，其所创作的巨制《红楼梦》中亦有不少诸如佛教一类外国文学的蛛丝马迹。

再次，优秀的文学译作实际上就是译语国文学的一个组成部分，其中一个最明显不过的理由便是译者丰富发展了母语。而任何一个国家翻译外国文学的机构，同时也是培育本国文学的“摇篮”和给本国语言带来新鲜素质的“文体实验室”。

复次，从语言表达的层面上分析，译作的语言只可能是译者的语言，而不是原作者的语言。因此，译语国作家读译作所受的影响，只能是译者的影响，而非原文作者的影响，真正受原文作者影响的仅仅是译者本人而已。

最后，好的译作可以替原作增光。关于这一点，莫言以自己的亲身经历，进行了使人折服的论证。1988 年，美国人葛浩文开始翻译莫言的作品。葛先生为了让译作能够尽如人意，常常用写信和打电话的方式与莫先生联系。仅仅两年，信就写了“一百多封”，电话“更是无法统计”。有时为了一个字或者不熟悉的某样东西，两人总是不厌其烦地“反复磋商”。不谙英语的莫先生甚至以其“拙劣的技术”向葛先生绘图说明。译作完成以后，有些双语读者评价说，原著与译作“是一种旗鼓相当的搭配”。莫言听到后，不假思索地答曰：“我更愿意相信，他的译本为我的原著增添了光彩”。

一个不懂外语和没有任何翻译实践经历的作家，居然能够提出如此深刻的翻译认知，着实令人感佩。短短五个方面的朴实说法，足以胜过某些翻译理论家们厚厚的砖头大作。纵观天下，能与莫君比肩者，恐罕有其人矣！

2010

八十一　巴蜀译界一“红”人

巴蜀译界多俊彦，杨全红便是其中之一。杨郎所为，一非将中文易成外文，二非将外文移作中文。他做的是翻译批评。一支健笔纵横古今数千年，将翻译界的种种描绘得有如春花烂漫，夏树翠绿，秋果金灿，冬雪洁白。如若不信，何妨一读他的两部杰作。一部名曰《翻译史另写》，一部称为《谁不想译名惊人》。

先读《翻译史另写》。这“另写”二字分明就显露出作者笔下别有一段崇山峻岭绿水青波。他点评三国支谦的《法句经序》，一瞬间就挖掘出来四个版本，且解说得入情入理，莫不令人折服。他评论唐代翻译家玄奘，相关文字便有五篇之多。山重水复，柳暗花明，原来这位历经九九八十一难的“唐僧”实实在在乃一翻译实践大师，何必硬要塞给他一顶“翻译理论家”的桂冠呢。如此定位，同样一语中的，使人感佩不已。

他考证傅雷“翻译神似”的渊源内涵，将一个“神”字扩展为“精气神”三个字。“精”者，精神也；“气”者，气息也，亦兼神气、语气、气氛；“神”者，神韵也，亦兼神味。如此解读，可谓凿凿有据，鞭辟入里。他分析钱锺书“翻译化境”一说的辗转过程，认为此说既可视为文学翻译的“最高理想”，也可同时视为“最高标准”，而不必执著于其中之一。如此厘定，无异于暮鼓晨钟，足以发人深省。君不见，理想者，可以通过千辛万苦的追求而实现；标准者，能够通过千锤百炼的实践而达到。

接下来，再读一读他的《谁不想译名惊人》。睿智的杨郎妙用修辞格中的谐音法，将“一鸣惊人”化作“译名惊人”。这一作法无疑能引起读者的极大兴趣，令他们非得立马畅读不可。是书“收集和整理书名译评典型个案150例，其中汉译外30例，外译汉120例”，由是能令读者大开眼界，增长见识，获取知识。比如众人皆知的长篇小说《红旗谱》，杨宪益将其译为“Keep the Red Flag Flying”，一个名词“谱”化作两个动词“Keep”，“Flying”，如此译法，焉能不惊人？又比如钱锺书的《围城》，英译名为“Fortress Besieged”，人咸谓此译既忠实又雅趣。殊不料，译名竟是源于一句法国谚语“Le marigae est une forteresse assiégée, ceux qui sont dehors veulent y entrer, ceux qui sont dedans veulent en sortir.”(Marriage is like a fortress besieged: those who are outside want to get in, and those who are inside want to get out.)译者学问之深，岂能不令人吃惊？无独有偶，同样的情形在汉译英文书名中亦时有所见。比如海明威长篇小说 *For Whom the Bell Tolls* 的最佳译名是《丧钟为谁而鸣》。为什么说是最佳？乃是因为译者对原书名做了一番学问，知道海明威是用斧头从一位大学问家的名句中劈下五个词移作书名的(Any man's death diminishes me because I am involved in mankind, and therefore never send to know for whom the bell tolls; it tolls thee)，如果简简单单地译作《钟为谁鸣》或者《战地钟声》，那就与诺贝尔奖得主的本意相去甚远了。不明底细的读者也许会将这个译名轻易放过，而对“掉书袋”饶有兴致的双语读者就有可能对这个译名另眼相看，甚至有几分惊讶了。

杨郎无论如何可以归于“钱迷”一类，因为是书中除了上面提到的“化境”和《围城》之外，尚有不少其他关于老人家的逸闻秘事。比如，长沙人刘柏丽好热闹，凭着自己的诗才，亦将英文本《鲁拜集》译为汉语。肯定是为了“译名惊人”，她易《鲁拜集》为《怒湃译草》。其实“鲁拜”应改译为“鲁巴依”才是正理，其意为四句诗，与中国的绝句庶几近之。学人施蛰存认为刘的译名“极不适当”。一是“怒湃”二字，仿佛怒火中烧，俨然这是一本“无产阶级革命诗”集似的；二是“译草”二字如同“诗草”二字一般，前面“只能用译者人名”。令人感到诧异的是，这样的译名居然是钱锺书为之题写，“不知道锺书君秉笔之际，为什么不向译者提出意见?”想来是经过“文革”磨炼后的钱翁，已经没有了当年的那份锐气，一切都以不拂人意为上策之故吧。不过老人家对自己著作的英译倒是斟词酌句，格外在意的。比如美国人 Ronald Egan 节译《管锥编》的书名是“Limited Views：Essay on Ideas and Letters”。这个英文书名居然是钱翁亲自定夺，一览之下，便觉得分外贴切，令人惊叹。

杨郎的这部大作，我曾拜读两稔，私心以为，凡是能将这本书认认真真通读一过的人，肯定会立地成“富”。富者，知识之富也，文化之富也，精神之富也。

我与杨全红教授曾有过两次谋面。一次是在大连，时为 2001 年金秋，其时他正执掌重庆交通学院外语系，翩翩少年，风华正茂。另一次是在长沙，时在 2011 年盛夏。此时他已移教四川外语学院经年。与十年前相比，其亲和力未有丝毫改变，但却历练成了一名腹笥宽广的中年学者。他反客为主，请我这个退出“名利场”多年的白发老者在车水马龙的芙蓉大道上吃了一顿便饭。饭后，我目送他匆匆南去，心中依依不舍地默诵着：

长江后浪催前浪，不信今时无古贤。
译界代有才人出，引领风骚君在先。

2013

八十二　水浒好汉沙博理

美国五角大楼的将帅们格外重视中文人才的培养，比如“二战”时期，他们就曾选派一位名叫 Sidney Shapiro 的高射炮手专门学习中文。孰料这位炮手却一反将帅们的战略思维，解甲之后，居然来到中国，与一名中国姑娘结为连理。不久又加入中国国籍，并成为专门从事翻译的专家，同时更名为沙博理，志在“博学明理”。

沙博理果然名副其实，凭借自己坚实的中英文基础和广博的“杂学”知识，先后将不少中国优秀文学作品，如茅盾的《春蚕》、巴金的《家》、赵树理的《李有才板话》、杜鹏程的《保卫延安》、曲波的《林海雪原》、峻青的《创业史》等，成功地移译为英文，令西方友人大开眼界，对新中国作家及作品有了更进一步的了解。

不过，沙博理最大的手笔是翻译了中国四大古典文学名著之一的《水浒传》。“文化大革命”的第二年即 1967 年，一个偶然的机会使他结缘于这部巨制的翻译。从此他便像水浒中的梁山好汉一般，一头扎进汉英两种文字之中，放开手脚进行拼搏，期间不知历经了几多磨难，几多困扰，直到 1975 年方全部完成。1979 年是译开始正式梓行。新书一问世，赞誉之词便纷至沓来。有人说，这是一部既信且达又雅的佳作。还有人说，旧的译本只是将《水浒传》部分地带给了西方，而沙博理的译本要比原来的译本优秀三倍。更有人说，沙博理在中国文学翻译史上留下的，或许是一座难以超越的里程碑。面对这些溢美之词，沙博理平静地说：在众多的中国古典文学作品中，我的确最喜欢《水浒传》，它非常有意思，反映的是一种人生百态，能使人百看不厌。至于我的译作恐非上乘，我只不过是在走钢索而已(The translator walks the tight-rope)。

曾有人问沙先生："水浒传一百零八条好汉，你喜欢谁?"他回答说："喜欢黑旋风李逵，理由是这位好汉疾恶如仇，具有正义感。"众所周知，李逵的首度亮相是水浒传第三十八回中与宋江的初次谋面。在这次相会中，他前后约摸讲了四五句话。原文是这样叙述的：李逵看着宋江问戴宗道："这黑汉子是谁?"李逵道："莫不是山东及时雨宋江?"李逵道："若真个是宋公明，我便下拜；若是闲人，我却拜甚鸟!"李逵拍手叫道："我那爷！你何不早说些个，也教铁牛欢喜!"扑翻身便拜。

短短四句话，李逵纯朴、直率的性格分明跃然纸上。不妨领略一番沙老的译文：

> Li Kui looked Song Jiang over. "Who's this swarthy fellow?" He asked Dai Zong. "Not Blacky Song, the Timely Rain from Shandony?" "I will (kowtow) if he's really Song Jiang. But if he's just some idler, I'll be blown if I will." Li Kui clapped his hands. "My blessed grandfather! Why didn't you say so earlier? Iron Ox delighted!" He flopped to the ground and kowtowed.

聪慧的译者娴熟地运用异化和归化的手法，令原文中的所有信息在译文中全部到位，无一遗漏。如此出神入化的译文无疑能使读者深刻感受到一个活脱脱的山东鲁莽汉子形象。也许这就是沙译《水浒传》深受海内外英语读者欢迎的缘故。

2012

八十三　毋忘霍克斯

在近六千万英国人当中，有一位名叫大卫·霍克斯(David Hawkes，1923—2009)的学者，值得咱们中国人永远铭记。理由是，这位曾参加过新中国开国大典的北大留学生，凭着扎实的中文功底和顽强的毅力，将中国四大文学名著之一的《红楼梦》译成了英文，从而令整个西方世界大开眼界，知道东方也有一位丝毫不让莎士比亚的曹雪芹！

霍克斯对中国文学的爱好始于1945年。其时，他刚刚开始学习汉语。三年以后，他辗转来到北京大学，继续对中国文学进行研究。1951年，霍克斯依依不舍地话别北大，返回故国，在牛津大学专事中国文学教学。1959年，他着手翻译《红楼梦》。由于业内工作的干扰，翻译进程一直不能尽如人意。于是从1971年起，他索性辞去教职，全身心地投入到翻译之中。经过近二十年的艰苦努力，《红楼梦》前八十回的英译本终于陆续得以问世。真可谓：廿年一觉红楼梦，平生夙志如愿偿。

霍克斯翻译《红楼梦》其所以能取得成功，原因有三。首先得益于他的严谨治学态度，其次得益于他的翻译原则，最后得益于他的翻译策略。就治学态度严谨而言，乃是由于他在翻译的过程中，不仅认真地研究了原书的版本，而且对作者的家世亦进行了仔细的考证，甚至连书名的选择也狠下了一番功夫。他认为如果将《红楼梦》这个书名中的“红楼”译为“red chamber”，则其意有失偏颇，如果译为“red mansions”，则可能导致译语读者不同的联想。基于此，他毫不犹豫地选择了是书的另一书名《石头记》，并直截了当地将其译为“The Story of the Stone”。这个书名可以说既表达了原作者的初衷，又点明了原书的来历，能使西方读者更容易接受。

就翻译原则而言，他既定有宏观的原则，又定有微观的原则。前者为“翻译务求做到三个忠于，即忠于作者，忠于读者，忠于作品”；后者则是“原作中一言一语，一事一物，即便是双关语，均全译不删”。如《红楼梦》第十六回中有此一句：凤姐道：“我那里照管得这些事！见识又浅，口角又笨，心肠又直率，人家给个棒槌，我就认作‘针’。”霍译为：“I am not much of a manager really,” said Xi-feng. “I haven't got the knowledge, and I'm too poor at expressing myself and too simple-minded — always inclined to ‘take a ramrod for a needle’, as they say.” 原文中的“针”乃一谐音双关，译文曲尽其妙，未有丝毫遗漏。

至于翻译策略，则以移植为主，或曰以归化为主。如《红楼梦》第一回称：一僧一道说说笑笑来至峰下，那僧大展幻术，将一块大石变成一块鲜明莹洁的美玉，托于掌上，笑道：“形体倒也是个宝物了！还只没有实在的好处，须得再镌上数字，使人一见便知是奇物方妙。”霍克斯将僧人的话译为：“Ha, I see you have magical properties! But nothing to recommend you. I shall have to cut a few words on you so that anyone seeing you will know at once that you are something special.”译文淳淡清雅，圆融轻快，俨如译者在用译语写作一般。第一回中还有一首五言绝句："满纸荒唐言，一把辛酸泪！都云作者痴，谁解其中味?"霍译为："Pages full of idle words / Penned with hot and bitter tears: / All men call the author fool; / None his secret message hears."译者运用移植的策略，将英诗的韵律替代中诗的韵律，读来朗朗上口，全无生硬槎枒之弊。有人称此译诗"最见功夫"，实乃高论矣。

著名学者许国璋对霍克斯所译《红楼梦》曾作如是说："霍氏译文，已有多人评述，我觉得最可重视之点，在于他注意到文化情境之移植，使西方读者不仅读到两个世纪以前的一部中国小说，而且看到中国社会的一个侧面，领略其中风光与人物。其翻译贴切处，为近时兴起的社会语言学提供最好的例证。"这无疑是一种最中肯的评价。刚刚驾鹤西去的霍克斯若能回味许先生的此番话，定当感到分外惬意，兴许他还会放声吟诵自己在《红楼梦》第一卷译本中所写的那段序言：

> *The Story of the Stone* was written and rewritten by a great artist with his very lifeblood. I have therefore assumed that whatever I find in it there for a purpose and must be dealt with somehow or other. I cannot pretend always to have done so successfully but if I can convey to the reader even a fraction of the pleasure this Chinese novel has given me, I shall not have lived in vain.

霍公这番令人感到震撼的表白，不知是否可以译成这样的中文：

> 伟者曹公，倾毕生之心血，数易其稿，成就一部艺术巨制。书中一词一句，一枝一叶，无不慧思迭出，寓意深远。译者如我，殚精竭虑，心摹手追，力求神形得似，毫发无遗。我

之所译，断不敢妄称惊世之作。然则若果能将书中所获妙趣，向同胞传递二三，我之一生，则未虚度矣！

2010

八十四　功夫深处独心知

老牌哲学家德国人黑格尔颇有些瞧不起中国语文，“以为不宜思辨”(参观钱锺书《管锥编》)。孰料百余年后，一位年轻的德国人偏偏不买他的账，仅仅读了一首英译李白的诗，便深深地爱上了中国语文和中国文学。此人即是沃尔夫冈·顾彬(Wolfgang Kubin)。这位年轻人后来以论文《论杜牧的抒情诗》获取了博士学位的功名，但他并不以此为满足。一年之后即1974年，他又克服重重困难，不远万里，与十几个志同道合的德国青年结伴来到中国，入北京语言学院继续深造。他曾回忆说：“其时中国正是动乱时期，所幸遇到了不少热心的老师，学到了许多有益的知识，特别是认识了‘鲁迅’和鲁迅所代表的中国现代文学。”

回国后，小顾一边有条不紊地从事现代汉语教学和开设中国文学讲座，一边又风驰电掣地自己动手或组织他人翻译中国文学作品，先后译出茅盾的《子夜》、巴金的《家》和《寒夜》以及丁玲的《莎菲女士的日记》等。其中最为壮观的是，他力邀十多位德国学人一起出手，以近十载之功，译出一套六卷本的德文版《鲁迅选集》并于1994年公开出版。如今的他，已由满头青丝的翩翩少年变成了白发斑斑的耳顺老圃，但依然意气风发，说话更是锋芒毕露，咄咄逼人，俨然成了当今德国汉学家的班头师首。在他的诸多讲话中，有不少涉及翻译，其中三点表述最具个性化特色，颇有一种“功夫深处独心知”(陆放翁的诗句)的味道。

其一，译者的母语修养比外语更重要。顾氏云当今的汉学家兼翻译家多有一个通病，即未能形成母语的优势，虽然都受过大学的训练，但普遍以为只要学好中文就行了，何必在母语上下功夫？其实“一个翻译家最重要的专长不是外语，而是母语”。如海德堡大学的老汉学家德博(Günther Debon，1921—2005)，是世界上最好的翻译中国古典诗歌的人。因为他自己也是诗人，他能够以母语写19世纪那样的诗歌，所以他知道中国的古典诗歌如何翻译成德语的诗歌。还有一位重要的德国翻译家即孔舫之(Franz Walther Kuhn，1884—1961)，他把所有中国重要的长篇小说都翻译成了德文。他的德文是一流的，他译的《金瓶梅》、《红楼梦》、《水浒传》，至今未见出其右者。

其二，低劣的译文可能造成恶劣的影响。以德国的图书市场为例，其中不乏德文很有问题的中国当代文学译本。如果读者看到德文水平比较差的译本，他的第一反应就是，中国作家的语言很差，其作品不值得一读。顾氏称“比如我第一次接触鲁迅的作品，译本的德文非常糟糕，我于是产生了错觉，认为鲁迅是一个徒有虚名的三流作家，我一辈子不会再看他的作品。后来到了中国，这才发现，鲁迅是那么伟大，他的中文是那么漂亮。从此我便意识到作为中介手段的翻译是何等重要”。

其三，作家最好同时是翻译家。现在德国有名的作家，基本上都是或曾经是翻译家。这是从歌德开始的。通过翻译，一个作家可以找到自己的声音，那些语言的内在冲突，有助于形成作家的个人风格。如果一个学者或者作家只看翻译文学、不看原文，他就抓不到这部作品的真伪，因为他无法判断译本中是否保留了原文的本质。顾氏毫不隐讳地指出，20世纪50年代以前的中国作家和学者大都外文功底深厚，可以直接阅读原文，其中尤不乏赫赫有名的翻译大家。当今的中国作家能够达到这种水平的恐怕寥寥无几。有的作家甚至说什么“如果我们学外语，会破坏自己的母语”，这简直太莫名其妙了。“为什么鲁迅不觉得会破坏自己的母语？为什么林语堂、张爱玲不会说类似的话？”

此外，顾氏亦披露了文学翻译者地位不高的现象。顾氏称自己从事翻译中国文学长达二三十年之久，深感翻译家的地位太低，工作劳累，于名于利两手空空，常常令人产生放弃的念头。“我翻译了那么多诗人的作品，如果我翻译得好，是他们出名；如果我翻译得差，也没有人骂我，这是多么悲哀的一件事。这么寂寞的工作，大多数人都熬不住。更糟糕的是，我不仅要翻译，还必须要自掏腰包出版这些中国诗集。我的稿费要么被支到印刷费上，要么是用在发行费里。这种局面无论是在德国还是在中国都是人们想象不到的。”顾氏坦陈，文学翻译的窘境带有一定的普遍性。许多翻译家“热爱文学翻译，渴望翻译优秀作品，却为生活所迫，去翻译大量没有文学价值的畅销书”。由是看来，顾彬的心和一千多年前唐代诗人刘梦得的心是相通的。刘氏有句云“勿谓翻译徒，不为文雅雄”，短短十个字凸显出轻视翻译渊源久矣。所不同的是刘梦得可以对翻译不闻不问，一心一意地去吟他的诗作他的赋，而顾彬却欲罢不能，谁叫他是驰名中外的汉学家呢！

2011

八十五　百年马瑞志

时光飞驰，1913 年诞生于中国河北保定的美国人马瑞志（Richard B. Mather），今年已经整整一百岁了。

据中国文学史专家范子烨教授称，马瑞志父母系民初时期来华的传教士。其稍长，便就读于北京通县，年龄虽小，却对中国文化情有独钟。1926 年，十三岁的小马，随父母返回美国。怀着对华夏文化的浓浓情意，马志瑞先后深造于普林斯顿大学和加州大学，获取了东方语言学博士的桂冠。随之又在加州大学做博士后，师从白俄学者 Peter Alexis Boodberg 和语言学家赵元任。名师的谆谆教诲以及自身的刻苦攻读，使马瑞志不独对英法汉日与梵文运用自如，而且对中国中世纪文化造诣甚深，由是历练成一名汉学家，且被明尼苏达大学聘为终身教授。

1957 年，年逾不惑的马瑞志着手英译中国典籍《世说新语》，这无疑是其人生中最精彩的亮点之一。众所周知，《世说新语》是中国文学史上一朵璀璨的明珠，由南北朝时期宋人刘义庆撰著，梁人刘孝标作注。鲁迅先生称是书“记言则玄远冷峻，记行则高简瑰奇”，作注“征引浩博，或驳或申，映带本文，增其隽永”，由是“世人尤珍重之”。要将这样一部杰作译为英文，谈何容易？相传，梁实秋曾将是书英译二三十段之后便立马放弃，理由是书中的“谈玄论道之语固常不易解，文字游戏之作更难移译”。梁甚至放言，《世说新语》“全部英译殆不可能”。然而，马瑞志却迎难而上，以二十载之力，于 1976 年将是书包括注释全部英译完毕，英文书名为“A New Account of Tales of the World”。同年，美国明尼苏达大学出版社予以付梓，新书刚一问世，学术界立即为之一震。北大教授周一良称是译“嘉惠西国士林，功莫大焉”，旅美学者夏志清谓是译为“一部空前美国汉学巨制”，华盛顿大学教授康达维尤云此扛鼎译著实乃“语文学界之杰作，价值连城之宝物”。

在七千多个日日夜夜的艰难耕耘中，马瑞志始终奉“忠实于原著”为圭臬，力求打磨出一部与原著互为轩轾的译作。其在译书《附志》中称“与其从英文里寻找接近原文的对等词语，不如逐字逐句直译为好。前者过于流畅而有损原文意象，后者则求通达而无伤原文意象与理念”。正是秉承这种做法，其译作方才赢得一片赞誉。

不妨以《言语》篇中的一段对白为例。原文为：“(钟)毓面有汗，(魏文)帝曰：‘卿面何以汗？’毓对曰：‘战战惶惶，汗出如浆。’复问(钟)会：‘卿何以不汗？’对曰：‘战战栗栗，汗不敢出。’”马译如是：“Yu's face was covered with sweat, and the Emperor asked, ‘Why is your face sweating?’ Yu replied, ‘Tremble, tremble, flutter, flutter; My sweat pours out like too much water.’ Turning to Hui, the Emperor asked, ‘And why are you not sweating?’ Hui replied, ‘Tremble, tremble, flutter, fall; My sweat can't even come at all.’”将译文细细玩味，人们不难发现，译文与原文不仅字词合拍，音韵相映，而且神情毕肖，气势悉称。马公真不失为译坛斫轮高手矣！难怪康达维教授一再宣示：马氏擅长以英语传达原语神韵，令人艳

羡；译文忠实准确，引人入胜，译界鲜见如此能人。

除《世说新语》之外，马志瑞还节译过《昭明文选》与《晋书》，亦好评如潮。一个仅仅在中国旅居过一十三年的美国人，居然对中国文化如此迷恋，竟至不惜终其一生专心致志地对中国文化进行研究，其人其心，其志其才，莫不令人感佩。

如今，百岁老人依然安在否？明尼苏达大学校园里其身影依然时时闪现否？心存无尽悬念的笔者，谨以此小文遥寄对老人家的无比敬仰和深情问候，同时亦愿更多的同胞和异邦友人能以此老为楷模，对源远流长的中国文化予以更多的爱好与关注。

2013

八十六　俄罗斯“译八仙”

俄罗斯译界人才辈出，其中八位特别钟情于中国古典文学俄译，而且译技高超，各呈异彩，由是以“译八仙”称之。这第一位乃郭沫若誉为“阿翰林”的阿列克谢耶夫。其不仅译过中国古代散文、唐诗，而且译过蒲松龄的短篇小说集《聊斋志异》。有人称他翻译的《聊斋志异》“语言精练，风格独到，不失为俄罗斯文学经典，具有持久的艺术生命力”。阿公曾写有一份提纲，从十一个方面披露了翻译中的弊端，如随意对原文进行增减、过分偏向译语、口语书面语混淆、“杂学”知识欠缺等。南开大学谷羽教授称这份提纲有如“一剂良方”，可以去除翻译中的诸多“通病”。

第二位是阿翰林的高足艾德林。他先后翻译过陶渊明与白居易的诗歌。其秉承老师的教诲，译诗一律不押韵，以免“因词损义”。不过他译出来的诗虽与韵无缘，但读起来，却朗朗上口，节奏鲜明。

第三位名叫吉托维奇，其译诗的最大特点是将汉诗的一行译作两行。他运用这种方法翻译了屈原，翻译了李白、杜甫和王维。如他俄译的李白《静夜思》可返译如是：

> 床头静悄悄，一片明月光；令我费思量，莫非一层霜？将头轻轻昂，对月细端详；缓缓头低下，眷恋吾故乡。

吉托维奇所译汉诗颇多粉丝，甚至连大名鼎鼎的汉学家费德林亦赞不绝口。

排行第四、五、六、七位的当数阿赫玛托娃、瓦赫金、阿伊斯特和布罗茨基。何以将这四位译仙连在一起？乃是因为他们之间有着种种密切的联系。阿赫玛托娃首先是一位女诗人，接下来便以俄译汉诗而著称。她译过屈原的《离骚》，也译过李白、李商隐的长律与短绝，而且她还是布罗茨基的老师。瓦赫金专治汉学，兼译汉诗，一部俄译《汉乐府》，纵横天下，几乎令人叹为观止。他是布罗茨基的忘年交，正是在他的鼓励与鞭策之下，布罗茨基迈上了曲折艰难但前景看好的俄译汉诗之路。小布曾将孟浩然的《春晓》译为俄文长句，回译汉语如是：

> 春晓，恋床，听小鸟啁啾欢唱；我一再回味，昨宵风声雨声反复震荡；不知道地面上铺满了多少被吹落的花瓣？

瓦赫金读了这样的俄文译诗之后，掩饰不住内心的喜悦，兴冲冲地对小布说：“从来没有人用这样的方式翻译汉诗，翻译家们最感头疼和棘手的难题，你算是迎刃而解了！”

阿伊斯特和布罗茨基在异域他乡的美利坚一座小城不期而遇。对翻译素有研究的俄罗斯汉学家阿伊斯特女士从此当上了小布的汉语教师。小布的汉语由是益发长进，翻译汉诗的劲头亦随之高涨，一首又一首的俄译李白和王维的诗句在他的笔下汩汩而出，传遍了美亚欧大陆。1987 年，布罗茨基瓜熟蒂落般地获取了诺贝尔文学奖。私心以为，这中间也许与他的俄译汉诗功绩多多少少有些牵连。

第八位译仙是60后梅谢里雅科夫。音乐学院毕业之后，他当了一阵子音乐教师，后来改行从事外贸翻译。他自学英语、法语，翻译英法诗歌，在译苑崭露头角。不久，他又对汉语这种方块字产生了极大的兴趣。通过自学，他居然将《千家诗》中的一首诗由汉语译成了“符合俄语韵律的诗歌”。从此，一发不可收拾，“几乎每天都抽时间译诗，一天不译，似乎就缺少了什么”。经过二十余年的爬摸滚打，他终于将一整本《千家诗》历练成了精湛的俄语，并挂在了互联网上。喜爱中国诗歌的俄语读者，只要一上网，便能立马欣赏到368位中国诗人创作出来的1 281首诗歌。梅郎对中国文学的热爱以及对中诗俄译的贡献由此可见一斑矣。

2013

八十七 中学西渐三推手

博大精深的中国传统学问往往为不少西方有识之士喜爱。他们受到感染之后，总是情不自禁地想让自己的同胞也能分享一份愉悦。于是仗着学到手的中文功夫，他们不辞辛劳、竭尽全力地将这些学问逐渐移植进西方语境之中。窃以为，有识之士中有三位最为瞩目。若问他们是哪三个？英伦三岛的理雅各、翟理思、韦利是也！

作为三位推手中的老大，理雅各（James Legge，1815—1897）推介中国学问的最大亮点是翻译中国的哲学著作。他先后将《论语》、《大学》、《中庸》、《孟子》、《易经》、《诗经》、《道德经》、《庄子》等译成英语，凡二十八卷，五巨册。

推手老二翟理思（Giles，1845—1935）的重头戏是张扬中国的古典文学。其编译了一册《古文选珍》。其中的散文卷节译了八十九位中国古人的一百八十六篇作品。诗歌卷则选译了屈原、陶渊明、李白、苏轼、陆游乃至蒲松龄、秋瑾等人的诗歌。意犹未尽的翟理思，甚至还编写了一部《中国文学史》，将中国文学的历史分为春秋战国、汉、三国两晋南北朝及隋、唐、宋、元、明、清八个时期，并对各个时期的作家和作品进行了认真的介绍，且不时与西方的作家作品进行类比。

推手之三的韦利(Arthur Waley，1889—1966)，其最看好的动作是译介中国古典诗歌。他曾在短短的两年中推出了《中国古诗选译》及其续编两大册。此外，他还撰写了两部评论中国诗人的专著即《诗人李白》和《诗人白居易》。

三位推手何以对中国的学问如此迷恋？个中原因也许较多，但有一点可以肯定，即环境使然。理雅各在中国生活了三十年，翟理思在中国生活了二十五年，韦利虽说没有到过中国，却在中国典籍汗牛充栋的大英博物馆耳濡目染了整整二十七年。人非木石，焉能不日久生情？

三位推手的辛勤劳动毋庸置疑地引起了中西方人士的帮助和关注。在笔者狭窄的视野中，至少发现了五位。一位是道光年间秀才王滔，他避祸香港时，曾呕心沥血地帮助过理雅各进行中国典籍英译。一位是清末民初的怪杰辜鸿铭，他虽然对翟理斯的著述颇多微词，却不得不承认：翟理斯“不是浪得虚名”，他“具有特有的优势，即具有文学天赋，能写出非常流利的英文”，他的翻译花费了“巨大的心血”。

第三位是作古经年的学者许国璋，他称韦利的中诗英译“自然、明白、轻快”，“文字清丽夺目”，他尤发现韦利“更有兴趣的是中国诗人的生活情趣，诗人生活的时代的重建，如同考古学家把碎块断片重建成一件艺术品一样”。第四位是当代出版家钟叔和，其云：理雅各“历时 40 载，直至 85 岁高龄时才出齐五巨册的《中国经典》，在英国为至今无人可与之相比的巨大业绩。六十年如一日地研究一个远方外国的古籍，四十年工夫成就五本书，这是何等的精神！以精神文明自诩的今之中国读书人如我者，对此不亦当感奋，亟谋其所当努力耶？”

第五位是阿根廷作家博尔赫斯，1980 年他在一次演讲中说："我有一种感觉，我一直身在中国。"演讲主持人问他何以如此？他笑而答曰："一册翟理斯的《中国文学史》在手，时时把卷吟诵，焉能不作如此妙想？"翟理斯的《中国文学史》问世于 1901 年，他无论如何也预料不到七十年后，这本比中国人写的文学史早得多的一本书，居然还散发着熠熠光辉，能够吸引众多想了解中国的老外们。

理雅各五十七岁那年，为了译好中国典籍，常常工作到深夜，有一次居然休克倒地竟至将手摔伤。翟理斯三十三岁那年，翻译编就了《古文选珍》第一稿，无奈找不到出版知音，在罗掘俱穷的境况下，他节衣缩食，自费发行。韦利二十四岁那年，断然放弃父亲安排好的经商之路，甘愿当一名推介中国文化的穷书生。在物欲横流、唯富是荣的而今现在眼目下，这三位推手的所作所为也许有些令人不可思议，但恰恰就是这些无法思议的举止，使愈来愈多的西方人渐渐了解了中国的文化和历史，了解了中华民族的伟大和尊严。每思至此，笔者亦渐渐明白了什么叫理想，什么叫追求，什么叫品格，什么叫精神，什么叫榜样！

2013

八十八　美国人说诗歌翻译

美国人从来就没有对诗歌翻译掉以轻心。1964 年，更是独领风骚，推出了一份名叫《现代诗歌翻译》(*Modern Poetry in Translation*)的刊物。打那开始，此家刊物，便是门庭若市，众多的美国翻译家竞相加盟，或写长文，或撰专著，或编文集，可谓人人舌粲莲花，个个热衷布道。其中尤以勒菲弗尔、纳博科夫等九人最引人注目。

细细品评九位翘楚的高论，大致呈两种取向：一是诗歌翻译的策略，二是诗歌翻译者的资格。以翻译策略而论，大致分为三个方面：一为重新创作，二为模拟原作，三为彻底直译。以译者资格而论，则是舍两种人之外不能为之。

主张运用重新创作方式进行诗歌翻译的，九人中有六位，占了不多不少的三分之二。费尔斯蒂纳(Felstiner)戛戛独造，称：译诗为一双重性活动，既含批评性，又具制造性。译诗过程即写作过程，译者在原诗中捕捉出诗人对自然与现实的感触，引起共鸣，然后以译语写出一首新诗。霍尼格(Honig)与韦斯博特(Weissbort)英雄所见略同，一致宣示：诗歌翻译实际上是一种再创作，换言之即是译者于领会原诗的韵律、节奏、情调乃至气氛之后，以译语写出一首新诗。布格兰德（Beaugrande）独具机杼，谓：一首译诗无疑是"译者大脑中生成的原文的再版"。布莱（Bly）则化虚为实，提出了诗歌翻译的"八步七稿"法：完全直译、挖掘意义为一、二步，形成初稿；补充丢失意义为三步，形成二稿；考虑译语读者为四步，形成三稿；探求诗人心声为五步，形成四稿；注重音调节奏为六步，形成五稿；领会隐含韵味为七步，形成六稿；去粗取精，全面调整为八步，形成七稿即定稿。如此繁复的移译旅程，焉能不说是重新创作？佩登（Peden）尤不容商榷地提出：没有对原诗的先破坏，就无法进行翻译。必须先破坏即先解构（destruct），才能再重构（reconstruct）。这位聪慧的女译者还用了一个绝妙的比喻：原诗好比一块冰，翻译便是融解这块冰，再组合出一块新的冰。两者看似一样，实际上有所不同。

勒菲弗尔（Lefevere）别张一帜，有专著《诗歌翻译：一蓝图与七方法》行世，其中拟作（imitation）一法最为独到。所谓拟作即是译者或借原诗标题，或取原诗意境意象，创作出一首自己的新诗。纳博科夫（Nabokov）曾对俄罗斯大文豪普希金的长诗《叶甫盖尼·奥涅金》长期把卷吟诵，竟至以直译加注的方法将其全部移译为英语。纳氏力排众议，主张彻底直译。在他的眼中，哪怕是最糟糕的直译亦比最华美的意译好上一千倍。他甚至断言：翻译就是直译。所谓重新创作，所谓模仿拟作，都不是真正意义上的翻译。相传，其所译《叶甫盖尼·奥涅金》凡四卷共一千二百页，其中译文仅二百二十页，篇幅一卷半而已，其余均为注释。显而易见，纳博科夫力图以注释的办法来弥补直译的不足。

说到诗歌翻译者的资格，霍尼格、韦斯博特、布莱和纳博科夫四位俊杰可以说是一拍即合。他们异口同声地认为：诗歌翻译者要么本人就是诗人，要么就是具有诗人气质且有过诗歌创作的经历或经验的人。非此两种人，均不宜进行诗歌翻译。理由是：诗歌翻译是一种艺术，缺乏诗人的天资，缺乏近似诗人的天分，又怎么能够将原诗所蕴涵的一切，以艺术的形式表达出来呢？

20 世纪 90 年代，执教于哈佛大学东亚系和比较文学系的美国人 Stephen Owen（即宇文所安），凭借近似诗人的天分和气质，在自己的著作 *Readings in Chinese Literary Thought*（《中国文论：英译与评论》）中，将唐代诗人韩翃的一首七绝《宿石邑山中》“浮云不共此山齐，山霭苍苍望转迷。晓月暂飞高树里，秋河隔在数峰西”作英译如是：

The floating clouds do not reach level with this mountain;
The mountain fogs are bluish grey, and my gaze grows more uncertain.
The dawn moon for a moment flies among its thousand trees,
And autumn's star river beyond it lies, west of its several peaks.

反复品尝译诗，私心以为，四十五个英文词语的排列组合，完全可以令人推测出译者一定受到过九位翘楚译诗理念的影响，或者说译诗就是九位翘楚不同译论的折中与平衡。真可谓直译与重构齐飞，模拟共创作一色。由是观之，九位当代美国人舌根上的诗歌翻译理念，在大洋彼岸那块广袤的土地上，影响是何等的广大，又是何等的深刻。

2013

八十九　清香一瓣献奈翁

书案上有两本书和一本杂志，全都与三年前作古的美国翻译家尤金·奈达博士(Dr. Eugene A. Nida)息息相关。笔者将它们披览一过，深感其中无不凸显出奈达博士对翻译事业的拳拳之心和对中国友朋的殷殷之情。

这第一本书叫 *On Translation*(《论翻译》)，系奈达博士与天津外国语学院金隄教授合作撰写的一本英文专著，1984 年由中国对外翻译出版公司椠行。这第二本书叫 *An Applied Theory of Translation*(《实用翻译教程》)，由奈达博士作序，编著者系内地翻译理论家范仲英教授，1994 年由外语教学与研究出版社付梓。杂志者，乃上海外国语大学学报《外国语》1998 年第二期也。是期首文为“An Interview with Dr. Eugene Nida”(《拜访尤金·奈达博士》)，由该刊记者采访后成文。

金隄教授在 *On Translation* 一书的前言中称，其 1982 年“在美期间，奈达博士出于对翻译理论事业的关心和对中国人民的热情友好，积极地亲自参加了本书的编写工作，使它能迅速完稿，作为中美学术交流的成果和国内外同好见面”。言简意赅的说明，使人们不仅知晓了七旬奈翁参与著述的双重目的，而且也感受了老人家所付出的辛勤劳动。

在 *An Applied Theory of Translation* 一书的序中，年届八秩的奈翁，一方面张扬了是书的实用价值，即“What it does do is to point translators in the right direction by giving them insight as to how to go about the task through the application of sound linguistic principles to the complex problems which they must face in any and all types of translating”(毋庸置疑，译者手握此卷，恰如明灯导向，翻译中的诸多疑难杂症，在语言学条例的规范下，均可一一迎刃而解。——引者译)，另一方面亦首肯了作者的“丰富经验”和“广博学识”。其对中国译人的关爱提携之情可谓溢于言表。

1997 年，八十三岁的奈翁不远万里来到中国，参加上海外国语大学主办的翻译学术研讨会。期间，《外国语》编辑部的记者对他进行采访，一连向他发了十二问。老人家随问随答，如瓶泄水，略无罅漏。现场的聆听者没有一个不为之倾倒折服的。比如记者们提出了这样一个问题：您对时下一些中国学人热衷于建立翻译学持何看法？睿智的奈翁不无委婉地答曰：翻译其实只是一种技艺(a skill)或曰一门技术(a technology)，其境有如造桥。造桥离不开这样那样的科学原则(scientific disciplines)，这些原则不知令几多宏伟建筑拔地而起，成为现实，但造桥终究只是一门技术。老人家这番回答的深层含义分明就是：与其喋喋不休地高谈理论，还不如扎扎实实地翻译几部好作品。其对中国译人的提醒和勖勉实在是用心良苦矣。

诞生于 1914 年 11 月 11 日的奈翁到今年的这一天，就是整整一百岁了！笔者仅以此则千字小文当作一瓣清香，遥寄万里之远的大洋彼岸，但愿九泉之下的老人家能够透过淡淡的清香，知道有一位曾经得益于他的翻译理念的中国后生小子，还在时时刻刻地惦念着他呢。

2014

九十　安乐哲说翻译

2013 年对美国汉学家安乐哲(Roger T. Ames)教授来说，大概是最为惬意的一年，因为这一年的 9 月，他荣获了 2013 年度中华人民共和国文化部和山东省人民政府共同设立的国际奖项“孔子文化奖”(Confucius Culture Prize)。

安乐哲之所以获奖，其源盖出于他的翻译，特别是对《论语》的翻译。他对孔子思想戛戛独造的解读与翻译，不仅令西方学人眼睛为之一亮，而且令他们对这位皓首白须的东方贤哲也开始顶礼膜拜起来。比如美国人迈克尔·哈特在其专著《历史上最有影响的一百人》中，将孔子安排在第五把交椅上即是实证之一。

安教授翻译《论语》的原则是：“将以事件性为特征的中文翻译成表达事物本质的英文时，为了更加准确地反映原意，必须对英译文进行适当的调整。”如他将“仁”译为“authoritativeness”，取代通译的“benevolence”，理由是“benevolence”表达的是一种狭窄的心理状态，与“仁”所蕴含的广大意义相去甚远，而“authoritativeness”则具有“礼貌”、“创作”、“权威”等含义，与“仁”庶几近之。又如他将

“义”译为“appropriateness”，取代通译的“righteousness”，因为“righteousness”是《圣经》中用语，其意为“秉承上帝的意志行动”，而“义”的本意则是“人对适中的感觉与把握”，“appropriateness”一词，恰恰是“适宜”的意思，可谓与“义者宜也”不谋而合。其他如“礼”、“知”、“德”、“善”等的译法，其所遵循的原则亦莫不如是。

安教授认为翻译《论语》一类的中国古代哲学文献中的词语可以有两种选择。一种是“通过创造一个英文新词，以求尽可能多地展示中文原文的几种内涵”。另一种则是“从具有重要哲学意义的中文辞典中择取二十多个关键词，予以注解，而在正文中只用音译”。显而易见，后一种选择对译语“读者提出了更高的要求，但是它却极大地减少了译文和评注中出现的问题的数量”。

除此之外，安教授还持有其他四种翻译理念。第一，他认为将一首诗翻译成另一种语言，也可以发现“诗”(What is found is also the poetry)。这种理念与美国现代诗人罗伯特·弗洛斯特的说法“将一种语言的诗译成另一种语言的诗，原诗的诗意完全消失”(What is lost is the poetry)，可以说是针锋相对，丝毫不让。

第二，他认为翻译可以将原作扩展。尽管翻译过程中，原作的含义会不可避免地有所缺损，但同时也会在译作中有所补充。比如老子的《道德经》如果只有中文本，则只有中文含义，通过翻译，便国际化了，成了意义更大的作品。虽然各式各样的外文本《道德经》与中文本《道德经》不尽相同，但它们同时也有各自的身份和意义。

第三，他认为翻译对文化交流和创新具有格外重要的作用。比如美国诗人埃兹拉·庞德翻译的唐诗，既打破了原诗的格律，也脱离了西诗的传统风格，完全是一种具有崭新面貌的自由诗体，对西方诗坛产生了极大的影响。中国人汉译西诗，情形亦复如此，由是形成循环(circle)，有力地推进了中西文化的交流。

第四，他认为作为文化传播者的译人，在译语国的地位日益提高。比如 20 世纪的英国，有一个品位颇高的社会团体，名叫 Bloomsbury Circle，成员中不乏文学界、思想界的头面人物，如艾略特(T. S. Eliot)、奥斯汀(Jane Austin)、罗素(Bertrand Russell)等。声名远远不及这些人的阿瑟·韦利(Arthur Waley)，居然也被客客气气地接纳为该团体的成员。理由是，他翻译了中国的唐诗，将一个新世界介绍到了英国，令英国人大开了眼界，增长了见识。

2014

九十一　瑞典文苑两英雄

遥远的瑞典有两英雄，一位名叫马悦然(Goran Malmqvist)，1924年生人，一位名叫特朗斯特罗姆(Tomas Transtromer)，1931年生人。两位英雄好生了得，各人头上都顶着三项桂冠。马翁的桂冠是汉学家、翻译家、诺贝尔文学奖评委，特翁头上的桂冠是心理学家、诗人、2011年诺贝尔文学奖得主。真是旗鼓相当，各不相让啊！

马翁极善汉语，先后译过《水浒传》、《西游记》、《唐宋诗词选》、《毛泽东诗词》、老舍的《普通病房》、沈从文的《边城》、张贤亮的《绿化树》以及闻一多、卞之琳、郭沫若、艾青等人的小说或诗歌等，累计达七八百种之多，被人叹为观止，由是历练成诺贝尔文学奖评委中唯一通汉语的权威。特翁深谙心理学，写出来的两百首诗歌皆成绝响。其中《诗十七首》、《路上的秘密》、《完成一半的天堂》、《钟声与辙迹》、《路径》及《狂野的市场》等尤为时人推崇。2011年10月6日，历经多次败北的特翁终于胜出，登上了诺贝尔文学奖领奖台。理由是“其诗中的意象厚重洗练、清澈明亮，显示了通往现实的新径”（Because, through his condensed, translucent images, he gives us fresh access to reality）。

两位英雄都喜欢中国。马翁长期穿梭于瑞典与中国之间，无疑是中瑞友好的架桥铺路人。特翁曾两度访问中国。第一次为1985年，时值中年的诗人，兴致勃勃地登上长城，豪情满怀地领略了一番华夏的北国风光。第二次为2001年，因为边瘫而拄杖的古稀老人在中国的大地上缓缓而行，这里的风土人情、山川草木，这里的雕梁画栋、楼台亭阁无不给他留下了极为深刻的印象。

由是观之，两位并驾齐驱老人的相似之处甚是多矣。不过，两人之间亦有相左的地方。比如两人对翻译的看法就十分不同。马翁毫不隐诲地挑明：译者不是创造者，其任务就是尽可能地传达原文的意义，甚至包括原文的形式与结构所承载的意义；译者在翻译的过程中不能加，不能删，更不能超过原文作者；唯如此，方能对得起原文作者。老人家对那些能担当翻译的作家或诗人随便处理原文的做法似有微词。这些人往往“让自己的创造力反映到他们的翻译工作中。像卞之琳和余光中有时把自己的诗译成英文，结果是原文和译文的出入很明显”。

与马翁截然相反，特翁认为“翻译是再创造，译者应享受他的自由”。特翁有一首题为《风暴》的诗，诗中出现了一束束的花楸树果，状如心脏或拳头大小，呈红色。中国译者李笠曾向其请教，问可否将是物译为中国读者格外熟悉的“橘子”？老人家连连点头，欣然赞同。老人家还说，美国诗人罗伯特布莱有一次将他的一句诗“耕犁是一只坠地的鸟”译成了“耕犁是一只飞起的鸟”。我要下地，他要上天，岂不矛盾，但只要整首诗的意境传达出来了，少量的改动又有何妨？译者其所以要在翻译中进行这样那样的再创造，总是有他的道理的。人各有志，焉能相强？特翁言毕，一阵开怀畅笑，其宽阔的胸襟由此可睹一斑。

两位英雄的翻译认知何以如此南辕北辙？窃以为理由有二。首先，马翁是汉学家，长时期的治学无疑令其凡事均以严谨为先；而特翁是心理学家，对人们内心深处的思维状态能时有揣度。其次，马翁是评委，头脑中条条框框不少，岂能随随便便越雷池半步；而特翁是诗人，一向天马行空，独来独往惯了，岂会受得半点约束？如此不同的身份，如此不同的经历，自然便有了如此不同的翻译认知，这实在是情理中的事啊！

2013

九十二　古代帝王翻译结缘

纵观中外古代翻译历史，可以发现，坐在龙椅上的帝王中，结缘翻译者不乏其人。这些帝王的翻译结缘大致呈三种走势。一是亲自动手，二是主动参与，三是积极组织。

以亲自动手而言，当首推 7 世纪英国国王阿尔弗列德，他曾将拉丁文著作《哲学的慰藉》、《圣经・诗篇》等译为英文，一时成为美谈。其次当数中国宋代时期的辽圣宗耶律隆绪，他特别推崇唐代诗人白居易，尤其对白诗人的《讽谏集》爱不释手，由是昕夕耕耘，以契丹文翻译了是书。再就是称雄于中国西北一隅的西夏王李元昊，此人中文根底十分了得，曾先后将《孝经》、《尔雅》、《四言杂字》移译为西夏文，令西夏臣民获益匪浅。

至于主动参与者，则有南北朝的梁武帝萧衍。相传僧迦婆罗在寿光殿翻译佛经时，萧衍亲至此处，"笔受其文，然后乃付译人"，令其"疏出华质"。唐代的太宗李世民、高宗李治以及女皇武则天则先后替玄奘、实叉难陀所译佛经作序，他们的这一举措无疑为一种别出心裁的介入。17 世纪初，英国国王詹姆斯一世则跻身于《钦定圣经》审稿队伍，最后他一锤定音，批准该译本公开行世。18世纪初俄国彼得大帝参与翻译的方式更是别具一格，其居然给担任《筑城学》一书的译者卓道夫下了一道圣旨，称“爱卿翻译是书整体甚佳，唯筑城一节，不甚了了，极盼有所改进。翻译切忌逐词对译，宜彻底理解原文含意，而后以俄文准确表达之”。寥寥数语，与其称旨，不如说是一则翻译批评。

不过多数帝王与翻译的结缘往往体现在积极组织的运作上。如公元前3世纪埃及国王托勒密二世、三国吴王孙权、晋末前秦苻坚与后秦姚兴、南北朝北齐后主高纬、宋朝太祖赵匡胤、太宗赵匡义、元朝世祖、仁宗、英宗、明朝成祖朱棣、清朝圣祖康熙以及18世纪俄国女皇卡捷琳娜二世等，情形莫不如是。其中埃及国王托勒密二世诚邀七十二名知识渊博的犹太学者会师埃及亚历山大图书馆，日夜兼程翻译《旧约》，由是产生著名的《七十贤士译本》泽被后世。又卡捷琳娜二世鼎力支持成立俄罗斯翻译史上最早的专业组织“翻译外文书籍协会”，该协会拥有成员一百一十四名，开展活动长达十五年，影响极大。

另外值得一提的是不少帝王格外看重翻译人才。如孙权拜授避难东吴的支谦为博士，支谦由是大受鼓舞，奋力译经，终于业绩辉煌，名留史册。明成祖更是别张一帜，准许翻译人员参加科举考试，优秀者可以高中皇榜，获取进士、翰林的美称，如果能够进一步出类拔萃，则可“出授御史”，简直就是时下的省部级官员待遇了。又相传苻坚曾率领十万精兵，一举攻克襄阳，将讲学于此间的道安与当地名士习凿齿揽入麾下。苻称：十万将士破城，仅得一个半人矣。苻的下属权翼问是谁。苻曰：一个乃释道安，半个乃习凿齿。众所周知，前者是佛经翻译家，后者是文学兼历史学家。显而易见，在苻坚的眼中，翻译家是远远高于文学家和历史学家的了。

唐代诗人刘禹锡曾有句云“勿谓翻译徒，不为文雅雄”，人皆据此十字，判定凡从事翻译者，地位必定低下。今观历代历朝帝王们的翻译结缘，情形似乎并非如此。只怕是刘诗人当时眼观翻译佛经人员时不时地为帝王们垂青，心中颇不平衡，由是愤愤地说：你们这些翻译之徒，只不过是鹦鹉学舌而已，佶屈聱牙的译文一不雅二不雄，焉能与我们这些胸藏万卷、笔底千钧，动辄便能放歌“人世几回伤往事，山形依旧枕寒流”或者“沉舟侧畔千帆过，病树前头万木春”的诗人雅士相提并论呢！

2013

九十三　引进莎士比亚的中国先驱

莎士比亚(Shakespeare)进入中国人视野的时间可以上溯到19世纪中叶。1834年，林则徐主持编译的《四洲志》初版中有句云“在感弥利赤，建书馆一所，有沙士比阿、弥尔顿、士达萨特、弥顿四人工诗文，富著述”。“沙士比阿”即Shakespeare的最早中文译名。1856年，蒋剑人、沈寿康译述英国人米尔纳的《大英国志》，书中称“儒林中如锡的尼、斯本色、拉勒、舌克斯毕、倍根、呼格等，皆知名士”。“舌克斯毕”亦即Shakespeare的中文译名。1876年，郭嵩焘首任驻英公使，日有所记。光绪三年七月初三记有“舍色斯毕尔，为英国二百年前善谱出者，与希腊诗人何满得齐名”。“舍色斯毕尔”理应是郭嵩焘自创的Shakespeare中文译名。

从那以后，五花八门的Shakespeare中文译名不断出现在中国志士仁人的笔端，据统计，有二十五个之多。如严复《天演论》中的“狭斯丕尔”，李鸿章《历聘欧洲记》中的“显根思皮尔”，梁启超《饮冰室诗话》中的“索士比亚”，马君武《新学术与群治关系》中的“索士鄙亚”，鲁迅《摩罗诗力说》中的“狭所丕”，康有为《康南海诗集》中的“昔士比亚”，胡适《日记》中的“萧思璧”等。这些人的所为，尽管多是体现在引进 Shakespeare 其人其名的层面上，但毕竟令国人知晓了万里之遥的英伦三岛上有一位名声显赫的戏剧大师。

直到 1903 年和 1904 年，引进莎士比亚的力度才稍稍有所提升。如上海达文社与商务印书馆分别推出了两部源于同一原著的译著。前者书名《澥外奇谈》，译者不详；后者书名《吟边燕语》，译者林纾、魏易。原著作者系英国作家兰姆姊弟二人。全书以散文的笔调叙述了十种莎剧的故事情节，从而令国人多多少少知道了莎士比亚所写剧本的内容。进入 20 世纪 20 年代，莎士比亚的引进才出现了根本的改观。1921 年，田汉率先以白话文译出《哈姆雷特》，1924 年又译出《罗密欧与朱丽叶》。期间，诚冠怡、曾广勋、邵挺、戴望舒、张文亮、顾仲彝、彭兆良等人相继译出了《驯悍记》、《第十二夜》等六个莎剧。上海戏剧社的演员们甚至按照顾仲彝所译的《威尼斯商人》进行了首次莎剧公演。其时，已经十分迷人的黄浦江畔，自然又平添了几分亮彩。

降至 20 世纪三四十年代，仅 *King Lear* 一剧便涌现了梁实秋、曹未风、孙大雨三种译本，成为了翻译界的一桩美谈。“King Lear”二字，梁译为《李尔王》，曹译为《李耳王》。孙别出心裁，译为《黎琊王》，且称不译作此名，不足以显示是剧的“磅礴浩气、强烈诗情”。不过，这一时期最震撼人心的当属朱生豪译莎。这位嘉兴才子，不惧炮火的威胁，不嫌生活的贫困，不顾身体的疾病，以十载之功译出了三十七部莎剧中的三十一部。当他译毕第三十一部的最后一行时，艰难地掷下手中的羊毫，猛地一声大吼：“为山九仞，功亏一篑，吾不瞑目也!”然后口吐鲜血倒地而逝，年仅三十二岁。

20 世纪 50 年代之后，莎士比亚引进的接力棒传递到了年轻的一辈。一路走来，六十年间，君不见，在广袤的中华大地上，几多翻译工作者，焚膏继晷地从事莎剧翻译；几多莎剧全集，由不同的出版社争先恐后地印行；几多研究莎剧的论文，从文学批评者力有千钧的笔端汩汩流出。凡此种种，窃以为，足可告慰引进莎士比亚的每一位先驱矣！

今年 4 月 23 日为莎士比亚四百五十年诞辰，谨以此文表示纪念。

2014

九十四　毛泽东诗词中的“飞”字及其英译

毛泽东为中国20世纪的杰出诗人，其诗其词气势之磅礴，格调之雄伟，恐无有出其右者。而这一特色的表现形式之一便是诗中使用“飞”字。这些“飞”字或状生物在空中振翅翱翔，如“天高云淡，望断南飞雁”，“飞起玉龙三百万，搅得周天寒彻”；或状物体在空中飘摇浮动，如“九嶷山上白云飞，帝子乘风下翠微”，“雪压冬云白絮飞，万花纷谢一时稀”；或状物体高悬半空，如“一山飞峙大江边，跃上葱茏四百旋”，“参天万木，千百里，飞上南天奇岳”；或状物体迅速如飞，如“正西风落叶下长安，飞鸣镝”，“五井碑前，黄洋界上，车子飞如跃”。

毛泽东写诗填词何以如此好用“飞”字？个中原因无疑与其豪放气质有关。比如红军创建之初，敌人实施重重包围，企图将其扼死。孰料毛泽东一声“枪林逼，飞将军自重霄入”，打得敌人晕头转向，丢盔弃甲，向隅而泣。进而人民解放军百万雄师又凭木舟、藉布帆，跨长江而南下，夺南京，战上海，取长沙，攻羊城，直捣琼州，将蒋政权驱至台湾一角，让猎猎红旗遍插神州大陆。又比如当年武汉长江大桥横空出世，使前人梦寐以求的理想化作了现实。此时此刻，毛泽东倚江而立，思绪万端，欣然吟出了“一桥飞架南北，天堑变通途”的奇句，道出了新中国建设初见成效，万里河山一派生机勃勃的动人景象。

再比如在世事多变、环宇局势扑朔迷离，共和国外有异帮打压、内有自然灾害之时，毛泽东笔酣墨饱，一挥手写下了“暮色苍茫看劲松，乱云飞渡仍从容”的伟词，表现了人民领袖临危不惧、驭时局于掌中的大家风范。在刘少奇、周恩来、邓小平等英杰的辅助下，八亿中国人民踏上了奔向温饱的万里征程……

有时候，这个“飞”字也用在了怀念亲人的诗句之中，如“忽报人间曾伏虎，泪飞顿作倾盆雨”表现了毛泽东对自己的亲密战友、妻子杨开慧的无限眷恋。又如“曾记否，到中流击水，浪遏飞舟”则体现了毛泽东对与自己一道“指点江山，激扬文字”的青少年朋友的深切怀念。

毛泽东写诗填词好用“飞”字的另一个原因，我揣测，可能与前人的影响有一定的关系。众所周知，毛泽东从少岁到暮年均十分喜欢唐朝李白、李贺、李商隐的诗作。而这三位诗人恰恰都好在自己的诗中挥洒一个“飞”字。如李白的“黄鹤之飞尚不得过，猿猱欲度愁攀援”，“天长路远魂飞苦，梦魂不到关山难”，“清风吹歌入空去，歌曲自绕行云飞”；李贺的“羲和敲日玻璃声，劫灰飞尽古今年”，“衣如飞鹑马如狗，临岐击剑生铜吼”，“飞光飞光，劝尔一杯酒”；李商隐的“秋阳不散霜飞晚，留得枯荷听雨声”，“玉珰缄札何由达？万里云罗一雁飞”，“身无彩凤双飞翼，心有灵犀一点通”。毛泽东在长达数十年的沧桑岁月中，常常于日理万机之隙，手把这几位诗人的诗卷朝吟暮诵，焉能不受其影响？平心而论，这三位诗人的“飞”字句，除李太白的“大鹏飞兮振八裔，中天摧兮力不济”，“我欲因之梦吴越，一夜飞度镜湖月”，“飞流直下三千尺，疑是银河落九天”或可与毛公相颉颃外，其余者恐都不可与其同日而语。此外，毛泽东晚年曾手书唐初王勃《滕王阁序》中的“落霞与孤鹜齐飞，秋水共长天一色”二句。想来这位少年诗人文句中的“飞”字在润之先生的心目中也留下了极为深刻的印象。

从语法的角度分析，毛泽东诗句中的“飞”字多用作动词和形容词。前者如“泪飞”、“白云飞”、“白絮飞”、“飞起”、“飞架”、“飞峙”、“飞渡”、“飞跃”、“飞上”等，后者如“飞舟”、“飞将军”、“南飞雁”、“飞雪”等。如何将这些用法的“飞”字译为英语，译家们亦是颇有讲究的。如“曾记否，到中流击水，浪遏飞舟”一句，钱锺书参与的英译为“Remember still/How，venturing midstream，we struck the waters/And waves stayed the speeding boats”。其中“飞”字被译作动名词“speeding”。湖南师范大学赵甄陶教授的英译文则为“Can you，old boys，recall today/How we struck out midstream with waves/Staying the boats that sped their way?”显而易见，“飞舟”的“飞”字被移译为一定语从句“that sped their way”。又比如“忽报人间曾伏虎，泪飞顿作倾盆雨”，钱译为“Earth suddenly reports the tiger subdued，/Tears of joy pour forth falling as mighty rain”，赵译为“On earth the tiger got defeated—/ The news caused pours of tears so soon!”

两位译者都不约而同地选择了“pour”一词来再现原作的“飞”字。但前者是将“pour”用作动词，与原诗中的用法不悖；而后者则是将该字用作名词，亦不失为一种变通手法。两译大抵上都传达了毛诗的原意，但毕竟免不了与原作有所扞格。

外国朋友如果真要读懂毛泽东的诗，特别是想领会毛诗中“飞”字深刻内涵的话，那就非得下一番苦功夫把汉语学好不可。

2003

九十五　翻译别议

翻译，原本是一项融创造性与科学性于一体的运作行为。孰料此事一经重要人物介入，又可生发出一番别的意义或情趣。比如20世纪40年代，毛泽东在延安窑洞里会见美国记者安娜·路易丝·斯特朗，高谈阔论“一切反动派都是纸老虎”，并亲自将“纸老虎”这一比喻直接译成英文“paper tiger”。他的这一比喻及其英译经斯特朗的张扬，从此流播环宇。打那以后，凡受强国欺凌的小国、穷国和弱势群族等，无不以毛泽东的比喻为武器，向那些耀武扬威、不可一世的反动派“纸老虎”国家发起了一次又一次的反击。

又比如20世纪50年代，中国驻欧洲国家的大使馆邀请这些国家的友好人士观看其时正热播于中国的越剧电影《梁山伯与祝英台》。大使馆的译员们在将片名译为英语的过程中可谓绞尽脑汁，但无论如何也译不贴切。据说，此事让周总理知道了，他稍一思忖，说：译为“中国的罗密欧与朱丽叶即 China's Romeo and Juliet 如何?”众人一听，无不拍手称妙。短短四个英文词展示出了总理的博学、睿智和机敏，斯人已逝，罕有来者矣。

清朝末年，“载洵偕水师提督萨镇冰赴美国考察海军，抵华盛顿。参观舰队及制造厂毕，海军当局问之曰：‘贵使有何意见发表否？’洵答曰：‘很好！’翻译周自齐译称曰：‘贵国机器精良，足资敝国模范，无任钦佩！’闻者大哗……盖载洵仅一张口，决无如许话也”(《小说大观》第一五集陈赣一《睇向斋秘箓》，转引自《钱锺书论学文选》第六卷)。载洵仅仅讲了两个字，竟被“艺高胆大”的周译员译作一长串的英文，无怪乎高鼻子蓝瞳仁的美国佬感到瞠目结舌，为之哗然了。此时此刻，即便载洵对英语略知一二，他也可以装聋作哑，缄默不语，因为横竖是夸洋人的话，断不会捅出诸如经济损失、外交麻烦一类的娄子的。

不妨再举一例。公元1296年，元成宗在五台山大兴土木，修建佛寺。皇太后闻讯后，亦将亲自前往现场观看。时任监察御史的汉人李元礼上疏谏止。疏云：“古人有言，生民之利害，社稷之大计，惟所见闻而不系职司者独宰相得行之，谏官得言之。今朝廷不设谏官，御史职当言路，即谏官也。乌可坐视得失而无一言以裨益圣治万分之一哉！伏见五台建寺宇，土木既兴，工匠夫役，不下数万，附近数路州县，供亿烦重，男女废耕织，百物，民有不聊生者矣。伏闻太后亲临五台，布施金币，广资福利，其不可行者备五……”

台臣收到这份措词激烈的奏章，不敢呈给皇帝，当然也就未将其译成蒙文。一年以后，侍御史万僧因与御史崔彧有隙，遂设法罗织罪名，到成宗面前告御状，说崔彧与李元礼朋比为奸，沆瀣一气，诽谤佛法，指责不该在五台山修庙建寺。成宗听了十分恼火，责成右丞相完泽、平章政事不忽木审理此案。不忽木通晓汉文，他将李元礼的奏章译成蒙文，一句一句地读给完泽听。完泽听毕后说：“李元礼的意思与我的想法不谋而合。我也曾用同样的话谏过太后，太后虽未采纳，但也不曾怪罪于我。”于是他们将情况汇报到成宗那儿，成宗经过反复思量，终于说：“李御史的奏章有道理。”这样一来，万僧自然丢掉了乌纱帽，而李元礼也就洗去了不白之冤。试想一下，要是那位平章政事对汉语一窍不通，岂不又会铸成一桩历史错案？由此看来，“翻译”就远不止《辞海》上所解释的那样，仅仅只是“把一种语言文字的意义用另一种语言文字表达出来”了。是为别议。

1995

九十六　万方乐奏有于阗

“在中华民族伟大复兴的进程中，翻译，始终都是不可或缺的先导力量。”(季羡林语)季氏一语惊人，堪称良有以也。究其实，翻译一事，不仅是中华民族与其他国家之间的一种交往活动，而且，也是中华民族内部五十六个民族之间的一种交往活动。这些交往活动的历史实在是源远流长。谓予不信，何妨一睹新疆维吾尔族先祖的翻译往事。

公元840年即唐文宗开成五年，回鹘部族的一个分支迁移至新疆吐鲁番盆地一带，并与先行居住此间的回鹘人融合成一个民族，史称高昌回鹘族，即今之新疆维吾尔族的先祖。这个民族原先使用的是突厥文，后来弃此语言而不用，代之以新创的“回鹘文”。

为了与其他民族交往，他们积极开展翻译活动，或翻译佛经，或翻译文学，内容甚为丰繁。以后者为例，他们不仅翻译了原文为古焉耆文的二十七幕长剧《弥勒会见记》，而且翻译了印度的《罗摩衍那》和《五卷书》、叙利亚景教徒传入的《伊索寓言》以及有关摩尼教内容的赞美诗等。至于佛经翻译，他们多译自汉文佛典，如《金光明最胜王经》、《八阳神咒经》等。1928年，新疆吐鲁番曾出土过一部回鹘文写的《菩萨大唐三藏法师传》。据考证，该文本的译者为高昌回鹘族人详古。大约在10世纪中期即北宋年间，详古细细批读汉文本《慈恩传》，深为三藏法师的事迹所感动，遂援翰进行移译。今人马祖毅称详古“汉文造诣很深，译笔流畅，用字确切”。新疆维吾尔族先祖与汉族人的交往之深，由此可见一斑。

回鹘族人频繁的翻译活动大大地促进了回鹘文的发展，如抽象概念词语的增加，使其语汇变得日益丰富，各种副句的使用，使其语法变得更为完善。另一方面，这些翻译活动也令该民族的文学创作日趋繁荣。如公元1070年即宋神宗熙宁三年，回鹘族著名作家玉素甫·喀斯喀吉甫创作出的文学巨制《幸福智慧》便是突出的一例。这部作品记录了许多回鹘族民歌，如《春颂》、《商人赞》等。这些民歌热情地讴歌了汉族商人在经济生活上对回鹘族人的积极帮助。今人耿世民曾依照马洛夫所录回鹘文抄本，并参照俄文译文，将《商人赞》中的一些片断译成了汉语：

> 从东方走到西方，他们给你驮来了你希望的东西。
>
> 啊，贤者哎！世界上千万种珠宝和珍品都可以在他们那里找到。
>
> 若是没有商人周游世界，你何时能穿上黑貂皮做里子的衣裳？
>
> 若是汉族的商队收起经商的旗幡，千万种珍宝将从何处来到呢？
>
> 若是没有商人旅行前来，谁的双眼能看到串串珍珠？

显而易见，诗歌的字里行间无不渗透着新疆维吾尔族先祖与汉族人之间的深情厚谊。

走笔至此，不禁想起了毛泽东在新中国成立初期创作的《浣溪沙》词。内中有句云："一唱雄鸡天下白，万方乐奏有于阗。"不难发现，"于阗"二字分明指的是包括维吾尔族在内的新疆各族人民和其他地区的少数民族人民。新中国成立了，在鲜艳的五星红旗下，中华民族的五十六个民族终于携起手来，载歌载舞，万方乐奏，欢聚一堂。中华民族的伟大复兴从此拉开序幕，翻译的作用也就日益凸显。君不见，新中国成立六十年来，几多汉文经典被相继译为蒙文、回文、藏文、维吾尔文以及其他少数民族语言，几多蒙、回、藏、维吾尔文和其他少数民族语言的经典被陆续译成汉语。尤有甚者，这些有价值的经典也往往被译成外国文字，走向西方，走向世界，成了普天之下翻译界毋庸置疑的"万方乐奏有于阗"了！

2009

九十七　散文译诗片议

纵观诗歌翻译的历史轨迹，人们似可将其归纳为两种主要走向。其一为以格律诗体进行移译。如我国青年诗人殷夫烈士译匈牙利诗人裴多菲的名诗《自由与爱情》便是一例。译者首先将其译成自由诗体：

自由与爱情！
我需要这两样。
为了爱情，
我牺牲我的生命，
为了自由，
我又牺牲我的爱情。

继而又将其译成格律诗体：

生命诚可贵，

爱情价更高；
若为自由故，
二者皆可抛。

显而易见，两译均十分成功。特别是格律诗译体经鲁迅介绍之后，在全国广为流传，时至今日仍能叩响读者的心扉，激励人们奋发向上。那么，在诗歌翻译中，除了上述两种走向之外，是否还有另外的走向呢？答案显然是肯定的。这便是以散文体进行移译。如德国最卓越的文学家歌德就曾这样主张。他认为诗歌都应当用平易明快的散文体来翻译，以达到易读好懂的目的，而语言的节奏和声韵仅仅是诗歌的一种灿烂的外饰。歌公一语惊人，言简意赅，可谓奠定了散文译诗的基本风貌和大致走向。在具体的译例中当数李夫(W. Leaf)以散文形式英译的荷马史诗《伊利亚特》最为注目。北京大学许渊冲教授曾将李夫的这种译诗与著名诗人蒲柏(Pope)以格律诗体英译的《伊利亚特》作过比较，他认为在这两种译文中，蒲译音调铿锵激越，显示了英雄本色，但枝节蔓生，华丽有余。而李译虽平淡不足，却保持了原作古朴的诗风。许氏的评价无疑表明，以散文体移译诗歌虽有未能尽如人意之处，但却是一条可行的蹊径。比如我国译者在翻译莎士比亚戏剧时，将其中的素体无韵诗成功地译成了汉语散文体，就曾赢得了广大读者的深深喜爱。

散文译诗的另一个典型例子，便是已故暨南大学教授翁显良英译的中国古典格律诗。请看他所译的杜牧的《山行》："远上寒山石径斜，白云深处有人家。停车坐爱枫林晚，霜叶红于二月花。"

Off the main road runs a narrow stone path winding, climbing, vanishing into the cloudy heights where Perch a few tiny cottages.

Here I pull up my carriage, entranced. For the twilit

mountain side is a blaze with crimson maples more vivid than spring flowers。

翁显良对汉诗英译，历来主张译者应以作者之心为心，与作者“神思契合”。品味这首散文译作，人们可以发现，他的确身体力行了自己的主张。在这种译诗中，原诗的格律形式虽已不复存在，但取而代之的两小节散文却宛如一幅色彩斑斓的山林画图呈现在读者面前：

大路旁，一条窄窄的石径，曲曲弯弯，扶摇直上，渐渐隐入云雾缭绕的高处，就在那儿，耸峙着几幢小小的房屋；诗中的我，停下马车，欣喜若狂，只因见到那暮色苍茫的山崖旁，英气勃勃的枫林，正在散发着灿灿的红光，哪怕是春天的花朵都不能与之斗艳争香。此景，此情，不正是原诗的再现吗？译者完全将自己对原作的充分感受彻底融入了译诗这一艺术空间，仿佛译者就是作者本人一般。据云，这种散文体译法较之格律诗体与自由诗体的译法更受英美人喜爱。理由是，它的语言更“direct”，使人更易于理解原作的精神与作者的情感，而且它具有“poemlike”的意境，更能令人享受到诗的美感。当然，散文体译诗并非尽善尽美。比如，由于在形式上没有明显的韵律与节奏，因而就失去了原诗那种外在的美。但是人们也不得不承认散文体译诗正是由于未受原诗外在的形式的束缚，译文句式衔接才表现得更为紧凑，且将原诗表层看似零乱的情与景连成一体，予人以脉络清晰的感觉，从而获得了一种内在美，一种诗的神韵之美，而这恰恰是译诗的本质所在。

1998

九十八　小说中的翻译描述

莎士比亚剧本《仲夏夜之梦》(*A Midsummer Night's Dream*)中有这样一句道白："Bless thee, Bottom, bless thee! Thou are translated。"译为汉语是："老天开眼，老天开眼！可怜的波特姆，你竟然遭上翻译了。"剧中老实巴交的布匠波特姆中了邪，变成了毛驴。围观者不说他中邪，而说他遭上了翻译。短短一句道白折射出大师对翻译忠实性的怀疑。好好的一个人，经翻译一折腾，居然变成了一头毛驴，翻译真是罪莫大焉！作家们在自己创作的文学作品中对翻译进行描述并亮出自己的翻译理念，莎士比亚堪称"始作俑者"。

也许是受了戏剧家莎士比亚的启发，小说家也开始效法起来。如李伯元在其小说《文明小史》第十七回中，写一个名叫辛名池的人：

> 他改翻译的本事，是第一等明公。单是那些外国书上的字眼，他肚子里就很不少。他都分门别类地抄起来，等到用着的

时候拿出来对付着用。但是他这本书，我们虽然知道，他却从来不肯给人看。这也难怪他，都是他一番辛苦集成的，怎么能够轻易叫别人家看了学乖呢？所以往往一本书被翻译翻了出来，白话不像白话，文理不成文理，只要经他的手，勾来勾去，不通的地方改的改，删的删，然后取出他那本秘本来，一个一个字地推敲。他常说，翻译翻出来的东西，比如一块未曾煮熟的生肉一般，等到经他手删改之后，生肉已经煮熟了。然而不下油盐酱醋各式作料，仍旧淡而无味。他说他那本书，就是做书的材料，其中油盐酱醋，色色俱有。

毋庸置疑，这段描述揭示出辛先生是一名技术高明的西方文化杀手。西方的理念，无论怎样新鲜，只要他参考一下那本《翻译津梁》秘籍，便能立马鼓捣成中国的货色。

苏曼殊似乎也不甘落后，他在自己创作的小说《断鸿零雁记》第七章中写道：

乃先展拜轮诗，诵《哈咯尔游草》，至末篇，有《大海》六章，遂叹曰："雄浑奇伟，今古诗人，无其匹也！"濡笔译为汉文如下：

皇涛澜汗，灵海幽冥；万艘鼓楫，泛若轻萍。
芒芒九围，每有遗虚；旷者天沼，匪人攸居。
大器自运，振荡傍夆；岂伊人力，赫彼神工。
罔象乍见，决舟没人；狂涛未几，遂为波臣。
掩体无棺，归骨无坟；丧钟声嘶，逖矣谁闻？
谁能乘蹻，履涉狂波？藐诸苍生，其奈公何！
泱泱大风，立懦起罢；兹维公功，人力何衰！
亦有雄豪，中原陵厉；自公之匈，適彼空际。
惊浪霆奔，詟魂憔神；转侧张皇，冀为公怜。

腾澜赴涯，载彼微体；抃溺含弘，公胡岂弟！
摇山撼城，声若雷霆；王公黔首，莫不震惊。
赫赫军艘，亦有浮名；雄视海上，大莫于京。
自公视之，藐矣其形；纷纷溶溶，旋入沧溟。
彼阿摩陀，失其威灵；多罗缚迦，壮气亦倾。
傍公而居，雄国几许？西利、伽维、希腊、罗马。
伟哉自繇，公所赐予。君德既衰，耗哉斯土；
遂成遗虚，公目所睹。以敖以嬉，泷回涛舞；
苍颜不皱，长寿自古。渺猕澶漫，滔滔不舍。
赫如阳燧，神灵是鉴。别风淮雨，上临下监。
扶摇羊角，溶溶澹澹。北极凝冰，赤道淫滟。
浩此地境，无裔无谵。圆形在前，神光奔闪。
精魑变怪，出尔泥淰。回流云转，气易舒惨。
公之淫威，忽不可验。苍海苍海，余念旧恩。
儿时水嬉，在公膺前。沸波激岸，随公转旋。
淋淋翔翔，媵余往还。涤我胸臆，熠我精魂。
惟余与女，父子等亲。或近或远，托我元身。
今我来斯，握公之鬐。

余既译拜轮诗竟，循环朗诵：时新月在天，渔灯三五，清风徐来，旷哉观也！

郁达夫亦接踵而至，其短篇小说《沉沦》中便有这样一段描述：

放大了声音把渭迟渥斯(即华兹华斯——引者注)的那首诗读了一遍之后，他忽然想把这一首诗用中国文翻译出来。

《孤寂的高原刈稻者》

他想想看，“The Solitary Reaper”诗题只有如此的译法。

你看那个女孩儿，她只一个人在田里，/你看那边的那个高原的女孩儿，她只一个人，冷清清地！/她一边刈稻，一边在那儿唱着不已；/她忽儿停了，忽儿又过去了，轻盈体态，风光细腻！/她一个人，刈了，又重把稻儿捆起，/她唱的山歌，颇有些悲凉的情味：/听呀听呀！这幽谷深深，/全充满了她的歌唱的清音。

有人能说否，她唱的究竟是什么？/或者她那万千的痴话/是唱的前代的哀歌，/或者是前朝的战事，千兵万马；/或者是些坊间的俗曲，/便是目前的家常闲说？/或者是些天然的哀怨，必然的丧苦，自然的悲楚，/这些事虽是过去的回思，将来想亦必有人指诉。

他一口气译了出来之后，忽又觉得无聊起来，便自嘲自骂的说道：

"这算是什么东西呀，岂不同教会里的赞美歌一样的乏味么？英国诗是英国诗，中国诗是中国诗，又何必译来对去呢！"

显而易见，"他"译的诗即是郁达夫译的诗。"他"自嘲自骂说的话，即是郁达夫的译诗理念。不难看出，其理念涵盖了三层意思：一是英国诗和中国诗是截然不同的两种文学产物；二是诗不能译；三是如果硬要译出来，一定是乏味的译作，恰似教堂里的赞美诗，毫无意思。

除了李、苏、郁三人之外，在小说中涉及翻译的还有一人，此人即钱锺书。先生有一篇小说，曰《灵感》，内中有一段对话：

胡子惊奇道："还做作者？你不怕将来又有人向你要命么？"阶下的人都睁大了眼睛，不相信自己的耳朵。

作者解释道："我只翻译，不再创作，这样总可减少杀生的机会。我直译原文，决不意译，免得失掉原书的生气，吃外国官司。譬如美国的时髦小说‘Gone With the Wind’，我一定忠实地翻作‘中风狂走’——请注意，‘狂走’把‘Gone’字的声音和意义都传达出来了！每逢我译不出的地方，我按照‘幽默’、‘罗曼谛克’、‘奥伏赫变’等有名的例子，采取音译，让读者如读原文，原书人物的生命可以在译文里人寿保险了。再不然，我不干翻译，只编戏剧。我专编历史悲剧，象关公呀，岳飞呀，杨贵妃呀，绿珠呀，昭君呀，有的是题目。历史上的人物原是已死的，悲剧里该有死人，经过这样加倍双料的死亡，总没有人会告我害他的命了。再不然，我改编莎士比亚。这位同行前辈曾经托梦给我，说他戏里的人物寿命太长，几百年活得不耐烦了，愿意一死完事，请我大发慈悲，送他们无疾而终罢。他说这是他们洋人所谓‘mercy killing’。他还恭维我‘后生可畏’，向我打拱作揖，说‘拜托拜托！’呢。”

文中的所谓“作者解释”，完全可以视为钱先生对当时一些人的翻译理念的描述。这些理念大致可以理顺为三个方面：一是唯直译是举，因为意译有损原文生气；二是遇到难译的地方，统统以音译法对付之；三是编译，把外国的故事编成中国的故事，把外国人通通易为中国人等。众所周知，直译和音译在几千年的翻译史上一直是两种常被采用的方法，时至今日，依然具有强大的生命力。至于编译亦是时有所见。比如把莎士比亚的戏剧改编为京剧、越剧已是家喻户晓之事，但原剧中的人物和情节并无多大变动，纯属一种形式上的归化而已。

李、苏、郁、钱四人仅仅只是在小说中偶尔描述一下翻译，篇幅并不很大。匈牙利有一位名叫科兹托兰尼的作家则来得更干脆，写了一篇题目为《有偷盗辟的译者》的小说，通篇都是对翻译的不足、翻译与写作的冲突以及译者权力的介入等问题的议论。

李伯元、苏曼殊、郁达夫、钱锺书和科兹托兰尼将翻译写进小说分明折射出，不少中外文学家往往同时也是翻译家。这些人不仅在文学界享有盛名，而且在翻译实践和翻译理论上多有建树。

反观眼目下的中国文学界，在小说中恐怕很难发现对翻译的描述。至于文学家兼翻译家则是渐趋式微。个中原因何在，似难以穷究。但有一点是可以肯定的，那就是：在当代作家群中已经很难找到像苏曼殊、郁达夫、钱锺书这样一大批具有精湛外语学养的人才了。

2010

九十九　话说翻译速度

众所周知，上个世纪的1958年，中国上空曾经有“三面红旗”高高飘扬，其中一面名曰“大跃进”。其时，各行各业，如火如荼，无人不鼓足干劲、力争上游、多快好省地建设社会主义。大至种粮食、炼钢铁，小至写诗歌、绘图画，都在争先恐后、千方百计地“放卫星”（追求高产量、高指标的一种时尚表达）。从事翻译的人们自然亦概莫能外。

那一年，中国科学院的一个研究所在周边环境的鼓舞下，居然放言，称所内的翻译人员每人能日译八万字。此言一出，众人哗然，便要求当场表演。据冯友兰先生披露，北大哲学系一位教师的丈夫曾是表演者之一。其称，表演的前几天，所里的领导要求他们将准备翻译的资料反复阅读，然后形成腹稿。表演当日，上班即译，不吃饭，不休息，忙了整整一天，依然不能达标。其中有人甚至累得病倒，一连在床上躺了好几天。我们不妨计算一下，如果以一天十二个小时翻译八万字的话，平均每小时就要译六千六百六十六个字，换言之，即每分钟要译一百一十一个字，也就是每秒钟差不多要译两个字。这样的速度，不要说译，就是写也写不过来。由此可见，这纯属一种自欺欺人的把戏而已，可谓和当时粮食亩产一万斤的宣传如出一辙。

不过，杨宪益先生在这一年倒是真的放了一个翻译大卫星。他“没日没夜地译书，快得像发了疯似的”，居然以十天的功夫将鲁迅先生的《中国小说史略》译成了英文。鲁迅此书凡十六万字，杨先生一天译一万六千字，速度亦是够快的了。殊不料，几十年后，他不胜感慨地说：“一直在为当时未能有充裕的时间把它译得更好些而遗憾。”

从杨先生的这一番感慨中，我们可以悟出，翻译是一件十分严肃的工作，岂能以速度衡量之。回顾历史，举凡有影响的译者，无不是“慢工出细活”。鲁迅译《死魂灵》，“花了十多天，才把一、二章译完，不过二万字，却弄得一身大汗”。其译速约为一日一千多字。傅雷的情形亦复如此，他对傅聪说：“一天八九小时，只能译一二千字；改的时候，这一二千字又要花一天时间，进步之慢有如蜗牛。”王佐良译曹禺的《雷雨》，“花了三个星期，把全剧译完了。译文我是下了力的”，其译速大抵亦为一日千字左右。罗新璋译《红与黑》，“全书四十万字，日译千字，花一年多；第二年，再改再抄，字还是原先四十万，两年通扯，每天只合得五百字”。严复的情形则更甚，竟至“一名之立，旬月踟蹰”。

可不可以说，译速和质量是成反比例的。译得快，质量差，译作往往如过眼云烟，顷刻间即成文化垃圾或被封存于书库的角落，很难再见天日。译得慢，质量高，译品多为人称道，甚至成为典范，时时启迪后人。鲁傅王罗即是如此。杨宪益未留遗憾的译著如《红楼梦》等亦是如此。至于严复，则更是如此。且观其所译《群学肆言》(*Study of Sociology*)第五章中的一段：

望舒东睇，一碧无烟，独立湖塘，延赏水月，见自彼之下，至于目前，一道光芒，滉漾闪烁，谛而察之，皆细浪沦漪，受月光映发而为此也。徘徊数武，是光景者乃若随人。颇有明理士夫，谓是光景为实有物，故能相随，且亦有时以此自讶。不悟是光景者，从人而有，使无见者，则亦无光，更无光景，与人相逐。盖全湖水面，受月映发，一切平等，特人目与水对待不同，明暗遂别。不得以所未见者为一道光芒，他所不尔。又人目易位，前之暗者，乃今更明。然此种种，无非妄见。以言其实，则由人目与月作二线入水，成角等者，皆当见光。其不等者，则全成暗。惟人之察群事也亦然，往往以见所及者为有，以所不及者为无。执见否以定有无，则其思之所不赅者众矣。

稍具古文修养的国人，读了这样的译文，谁能不击节赞赏？难怪哲学家贺麟先生在是译梓行二十二年后即 1925 年评价曰：此段话"说明目妄之理，吾人读之，觉其理甚达，而其文反较斯氏原文为美"。也难怪翻译批评家刘宓庆先生在是译出版一百零二年后即 2005 年亦赞扬道："这样优美的译文，实在不愧为中国翻译史上的经典之作。从美学的观点看，严译纵使在'信'上有种种差池，天下知译事三难之士亦鲜有不为之拍案者。"

2011

一百　妙在似与不似之间及其他

1. 妙在似与不似之间

齐白石有论画名句，曰："作画妙在似与不似之间，太似为媚俗，不似为欺世。"又曰："作画要形神兼备。不能画得太像，太像则匠；又不能画得不像，不像则妄。"所谓"似与不似之间"，即是"形神兼备"。太似或称太像便充满匠气，颇有媚俗之嫌。不似或称不像则未免虚假，成了一种欺诈手段。正确的方法就是既有形似，又有神似，贵在神似。翻译亦然。将英谚"One stone kills two birds"译为"一石射杀二鸟"太似，亦即过于异化，不好。改译为"一箭双雕"，不似，亦即过于归化，也不好。再改译为"一举两得"，深层含意倒是译出来了，但过于平淡，乏味得很。最后产生了"似与不似之间"的妙译："一石二鸟"！说它似，是因为保留了原语中的石和鸟，说它不似，是因为译语中去掉了原语中的语法关键部分即谓语"射杀"一词。好在译语读者人人都知道"一箭双雕"这个成语，有了这样一个铺垫，便不会对"一石二鸟"产生任何误会。眼下，国人当中说一石二鸟的似乎愈来愈多，对母语中的一箭双雕反倒冷落了起来。这是外来文化的影响，还是文化侵略的结果？真还成了一个难以回答的问题呢！

2. 译者的个性

翻译家方平曾撰有一文，题目叫《文学翻译的生命是阐释》，载1992年2月2日《文汇报》。内称："尊重原作并不必然意味着对于自己的艺术个性的压抑，文学翻译家的艺术个性有较大的适应性，他善于把自己的个性溶化在原作的风格里。"我们不妨以莎士比亚《仲夏夜之梦》第五幕第一场中的一段道白及其译文为例，印证一下方先生的说法。

原文为：

> The lunatic, the lover, and the poet / Are of imagination all compact. / One sees more devils than vast hell can hold; / That is the madman. The lover, all as frantic, / Sees Helen's beauty in a brow of Egypt. / The poet's eye in a fine frenzy rolling / Doth glance from heaven to earth, from earth to heaven; / And as imagination bodies forth / The forms of things unknown, the poet's pen / Turns them to shapes, and gives to aery nothing / A local habitation and a name.

且看钱锺书的译文：

> 疯子、情人和诗人都是满脑子结结实实的想像。疯子看见的魔鬼，比广大的地狱里所能容纳的还多。情人和疯子一样颠狂，他从一个埃及人的脸上会看到海伦的美。诗人转动着眼睛，眼睛里带着精妙的疯狂，从天上看到地下，地下看

到天上。他的想像为从来没人知道的东西构成形体，他笔下又描出它们的状貌，使虚无杳渺的东西有了确切的寄寓和名目。

再看方平的译文：

那疯疯癫癫的，谈情说爱的，写诗歌的，/从头到脚，一身全都是想像。/他们呀，看见的魔鬼连天边的地狱/都容纳不了——那是疯子，那情人呢，/同样是痴的，一张埃及人的脸蛋，/落到他眼里，变成了美貌的海伦。/诗人的眼睛，充满着狂热，一下子/从天上看到地下，从地下直望到天上；/在他的"想像"中孕育了形形色色/无可名状的东西，诗人的笔头一转，/它们便成了形，"虚无缥缈"便有了/落脚的场所，还捞到一个名称。

钱译完全是无韵的散文体，方译则是分行的诗体，译者的个性可谓跃然纸上。读了两位大家的翻译，鲁钝者如我，亦不免技痒，由是斗胆试译如下：

疯子情人诗人头衔不一样，却个个充满着无穷的想像。
疯子眼中的魔鬼充斥地狱，密密麻麻如牛毛无法估量。
情人痴迷对疯子丝毫不让，埃及人成了美海伦的模样。
诗人眼睛天上地下齐顾盼，炽热的眼神全是一派癫狂，
他挥动着手中的如椽大笔，令缥缈的物体都有形有状，
而且还享受一个个的名分，占据着依山傍水的好地方。

如此劣译，断不敢谓有译者的个性也。

3. 译诗六难

范希衡，1906年出生于安徽桐城，先后就读于北大法文系和留学比利时，获博士学位。20世纪50年代任教于南京大学法语系，1971年病故。先生一生译著颇多，其所译《法国近代名家诗选》最为后人推重。他曾在是书后记中写道："译诗是比作诗难得多的一项复杂的工作。既要尊重诗人的原意，又要适合中国风味；既要探索其内容，又要物色反映内容的合适形式；既要使词语确切，又要使意境再现。"显而易见，范先生所说的难处包括六个方面：第一，难在传达原诗意义；第二，难在满足读者口味；第三，难在把握原诗内容；第四，难在确定译诗形式；第五，难在译诗词语精确；第六，难在再现原诗意境。不过世间喜爱翻译诗歌的人总能迎难而上，为诗歌爱好者译出来了一首又一首的异域诗篇。范先生即是其中的典范。朱光潜尝云："无锡才子当数钱锺书，桐城才子当数范希衡。"看来，在这位美学家的眼中，范希衡的学问可能远不止翻译一项。惜乎，范公命运过于坎坷，以致未能做出钱翁那样的伟业。不然的话，学界又将会多出一段"北钱南范"的佳话了。

4. 见骨见髓

宋人朱熹讲过这样一段话："为学读书，须是耐心，细意去理会，切不可粗心。如数重物，包裹在里面，无缘得见。必是今日去一重，又见得一重。明日又去一重，又见得一重。去尽皮，方见肉。去尽肉，方见骨。去尽骨，方见髓。"元晦先生的这个比喻实在是妙不可言。读书一定要穿过表层进入深层，要挖掘出书的底蕴、书的内涵、书的主旨、书的精华。翻译也是这样，必须将原著读懂、读通、读透、读熟，读得自己仿佛成了原著的作者一样，才开始着笔移译。如此译作，首先就会轻轻松松地通过严复设定的第一关，即"信"字关。接下来的第二、第三关，即"达"字关和"雅"

字关，那就得瞧你的译语水平是在哪个档次上了。倘若你读原著能读到朱熹所说的那个份上，估计你的译语水平也不会差到哪儿去。

5. 改头换面的复制品

梁实秋曾就翻译发过这样一番议论："凡是艺术皆贵创造，翻译不是创造。翻译是把别人的东西，咀嚼过后，以另一种文字再度发表出来，也可说是改头换面的复制品。"梁先生是继朱生豪之后，第二位独自一人翻译莎士比亚戏剧的学人，长期浸淫其间，对翻译过程中的酸甜苦辣自然深有体会，因此他的这番说法无疑具有一定的道理。其中将译作比喻为"改头换面的复制品"最为贴切。译文的意思完全是原作者的，译者只不过是以有所改变的表达方式来复制或曰再现而已。相传泰国诗人他威·瓦拉迪洛翻译《红楼梦》，书中的诗词先由其夫人翻译成泰文，因为夫人曾就读于北京大学中文系，属地地道道的科班出身。在诗人看来，夫人对原作的理解肯定高出一筹，但夫人的泰语表达水平很可能不及他这位诗人，于是诗人再度握笔，将夫人的译文重新写上一遍，成了泰国读者最容易接受的"改头换面的复制品"。

6. 翻译的内在活力

苏联翻译理论家费道罗夫在其大著《翻译理论概要》中引别林斯基语："接近原文，并不是要从字面上表达原著，而是要传达原著的精神。每一国语言都有其特有的表达法、特点和性质，因此为了正确地表达某一形象或句子，有时就需要在译文中完全把它们加以改动。相应的一个形象，也和相应的句子一样，不一定在于字眼的表面上的一致：应该使译文语句的内在活力符合原著语句的内在活力。"别林斯基的翻译观点，毫无疑问，可以划归到语文学派当中去。其张扬的翻译方法主要是意译法或曰归化法。他的理念，初初看去，似有些落伍，但若细细推敲，却依然感觉到能予人以深刻的启发。特别是其中关于原著与译文语句“内在活力相互符合”的说法和美国人奈达的“动态对等”理论简直就有异曲同工之妙。由此可见，对于时新的理论固然可“趋之若鹜”，但对于以往有价值的理念亦不能令它们“门庭冷落”，而应取大诗人杜甫所宣扬的那种态度，即“不薄今人爱古人”是也。

7. 出于吾口出于吾心

朱熹尝云：“读书之法，在于熟读而精思，使其言皆若出于吾之口，使其言皆若出于吾之心。”朱子的这番话完全可以用于翻译。译者将原文研读再三，将作者的心思一一摸透，不差毫分，以至使自己俨如作者一般，然后挥动手中的生花妙笔，以译语将原文重新写出。钱锺书《谈艺录》、《管锥编》中的翻译情形如此，许渊冲英译唐诗宋词元曲，情形亦复如此。如《管锥编》卷四第1 506页中，钱锺书将 17 世纪英国一哲人语“The studious head must also bring with it a pure heart and a well-rectified spirit. I could almost say that Ethics is the best Logic”译为“深思劬学，亦必心神端洁。吾欲视道德为最严谨之名辩”。又如《元曲三百首》第 139 页，许渊冲将马致远《清江引·野兴》之二“林泉隐居谁到此？有客清风至。会作山中相，不管人间事。争甚么半张名利纸？”译作“Who’d come to my hermitage amid the trees? /My only guest is the fresh breeze. /Living by the fountain, /I’m minister in the mountain. /I do not care for worldly affair. /Why should I strive to enter the vanity fair?”原作中的全部意义在译语中得到了充分的而且是地道的表达，可谓无一丝一厘的相悖，钱老师中文表达之高明，许学生英语翻译之绝妙，不由得令我们想起了在西南联大的教室里，这师生二人相互切磋的情景，真是名师出高徒啊！

2012

一百零一　说东道西话译诗

诗歌翻译在西方可以追溯到公元前3世纪，一位名叫安德罗尼柯的希腊人将荷马史诗《奥德赛》译成了拉丁文。不过东方的中国人却捷足先登，在公元前5世纪就有翻译《越人歌》的实践。随之而来的又有汉代将《西河故事》、《远夷乐德歌》、《远夷慕德歌》、《远夷怀德歌》由少数民族语言翻译成汉语的佳话。从此，东西方的译人们由是备受鼓舞，几乎人人都想在这个领域大显身手，建功立业。

孰料有人开始泼冷水了。第一个发难的是意大利中世纪的但丁，他称，从声调音韵的角度衡量，诗歌根本就不能翻译。后来又出了个雪莱，他说，诗歌翻译就是把鲜活鲜活的紫罗兰放到坩埚里里去提炼，看能不能找出它为什么色泽耀眼，芬芳扑鼻的答案。他还说，只有傻子才会干这种蠢事。

中国人自然不甘落后。众人皆知的桥梁大师茅以升就曾斩钉截铁地宣示："一国的语言当然可以译成别国文字，但只能译故事情节，不能译诗。各国语言都有它们自身的美，这个美是翻译不出来的，我不相信英文能翻译唐诗宋词，也不相信中文能译出莎翁和勃朗宁诗的诗意。唐诗之美只能用中文来表现。”哲学大师金岳霖则说得委婉一些，称“诗差不多是不能翻译的”，因为诗有特殊的意境，以本国文传达本国诗的意境不易，何况以外国文去表示。也许是哲学家的缘故，金先生总算拐弯抹角地丢下了这样一句话，即“译诗总牵扯到重复的创作”。

于是有人，比如德国人赫尔德，便顺藤摸瓜，说译诗就是“译者根据、仿效原诗而作出自己的诗”。摩尔根斯特恩更是得寸进尺，云诗当然可以译，但译出来的诗“只分坏和次坏两种”，换言之，即是“不是更坏就是坏”。善于推理的钱锺书据此提出：“一个译本以诗而论，也许不失为好‘诗’，但作为原诗的复制，它终不免是坏‘译’。”

睿智的钱先生终于使我们明白了诗歌翻译究竟是怎么一回事。当不懂原文的读者对那些翻译的诗歌煞有介事地大加称赞的时候，他怎么也想不到，受他夸奖的译诗其实是译者自个儿作出来的好诗，这种译诗也许压根儿与原作者的诗就搭不了多少界，有时候，可能连边都沾不上。

2014

一百零二　柔巴依第九十九

皓月当空，小楼夜读。读的是费茨杰拉德(Fitzgerald)英译波斯人哈亚姆(Khayyam)诗集 *The Rubaiyat of Omar Khayyam* 中的第九十九首“Ah Love! Could you and I with Him(一作 Fate) conspire / To grasp this sorry Scheme of Things entire. / Would not we shatter it to bits—and then / Re-mould it nearer to the Heart's Desire!”翻来覆去吟诵数遍，直觉得是诗宣示了这样一种理念：不满既定安排，一切推倒重来。又反反复复琢磨再三，更觉得诗中所写与翻译过程分外相似。

试想一下，当你以百分之百的直译方法，将一篇原文，比如英文，转换成中文之后，立马唤一位对英文一窍不通的读者，比如爱妻，请她读一读，或者干脆念给她听。很可能她刚读了几行或者听了几句，便会立刻叫停，且口没遮拦地扔来一句：一塌糊涂，不知所云！

此时此刻，你就完全有可能像哈亚姆抑或费茨杰拉德所描述的那样，不得不手持这份“一塌糊涂，不知所云”的翻译初稿，与原文作者即 Him 或 Fate 进行心灵对话，彼此讨价还价一番，然后再将这份初稿撕得粉碎，准备一切推倒重来。由是磨出二稿、三稿，乃至四稿、五稿。最后，既让自己满意，也令爱妻称心。恰如诗人余光中所言：“写诗，是为了自娱；写散文，是取悦大众；写书评，是取悦朋友；翻译，却是取悦太太。”

费茨杰拉德英译柔巴依第九十九首的中文译文甚多，其中以胡适所译最为抢眼。译文如是：“要是天公换了卿和我，该把这糊涂世界一齐都打破，要再磨再练再调和，好依着你我的安排，把世界重新造过!”作家陈四益称是译分明有模仿明代民间曲调《泥人(锁南枝)》的痕迹。是曲为“傻俊角，我的哥！和块黄泥儿捏咱两个：捏一个儿你，捏一个儿我，捏得来一似活托，捏得来同床上歇卧。将泥人摔碎，着水重和过，再捏一个你，再捏一个我，哥哥身上也有妹妹，妹妹身上也有哥哥。”

如果说费茨杰拉德英译柔巴依第九十九首所写与翻译过程有瓜葛的话，那么，这首《泥人(锁南枝)》所云便活脱脱地与翻译成品挂上钩了。凡是与翻译直接打过交道的人，谁能不承认，译出来的文字中，既有作者的风神，亦不可避免地具有译者的闪亮?

行文至此，难免技痒，斗胆步先贤之后，将这第九十九首也捏成了这样一个“泥人儿”：

唤妻观谬图：万物呈乱彩。叩问命运神：可否另安排?
碎图再绘制，一切都重来。遂我夫妻愿，处处皆和谐。

2014

一百零三　文学走出去

中国当代文学如何走出国门，融入世界？人们摸着石头过河，总算找到了一种看好的办法，即中国作家与外国翻译家携手合作。要想合作得好，私心以为，中方务必把握“宽容”二字，外方则须恪守“尊重”二字。所谓宽容，即是指：只要译者能使译作在整体效果上与原作保持一致，作者应当给予译者一定的自由空间，而不必斤斤计较于一词一句乃至一个情节的得失。比如葛浩文翻译莫言的作品，只求整体对等，不纠缠于细节的准确，甚至“连译带改”，将原作的结尾翻个跟头亦在允许的范围之内。正是基于这种宽容，莫言的作品方才真正走了出去，获得了世界的认可。

葛氏的这种翻译方法，源头其实还在咱们中国。据钱锺书考证，林纾当年翻译西方小说便是堂而皇之地对原作进行“加工改造”，不是“删节”，就是“增补”，有时候甚至还“抢过作者的笔代他去写”。结果自然是读者读得高高兴兴，书商赚得欢欢喜喜，社会效益与经济效益两不误。看看当今莫言们的作品在西方的情形，便可知沿用这种“加工改造”方法之妙了。

所谓尊重，就译者来说，窃以为包括三个方面，一是对作者的尊重，二是对原作的尊重，三是对译语读者的尊重。翻译中遇到疑难或要对原作进行一定的调整，译者务必与作者进行沟通，不能搞语言霸权主义。葛浩文译莫言，书函不断，短信不断，电话不断，双方几近莫逆。这无疑是译者尊重作者的结果。翻译中往往会牵涉到原作的生活环境，为了加深对原作的理解，如有可能，译者最好能前往实地进行一番考察和体验。板井洋史译张炜，曾到中国龙口一带反复走访，时间延绵了四五年之久，由是译出来的《九月寓言》获得了极大的成功。这无疑是对原作尊重的必然。友邦异域不乏中国当代文学粉丝，作为译者，必须对他们有足够的理解，并千方百计使其能够从自己的译作中读出中国当代文学的原汁原味。瑞典人陈安娜是汉学家马悦然的高足，她翻译莫言只用四十三天便写就的《生死疲劳》，耗时竟然长达六载共二千一百九十天。如此千锤百炼出来的译作自然可以令粉丝们读得欢天喜地，叹为观止。难怪许多人称其为“离作者最近的人”，有些人则干脆说她是“瑞典的中国人”！如果缺乏对读者的尊重，焉能有如此动人的赞美？

端赖莫言、余华、张炜们宽阔的胸襟与理性的帮衬，仰仗葛浩文、陈安娜、板井洋史们拔萃的慧眼与艰苦的耕耘，当代中国文学在走出国门的长途跋涉中终于迈开了格外坚实的一步。2012 年诺贝尔文学奖的颁发便是对这一步的充分肯定。可以预言，只要中外双方真诚合作，彼此信任，中国当代文学走出国门，融入世界的梦想一定可以如愿以偿。谓予不信，何妨拭目以待！

2014

一百零四　文学翻译：重写和竞赛

文学翻译兴许是所有翻译中最难于操纵的一种翻译。原作的形式、内容、情感如果能够在译文中得到百分之百的传达，那便是一种“化境”之作。事实上这种“化境”只不过是一种“乌托邦”而已。于是众多的译者便在原文的内容和原文的情感上下功夫，力争有所作为。才能卓越者往往以自己手中的生花妙笔进行“重写”，艺胆超群者则胸有成竹地宣称欲与原作者来一番“竞赛”。

所谓“重写”，众说纷纭。如美国翻译家玛格丽特·塞耶斯·佩登称：“创造美，必须先破坏。这个先破坏后创造的过程最能确切地描述文学翻译的过程。没有对原作的先破坏，就无法进行翻译。我们必须先破坏——先解构(destruct)，然后才能重构(reconstruct)。”而中国翻译家叶君健则认为：“译文表现原作的精神和风姿，是译者学识、思想感情和文学修养与原作相结合的结晶。这种结合本身是一种再创造，译者应该通过对原作的尽可能消化，把原作再创造为本国文字中的文学佳作。”不过最权威的说法当属美籍比利时人勒菲弗尔的“重写理论”。勒氏提出：“翻译，理所当然，是重新写作。不论其初衷如何，所有的重写都会反映某种意识形态和诗学理论，以致操纵文学，使它在特定的社会中以特定的方式发挥功效。重写就是操纵。”

所谓“竞赛”，主要是指译者与原作者竞赛，当然也不排除译者与其他译者的竞赛，乃至译者本人与自己的竞赛，甚至还包括译者与译语国作家语言表达能力的竞赛。“竞赛”论的首倡者是古罗马的昆体良。他于公元 95 年提出：“我所说的翻译，并不仅仅指意译，而且还指在表达同一意思上与原作搏斗、竞争。”一千八百多年以后，即 20 世纪 80 年代初，中国的许渊冲则更加旗帜鲜明地主张：“翻译又可以说是两种文化的竞赛，在竞赛中，要争取青出于蓝而胜于蓝。”

众多的文学翻译家也许正是秉承“重写”论或者兼以“竞赛”论的导向，方才在文学翻译这块园地上“移植”出了一朵又一朵婀娜多姿、芳香隽永的美丽鲜花。吕叔湘称：“Bynner 英译李白静夜思，竟不妨说译诗是青出于蓝。”“Amy Lowell 英译杨贵妃赠张云容舞，这首诗译得很好，竟不妨说比原诗好。译者 Amy Lowell 女士，本是美国有名的诗人。她不懂中文，她译这些诗是和 Florenee Aysc 合译的。”钱锺书则云：“自己宁可读林纾的译文，不乐意读哈葛德的原文。也许因为我已很熟悉原作的内容，而颇难忍受原作的文字。林纾的文笔说不上工致，而大体上比哈葛德的明爽轻快。译者运用归宿语言超过作者运用出发语言的本领，或在文笔上优于原作，都有可能性。”

笔者从事翻译教学经年，亦曾拜读过不少诸如此类的佳译。有时自己亦不免技痒，偶尔有所“折腾”，虽不敢妄称竞赛，但与重写却是脱不了干系的，现一并和大师们的佳译举隅如下，以博方家一哂。

例一：

And, though one can not justify Haman for wishing to hand Mordecai on such a very high gibbet, yet, really, the consciousness of the Vizier of Ahasuerus, as he went in and out of the gate, that this obscure Jew had no respect for him, must have been very annoying.

(Huxley's *Evolution and Ethics*)

原文所要表达的意思当是:

哈曼何以一心一意要将莫德送上绞刑架?大家心头不免疑虑重重。不过对他这番恨意的来由,多多少少还能猜出几分。想当初,官阶显赫的哈曼出入城门时,地位低下的犹太人莫德总是对其不屑一顾。哈曼瞧在眼里,焉能不恼羞成怒?

孰料到了严复的笔下,便成了:

李将军必取霸陵尉而杀之,可以过矣,然以飞将军威名,两千石之重,尉何物,而等闲之,其怖之者状人情也。

这无疑是典型的重写,是勒菲弗尔"重写论"最有力的实证材料,其中意识形态操纵、诗学操纵都有。显而易见,译者非常巧妙地运用了《史记》中的史料,即"顷之,家居数岁。广尝夜从一骑出,从人田间饮。还至霸陵亭,霸陵尉醉,呵止广。广骑曰:'故李将军。'尉曰:"'今将军尚不得夜行,何乃故也!'止广宿亭下。居无何,匈奴入杀辽西太守,败韩将军,后韩将军徙右北平死,于是天子召拜广为右北平太守。广即请霸陵尉与俱,至军而斩之。广居右北平,匈奴闻之,号曰:'汉之飞将军',避之数岁,不敢入右北平。"

例二：

中华儿女多奇志，
不爱红装爱武装。（毛泽东《为女民兵题照》）

许渊冲译文：

Most Chinese daughters have desire so strong
To face the powder and not to powder the face

"不爱红装爱武装"七字，在钱锺书参与的英译本中，被译为"China's daughters have high-aspiring minds，/They love their battle array，not silks and satins."北京大学辜正坤的译文则为"In China how unique and lofty are the ideals of the young，/ Who love battle array instead of gay attire in show."英国里茨大学出版社《宏观语言学》编者致函许先生，称以"To face the powder and not to powder the face"译"不爱红装爱武装"，"可以算是胜过原文的典型"（张智中《许渊冲与翻译艺术》第45页）。

毋庸置疑，许译是在用译语写作或曰重写，的确是佳译、妙译、神译。客观上，译文是否胜过原文，有待商榷。不妨将译文回译：面对胭脂，不抹胭脂；面对梳妆镜，不愿着红粉。而毛泽东的本意当是：女子不爱绡罗衣，但愿紧握手中枪。当老人家面对女民兵的照片时，他也许立马想起了他的妻子杨开慧、贺子珍以及那些在革命战争中荷枪实弹与敌人奋力拼搏的女将士们。故"不爱红装爱武装"七个汉字的深刻内涵，不是区区"To face the powder and not to powder the face"十个英文单词能够充分表达的。但许先生的这种敢于重写的创新精神是值得赞扬的，也是值得学习的。

例三：

Music, when soft voices die, / Vibrates in the memory— / Odours, when sweet violets sicken, / Live within the sense they quicken. / Rose leaves, when the rose is dead, / Are heap'd for the beloved's bed; / And so thy thoughts, when thou art gone, / Love itself shall slumber on. (雪莱诗)

胡适译文：

歌喉歇了，/韵在心头；/紫罗兰病了，/香气犹留。/蔷薇谢后，/叶子还多；/铺叶成茵，/留给有情人坐。/你去之后，/情思长在，/魂梦相依，/慰此孤单的爱。

纽马克尝云："常规方法难以令翻译奏效时，创造便应运而生。"胡博士婉转曲达，以情似替代貌似，分明彰显出其借鉴、融会、创造的译诗意识。

例四：

What/Has happened/Makes/the/World.
Live/On the edge, /Looking.

（美国诗人 Robert Creeley 诗）

郑延国译文：

(1)
所发生的/一切/便成了/如此/世界。
倚角/而居，/观望不懈。

(2)
世界动荡中，一日一翻新。
悄然居一角，静观变化生。
(3)
沧海桑田，世事缠绵。
偏居一角，静观其变。

原诗无疑是一首朦胧诗。译文(1)是直译，形意均似原诗，但诗味全无。译语读者未必喜欢。译文(2)、(3)分别以中国的传统四言诗、五言诗形式译出。表层结构虽迥异于原诗，但作者所要表达的深层内涵却似乎被挖掘出来了。倘若美国诗人 Robert Creeley 懂中文的话，他读了我的三译之后，赞我责我，就很难预料了。

例五：

For never was a story of more woe
Than this of Juliet and her Romeo
(莎士比亚：*Romeo and Juliet* 最后两行诗句)

曹禺译文：

人间的故事不能比这个更悲惨，
象幽丽叶和她的柔密欧所受的灾难。

朱生豪译文：

古往今来多少离合悲欢，
谁曾见过这样的哀怨辛酸！

郑延国译文：

人间何事最伤心？
情哥情妹双殉情！
且看帷幕徐徐落，
休忘罗郎与朱卿。

众所周知，莎士比亚的戏剧在中国曾被移植为京剧、越剧等，朱生豪之胞弟朱文振曾以仿戏曲体形式译过不少莎剧片段。我步文振先生之后，也算是作了一回翻译莎士比亚的尝试。我边译边想象：当幕布慢慢合拢，台前幕后的演员齐声将这四句译诗唱起来时，也许能使台下的中国观众留下更为深刻的印象。

通过以上文学翻译实例的举隅和点评，似乎可以悟出，在文学翻译当中，重写和竞赛既具有必要性又具有可能性，同时还具有可行性。作为文学翻译者，只要在行之有效的翻译理论指导下，不断提升自己的综合学养，发扬敢于创新的精神，放手进行重写，勇于开展竞赛，文学翻译的前景一定会无比看好。末了，以一首卜算子词《咏文学翻译》作为本文的结束：

艺苑百花香，翻译丛中俏，文学遨游全世界，五洲同一笑；

重写舞彩练，竞赛春意闹，碧海掣鲸唯高手，学养最重要。

2011

一百零五　语境适应和翻译选择

语境适应

从范围的视角观察，语境可分小区域化语境、大区域化语境、全球化语境三种。与语境相关的语言情形显得更为复杂。语言中有方言，如粤语、闽语、江浙语、川语、湘语、台语等；语言中亦包括少数民族语言，如藏语、蒙语、回语、满语等；即便是所谓普通话，也分大陆普通话、台湾普通话；外国语尤有大语种和小语种之分，在中国人看来，小语种通常包括日语、韩语、越语、泰语、阿拉伯语、法语、德语、西班牙语、葡萄牙语等；大语种无疑是英语。当然，在外国人看来，汉语无疑也是一种大语种。

语境适应理所当然地可分为三种，即小区域化语境适应、大区域化语境适应和全球化语境适应。不言而喻，方言、少数民族语言、台湾普通话、小语种语言适应小区域化语境；汉语，大陆普通话适应大区域化语境；大语种语言，即英语适应全球性化语境；当然不排除未来汉语有可能与英语平分秋色。

翻译策略选择

人们都从扩大化的角度来借用“Think Globally, Act Locally”(全球思维，本土运作)的说法。就翻译而言，我的理解是把自己的东西送出去，送的过程中应考虑如何适应全球化语境；把别人的东西拿进来，拿的过程中应考虑如何适应本土化语境。以原语文化意义的转换为例，窃以为，有四种策略，即(1)直译/异化/全球化；(2)意译/归化/本土化；(3)套用；(4)零翻译策略：双语化/直接学习原语和直接阅读原文如少数民族语言、小语种语言，英语、汉语等。毋庸置疑，每种策略都各有利弊或较难实现。

(1)选择意译/归化/本土化的策略可能胜出

实证1：谢天振说杨戴译、霍译《红楼梦》的发行量，杨戴译不如霍译。后者多用归化。

如：得陇望蜀

霍译：One conquest breeds appetite for another

杨戴译：To cover the land of Shu after getting the region of Lung

实证2：顾彬初读德译鲁迅，误以为其为二三流作家；钱锺书说：“拙劣晦涩的译文无形中替作者拒绝读者；他对译本看不下去，就连原作也不想看了。这类翻译不是居间，而是离间，摧毁了读者进一步和原作直接联系的可能性，扫尽读者的兴趣，同时也破坏原作的名誉。”顾彬的经历和钱锺书的评论表明译文很可能过于异化，当然亦不排除译者母语水平过低的因素。

(2)选择直译/异化/全球化的策略可能胜出

实证1：刘心武说：“我不懂外文，所以，我读外国作家作品的译本，等于是读了两个人的著作——外国作家给了我人物、场面、故事、氛围，或许还有思想，翻译家则给了我中文的语感。读译著，可以吸收的营养是很多的，却不大可能吸收到原著在语言上的精华。”

实证 2：2008 年 8 月在上海举行的第十八届世界翻译大会上当选的国际翻译家联盟理事会副主席、中国外文局副局长、中国翻译协会副会长黄友义先生说："中国真正合格的'中译英'人才不足百人，缺少'中译英'，将导致文化上的'逆差'。就质量上说，中国的翻译教育首先是稀缺'中译英'人才。"

刘先生是大作家，见多识广，自然懂得翻译的奥妙，其属于高水平的读者，他能分辨出译文中的人物、场面、故事、氛围，或许还有思想才是原语作者的东西，而译文的表达语言却是译者舞弄出来的，千万莫把它当成原语作者的东西，面对这样的读者，异化自然是一种良策；黄局长的潜台词则是要求译者既要以异化的策略成功地输出中国的文化，又要让外国人乐意接受。

(3)选择套用即归化与异化相结合的策略可能胜出

实证 1：一箭双雕和一石二鸟

以套用的策略将"一箭双雕"英译为"shoot two hawks with one arrow"，将"kill two birds with one stone"汉译为"一石二鸟"。

实证 2：牵马到水边，难迫它饮水和牛不喝水强按头

以套用的策略将"牛不喝水强按头"英译为"You can take an ox to the water, but you can't make him drink"，将"You can take a horse to the water but cannot make him drink"汉译为"马不喝水强按头"。

套用的方法虽好，但机会难得。

(4)零翻译策略也是适应全球化语境的一条出路

实证 1：钱锺书说："好译本的作用是消灭自己，它把我们向原作过渡，而我们读到了原作，马上就掷开了译本。"钱公的说法倒不失为鼓励人们学习原语的一种好办法。

实证 2：顾彬学习汉语特别是成为汉学家以后，深深懂得鲁迅不仅是全中国而且是全世界的一流作家。

这种策略只能说是一种理想，因为绝大多数的人做不到。

结语

孔子说：述而不作。老子说：为而不争。在翻译的运作当中，最大限度地尊重原语作者和原语文化，少一点译者自己的东西，但也应照顾译语读者的接受和欣赏，千万避免把一流水平的原语作者译成了二三流甚至四五流的原语作者，反之亦然；在翻译的领域内，少和自己的同仁一争高下，提倡互相学习，互相切磋，取长补短，共同提高；也不要和原语作者互比胜负，应当恪守译者的本分，忠实移译，争取双赢，从而形成一种和谐的氛围，让世界各民族的文化通过翻译工作者的辛勤劳动做到相互交流，甚至融合，真正体现全球化。

2011

一百零六　翻译标准的创新和规范

1

翻译标准是翻译理论的一个十分重要的组成部分。任何一个译者，当他动笔进行翻译时，一定会有这样一种想法，即怎样将这篇文章或者这本书译好，使读者愿意阅读或欣赏。因此，便有人说，翻译标准是译者在长期的翻译实践中形成的审美原则。而且还有人，比如20世纪后期翻译语言学派的代表人物之一沃尔夫拉姆·威尔斯(Wolfram Wilss)更是一语中的地指出，“翻译学的一项主要任务就是要制定一种以经验为依据而又可用作评估翻译等值的标尺”。显而易见，这个标尺(yardsticks)指的就是翻译标准。

一部中国翻译史再加上一部西方翻译史，我们以为，实际上也就是两部翻译标准的发展史。北京大学辜正坤教授曾作如是说：“纵观中外翻译史，各家各派，纷纭拿斗，标准之名目，可谓繁矣，标准之理论，可谓广矣。”他的这番描述不失为一种明证。不言而喻，翻译标准的发展过程实际上也就是一个不断创新的过程。

且以中国翻译历史为例，先后有三国支谦的“因循本旨，不加文饰”论，东晋道安的“案本而传”论，慧远的“厥中”论，玄奘的“五不翻”论，赞宁的“六例”论等。到了近代，又出现了马建忠的“善译”论，严复的“信达雅”说等。而从 20 世纪三四十年代以来，先后又出现了鲁迅的“硬译”论，林语堂的“忠实、通顺、美”论，朱生豪的“神韵”论，傅雷的“神似”论，钱锺书的“化境”论等。十分明显，所有列举的翻译标准，都可以视为后一种标准是对前一种标准的创新。今人罗新璋在他那篇著名的《我国自成系统的翻译理论》一文中，将中国翻译历史上的种种翻译标准整合为“案本—求信—神似—化境”四大标准。一时间，译界人士多以为中国的翻译标准大概到了“化境”便画上了一个句号，从此，再无新可创了。孰料到了 20 世纪 80 年代后期居然出了个许渊冲，他先是提出了诗歌翻译“三美”论，不久又提出了翻译“优势”论。接下来，辜正坤提出了“多元互补”论，郑海凌提出了“和谐”论，杨晓荣提出了“第三种状态”论。就连罗新璋本人也在 1994 年提出了令人耳目一新的“译事三非”论。私心以为，这一个个的论说“不特推陈出新，饶有别致”(清代作家戴延年《秋灯丛话》中语)，而且无不体现了“长江后浪催前浪，世上新人超旧人”的时代特征。

翻译标准的创新在国外的情形亦复如此，如法国多雷的翻译五原则，英国约翰·德来顿的翻译六原则，英国泰特勒的翻译三原则，纽马克的“等效”论，巴尔胡达罗夫的“语义等值”说，奈达的“对等”论，海德格尔的“阐释”说，韦努蒂的“异化”主张，勒弗维尔的“重写”呼吁以及德坎坡斯兄弟提出的“食人主义”等。同样，这些个论说也无一不体现了翻译标准的创新。

从宏观的角度来看，无论是源于翻译经验和写作理论的翻译标准，还是源于语文学派、诠释学派、语言学派、目的学派、文化学派、解构学派的翻译标准，或者是源于美学思想和文学理论的翻译标准以及以哲学观念与哲学方法为基本特征的翻译标准，都是学人们在长期的实践和探索中迸发出来的一个个的创新。

2

如此繁复的翻译标准对从事翻译实践的人们来说，往往难以适从和把握，甚至令人感到困惑。长此以往，这些纷繁的翻译标准难免失去其指导的意义。基于此，窃以为从学术的角度对这些翻译标准进行一番规范是势在必行了。然则如何规范？我们不妨从这样两个方面着手考虑。

首先，我们认为应对中外翻译史中诸多翻译家、翻译理论家在各个时期提出的翻译标准进行全面的收集、取样、认知、分析、比较、筛选、整合。其次，我们以为，在完成上述工作之后，可以从语言、文体、文风、文化等方面分两个步骤对翻译标准进行学术规范。第一步，从宏观的视角规范出适用面最广泛的翻译标准；第二步，从微观的视角规范出适用社会科学翻译、自然科学翻译、文学翻译三个层面的翻译标准。不言而喻，这是一个颇具新意且有一定难度的研究课题。

翻译界的老前辈沈苏儒先生曾经披露，外文出版社在1962年拟订过一个题为《关于翻译工作的几个问题》的文件，其中，对“信、达、雅”三字作了明确的科学规范或曰学术规范：

“信”就是忠实，即忠实于原文的意思、事实、语气和风格。

“达”就是通顺，即词能达意，亦即是说这种民族语言的读者不费过多的思索和推敲能够看懂译文，正确地了解原意。译文必须是纯粹的现代民族语言。

“雅”就是优美，即文字流畅、简洁、生动、词汇丰富。

“信”和“达”、“雅”是一个问题的两个方面，二者是密切联系、不可分割的，是矛盾的统一。

“信”说的是译文与原文的关系。原文是翻译工作的出发点，离开了原文，译文就失去了根据。译者必须对原作负责。这是问题的一个方面。

“达”、“雅”说的是译文与读者的关系。翻译出来东西是为了给外国读者看的，“信”的原则必须落实于外文，落在“达”、“雅”之上。如果译文不达、不雅，“信”就落了空，就会使人看不懂，就会失去读者。判断译文是否忠实，必须联系上下文、从整体看它是否准确地表达了原作的思想和风格，不能断章取义地一字一句地去比较。译文必须对读者负责。这是问题的另一个方面。

对原作负责和对读者负责是一致的，二者不是主从的关系。我们提倡译者应该力求做到“信、达、雅”三者兼顾。

十分清楚，规范者以严谨的科学态度对“信达雅”标准进行了阐述，分析了三者之间的辩证关系，并在此基础上对其予以全面的学术层面规范。第一，是从宏观的角度进行规范，如信即忠实，达即通顺，雅即优美。第二，是从从微观的角度进行规范，如信含有意思、事实、语气、风格等四个方面的要求，达则含有便于读者理解、译语应当是“纯粹的现代民族语言”(其深层语义不言而喻是指译语不能有翻译腔)两个方面的要求，对雅的要求同样也含有两个方面，一是词汇要丰富，二是语言要具有三个特点：流畅，简洁，生动。第三，是对信达雅之间的关系进行规范：信是译文与原文的关系，达雅是译文与读者的关系。第四，是从整体上进行规范：信达雅是不可分割的矛盾统一，译者必须做到三者兼顾。

3

毋庸置疑，这一具有历史意义的翻译标准规范为我们提供了一个完全可以借鉴的范例。

我们之所以对翻译标准的创新和翻译标准的学术规范研究前景充满信心，最主要的原因是源于《国家哲学社会科学研究“十一五”(2006—2010 年)规划》的正式颁布。该规划所附《“十一五”各学科重点研究方向和重点研究课题》的“外国文学”条中正式确定“译介学”，“语言学”条中正式确定“翻译学”为十一五期间的重点研究方向和重点研究课题。相对《国家哲学社会科学研究“十五”(2000—2005年)规划》而言，这无疑是大大向前跨进了一步。因为十五规划仅仅在“语言学”研究的条目中设置了一个“机器翻译中的多义词消歧问题研究”的课题。而现在“翻译学”与“译介学”的研究地位居然首次得到了国家的正式认可，的确令人欣慰。我们深信，这一举措一定会极大地促进翻译理论的纵深研究和不断发展。而且可以断言，作为翻译理论一个不可或缺的部分，翻译标准的研究也一定会有所突破，翻译标准的创新和翻译标准的学术规范前景肯定会格外看好。谓予不信，何妨拭目以待。

2008

一百零七　无限风光在勃峰

(美)马克·吐温著　郑延国译

我们坐火车到马蒂里城住了一晚。第二天一早便步行前往勃朗峰。沿途游客络绎不绝，骑骡子的骑骡子，坐马车的坐马车，浩浩荡荡、风尘仆仆的大队伍不下一英里。山路崎岖，坡连着坡。天气酷热，行路艰难。驮人的骡，拉车的马，贴着地面爬行。骑骡坐车的男男女女头顶烈日，一个个气喘吁吁，可怜巴巴。我们这些以步当车的人倒是挺自在，穿行在小树林中，躲过了烈日的焦烤。骑骡坐车就少了这份福气。他们那叫花钱买罪受。

爬上黑头峰，眼底一派旖旎风光。穿过一段山洞，到了山峰的另一边，低头俯视，只见湍急的流水在山谷中奔腾不已。凸起的奇石、葱翠的高山比比皆是。一路上，瀑布连着瀑布，倾泻的飞流令人目不暇接，心旷神怡。

大约半个小时后，我们到了阿让迪尔峰下的一处小山村。抬头仰望，一个高大的圆丘顿时映入眼帘，白雪覆盖，雄伟壮观，俨如一座V形大门横空而立，灿烂的阳光下，一身红装素裹，显得分外妖娆。这便是大名鼎鼎的阿尔卑斯山之王——勃朗峰。愈往上走，眼中的圆丘便愈加高耸，仿佛直逼蓝天，要把整个天庭占据一般。

勃朗峰周边的山峰各具特色。有的一片光秃，有的一抹阴灰，有的宛如石塔。其中两座最为奇异。一座由下往上，尖溜尖溜，尖至顶端，蓦地一弯，恰似一块指状小松糕；另一座乍一看像块冰糖，再一看又像顶主教帽。此峰过于陡峭，只容得小块小块的白雪点缀其上。

再往前行，便是通往阿让迪尔峰的一条斜坡。伫立此间，放眼望去，只见白云深处，山巅渐露。柔和的云絮有如轻纱，时不时地吐出斑斓的光泽。一会儿是淡淡的粉红，一会儿是浅浅的嫩绿，真是美不胜收。我们身不由己地坐了下来，屏住气息尽情欣赏，心中不由得生出一番感叹：此境只应神仙有，凡人哪得几回临啊！绚丽的彩云，一种颜色接着一种颜色地轮番交替，时而融成一体，时而悄然散开，时而渐渐淡化，时而猛然一亮。总是在不停地流动，不停地变幻。一阵清风徐徐拂来，五光十色的彩云，一瞬间化作一套轻盈素白的仙服，只待美丽的神女将它穿上。

俏丽云彩的飘浮流动、聚散离合，令我们徒地想起：这和往日见到的肥皂泡何其相似。肥皂泡腾挪翻转，映射着它所经过的物体的色彩，千变万化，婀娜多姿，使人赞不绝口。眼前这些精致典雅、变幻莫测的纱状美物莫非就是映着丽日、溅向四方的肥皂泡？世界上要是真有一只这样的肥皂泡，那非得腰缠万贯的有钱人才买得起呢。

从马蒂里城出发，历经八个小时的步行，我们终于爬上了阿让迪尔峰。那些骑骡子坐马车的游客全都远远地落在了后面。劳累了这么长的时间，我们也只能以车代步了。于是租了一辆敞篷行李车，直奔夏莫利山谷。途中花了一个小时就餐。赶车的人喝醉了，他的伙计也喝醉了。

饭饱酒醉，又开始上路。赶车人说，吃饭那阵子，所有的游客全都赶上来走远了。“那又怎么样？”他豪气十足地说：“坐稳当，放宽心，别瞧这会儿他们走的欢，待会儿，准撵上。安心打个盹。包在爷身上。谁教俺是车把式里的头块牌呢。驾！”

只见他马鞭一扬，车子便轱辘轱辘地滚动起来。这辈子，我还是头一遭领教这种颠簸的滋味。大雨初歇，洁净的路面上处处都是水洼。车子朝前飞驶，没有丝毫减速，碾过石块，轧过废物，在沟壑中狂奔，在旷野上猛驰。有时觉得是一只轮子着地，有时觉得一只轮子也未着地。这位眼不眨心不跳的疯汉，不时回过头来瞅着我们，神气地说：“您瞧，说到做到。头块牌就是头块牌！”每化险为夷一次，他就会得意洋洋地说上一次：“爷们，尝到甜头了吧。机遇难逢，缘分难得。和俺头块牌同坐一车的，真还没几个呢。看一看，瞧一瞧，货真价实的头块牌，天下谁人不知晓！”

他满口本地腔法语，一边说话，一边直打酒嗝。他的伙计也是法国人，满口本地腔德语。伙计自称是“阿尔卑斯攀山王”。他邀我们和他一起攀山，说自己攀山的次数无人能比，至今已攀过四十七次，他弟弟攀过三十七次，向导中他最出色，其次便是他弟弟。瞧那架势，有板有眼。看来，这“攀山王”还真的非他莫属了。

“头块牌”果真言而有信。他像飓风一样勇往直前，将所有的游客都甩在了后面。于是我们轻轻松松地住上了夏莫利条件最好的旅社。多亏了这位车把式，不然真还交不上这种好运。不过，我们心中都有一本账：这全都是因为他在阿让迪尔峰那会儿喝了个烂醉的结果。

2010

一百零八　平生所好唯有书

（俄）高尔基著　郑延国译

莫道尔先生嘱我为他的专著作序。虽然我不精于此道，但盛情难却。由是借此机会谈谈我对书籍的看法。

我把自身的一切优点都归功于书籍。打年轻时起，我就懂得艺术要比人慷慨得多，故平生所好唯有书。在我眼中，一本书就是一桩奇迹，而书的作者便是一位魔术师。只要一讲到书，我便热血沸腾，思绪万千。这也许是一种原始人的冲动，但情形确实如此。

一本新书在手，我的眼前立马浮现出印刷工人和印刷机发明者的英雄形象，没有他们的娴熟技术和巧构精思，这书焉能印制得出？手中的一本本新书，无不内容奇特，生动感人，仿佛令人身临其境，竟至与我的生命融为一体。且以《新约全书》为例，作者以自己的亲身经历叙述了他如何通过艰苦的劳动和丰富的想象，创造出世间的全部生物，从而使人们感到他是那样的不可思议，又是那样的可亲可敬。

书籍引导我熟悉生活，传授我新的知识，让我知道过去又憧憬未来。有时候，在一本书中仅仅只能读到一个精彩的句子，而恰恰就是这个句子使你与人更亲近。你可以从中窥视一丝微笑或者瞥见一副苦容。

星光闪烁的夜空一派肃穆，浩渺无际的宇宙井然有序，博学多才的天文学家口若悬河，所有这些，有时候居然叩不动我的心扉或者唤起我的激情。我心目中的宇宙并不完全像天文学家描写的那样富有情趣。神奇的宇宙生灭轮回，变幻莫测。万千事物，各呈异态。无规律远胜有规律。

有一本书居然这样描绘天体：银河已经凝固，太阳已经失色，围绕着它的行星已经黯然。如此奥妙的瀛寰也难动我的心半点。可是思想家卡密尔·富兰克林的去世却令我痛心疾首，悲哀不已。

世上的良辰美景，人间的善意柔情，书上处处可见，俯拾即是。然而情形亦不尽然如此。像陀思妥涅夫斯基、布德莱尔这样一些斫轮高手，有时候也不得不在书中安排一些令人感到痛苦的章节，甚至不惜笔墨大加渲染。但即便这样，透过这些章节，我依然可以发现一线光明，找到一份希望。

我们周围的大自然并不完美，甚至含有些许敌意。所谓美，只不过是人们灵魂中的一种塑造物而已。君不见，芬兰人把自己国土上的沼泽丛林以及点缀其间的诸多黛石当作美的象征，而在阿拉伯人看来，广袤的沙漠无疑就是一道亮丽的风景线。可见，美的产生源于人的执著追求。比如，对那些朦朦胧胧、形如锯齿的山峦，我原本毫无好感，可一读到名人描写它们的美文，便情不自禁地改变了看法。我分外崇拜改造大自然的人们，因为他们身上拥有的乐观精神和开拓勇气足以令整个地球震颤。地震、飓风、冰雪、洪水、酷暑、严寒、毒虫、细菌，凡此种种，给我们的生活带来不少困扰乃至灾难，可一面对征服大自然的英雄，它们无不甘拜下风。

世界大舞台，人生如戏剧。作家们纷纷将丰富多彩的生活写进自己的作品。这种奇异而美妙的创造性劳动堪称罕有匹敌。普希金的一卷诗集，福劳伯特的一本小说，里面有璀璨的星光，有浩渺的大海，有森林的喧闹，有荒原的沉寂。沉浸于这些诗行文句之中，你能够尽情享受生活的美和获取无穷的智慧。

在文学家布诺丁的笔下，荒原的寂静被描写得惟妙惟肖；而魏斯特手中的一支画笔，竟然将北极光表现得栩栩如生，令我瞠目结舌，惊诧不已。约翰·腊斯克说，特勒的画作使英国的日落变得益发楚楚动人。这种说法莫不令人心悦诚服。

天上的星星，颗颗晶莹透亮，仿佛举手可摘，我对这样的夜空有时也会格外迷恋。读了许许多多天文学家的书籍之后，头脑中的知识日有所增，便能渐渐感受到宇宙的神奇美妙、婀娜多姿。

我所生活的世界，其实就是哈姆雷特和奥赛罗的世界，罗密欧和朱丽叶的世界，卡拉马兹乌斯和道姆比的世界，大卫·科波菲尔、玛道蒙·玻娃丽、马兰·奈斯康、安娜·卡列琳娜的世界，当然，也是小道恩·古克特斯和道恩·米兰的世界。

正是那些细微的生命，那些熟知的人群促使作家们创作出一桩桩的动人故事，并让它们代代相传，生生不息。

只有沉湎于科学家与天文学家的著述，你方能对自己生活的世界，对整个人类有所了解。福兰伯特的《圣洁的心》使我如获至宝，几乎成为我的人生法则；卡拉·汉姆逊的《大地成长》有如《奥德赛》一般，令我不忍释卷。至于罗曼·罗兰的《约翰·克利斯朵夫》，我深信我的孙辈们将一定会把卷长吟。作者那高尚的心灵和对人类永恒的爱同样会获得他们的肃然起敬。这种爱无疑是当今的一种时尚，它永远不会消失。无论我们是欢乐还是忧郁，它都会如影随形，与我们相伴。也许这就是它的本质。

我甚至认为，这种爱已经日益强烈，尤其是在人生挣扎的苦途中，这种爱已逐渐演变成一种法度，有序地左右着我们这个时代。

我除了想把视书如友、视书为慷慨向导的读者当作自己的知己之外，别无其他奢求。我对那些为全世界作出了丰功伟绩而又从不表白的英雄们抱以深深的敬意。

是为序。

1925 年

译者注：此文系作者为莫迪尔《外国文学史纲》一书所作的序。据《高尔基论文学》英文版译出。

2011

跋

将这部小书写就，正好是霜降，也就是前人所说的“远上寒山石径斜，白云深处有人家。停车坐爱枫林晚，霜叶红于二月花”的时节。五十一年前的这个时候，原本期望在中文系的讲堂上聆听老师们密咏恬吟楚辞汉赋的我，却阴差阳错地坐进了外语系的教室，跟随老师们一词一句地学习英文名著，由是与翻译结下了不解之缘。

除此之外，我亦好有关译人译事的写作。对我来说，写作就像一块磁石，一旦被它吸引，就再也无法摆脱。一路走来，虽然坑坑洼洼，磕磕碰碰，但多多少少能有点小收获。这部小书便是如此。

我还准备照着这个套路写下去，主要是自娱，当然也想谋求几位读者。非常荣幸，您居然是其中的一位，不知道您读后作何感想。如果让您增添了一丝乐意，我将谢天谢地；如果让您无动于衷，我将继续努力；如果让您心生厌恶，我求您赶快将它当作垃圾处理，毫不足惜地往环卫工人的拖车中一扔。而我则会深深反思，力图改弦更张，另辟蹊径，上下求索，重新开始。亲爱的读者啊，因为我实在不想“金盆洗手”！

2014 年

学界评价选录

郑君自谦是“业余的翻译批评爱好者”，正因为是业余爱好（amateurism），而且“努力做着这项工作”，以其译学学养，不乏卓见胜解，令人刮目相看。学界名人与翻译的关系，大多隐而不彰，幸得郑君穷搜旁求，才不至于永沉忘海。看似点点滴滴，点滴之中蕴涵的道理和智慧，不可小视。虽系钩沉之作，实有开新之功。其中有评有论有赏有析，尤其对钱译许译的标举，典范在此，举一反三，可为后学津梁。

——罗新璋《非新无以为进》

作为一位名副其实的翻译批评家，其除了两种语言的过渡，还深刻地潜藏了两种文化底蕴以及敏锐与准确的审美嗅觉。其古典文学的造诣无疑是得力于家学渊源的早期熏陶。

——钱冠连《2011 年 4 月 27 日信函》

《文学翻译：重写和竞赛——实例举隅与点评》，以作者自译和他译名诗为例，说明重写和竞赛乃文学翻译的两大策略，其论述回绕文本，演变出新，且处处以原本为依据。

——方梦之《主持人语》

《〈白荷〉译文赏析》一文表明翻译家对原文出神入化的审美再现，经过批评家鞭辟入里的分析和准确精练的语言描述，使得译者再创造的艺术技巧清晰地展现在读者面前，这对读者理解、接受和欣赏译作的审美价值无疑是十分有帮助的。

——温秀颖《翻译批评——从理论到实践》

对于钱锺书素有研究的郑延国曾评论说："老人家(指钱锺书)兴许还有点遗憾：要是当年他也能像现今的柏女士(柏丽)一样，拨冗将 Rubaiyat 译为中文的话，肯定能使国人多拥有一本别具风味的《醽醅雅》(钱锺书的 Rubaiyat 译名)了。"

——邵斌《"仰望星空"与"脚踏实地"》

《合译：佛教翻译的一大特色》探讨佛教翻译中"合译"特色，文章中对于合译的形成，发展历程以及对中国翻译史的贡献作了精要的梳理。

——(台湾)竺家宁《佛教语言研究综述——词汇编》

作者对比分析了许渊冲、章学清、弗莱特、Witter Bynner、杨宪益等人翻译的杜甫《登高》诗句，指出五种译文虽译法各异，但都具有达意存形的特点。

——文军、李培甲《杜甫诗歌英译研究在中国》

《唯有"雅"字多剪裁》一文中指出，许渊冲的"优"还有"发挥译语优势"(优于原作)之意。

——(台湾)董崇选《再论翻译的三要》

作者在长达数十年的翻译研究与实践中，颇推崇“信达雅”翻译标准，其译文往往以雅见胜。

——刘彩霞《Three Passions I Have Lived For 两译文评析》

《翻译：一门阐释的艺术》通过比较分析不同译者对同一译本的不同阐释，进一步剖析了“翻译即阐释”这一命题的内涵。

——朱健平《现代阐释学和接受美学在我国翻译中的运行轨迹》

《钱锺书的翻译论——〈林纾的翻译〉解读》，第一次对“化境”进行了相对全面的探讨。作者采用了用钱锺书的实践解释其理论即“以钱解钱”的方法。其对钱锺书的研究可以说处于领先地位，曾在《中国翻译》(1990)、《上海翻译》(2001)上发表过文章，对钱锺书《管锥编》、《谈艺录》中的精彩译句进行赏析。

——张丽萍《钱锺书“化境”思想研究》

郑译本侧重于翻译效果，即译诗对于译文读者与原诗对于原诗读者形成了高度的统一，如将标题“A Red, Red Rose”译成“阿妹一枝花”。这样翻译充分考虑到了诗作的历史、文化背景，以及原诗的苏格兰方言风格。虽然玫瑰代表爱情现已成共识，但从译文读者角度考虑，译成“阿妹一枝花”则更具乡土气息，达到相似的意境。同时，译文采用五言白话诗也体现了原诗语言朴实、自然、明快的特点。诗句淳朴、简清、流畅，表达出浓浓的真情和真挚的情感；译者非常注重提供给译文读者在翻译效果上的等效。

——殷猛《从 A Red, Red Rose 两种译本论伽德默尔的“视界融合”》